Wolfgang Constance

Englisch Französisch Spanisch Italienisch

Sprachkurs mit der A- und S- Methode

Bibliografische Information der Deutschen Bibliothek: Die Deutsche Bibliothek verzeichnet diese Publikation in der Deutschen Nationalbibliografie; detaillierte bibliografische Daten sind im Internet über http://dnb.ddb.de abrufbar.

© 2016 Wolfgang Constance
Herstellung und Verlag:
BoD - Books on Demand, Norderstedt
ISBN 978-3-7412-5043-9
Umschlagbilder: Sacré - Cœur in Paris, Garten des Generalife Palastes in Granada, San Lorenzo in Florenz, Big Ben in London.
Fotos: Wolfgang Constance

Vorwort

Nach der Lektüre des Buches 'Englisch in 10 Tagen' schrieb ein Rezensent: 'Macht Lust auf mehr.' Diesem Wunsch entsprechend präsentiert der **Bestsellerautor Wolfgang Constance** nun eine **Gesamtausgabe seiner vier erfolgreichsten Sprachkurse**.

Die traditionellen Lehrbücher enthalten Grammatikregeln, welche mühsam im Gedächtnis gespeichert werden müssen. Die vier Sprachkurse enthalten leichte Beispielsätze, aus denen sich die Grammatikregeln mühelos ableiten lassen. Regeln, die in mehreren Sprachen gleich sind, werden in einer Kurzgrammatik zusammengefasst, die das simultane (gleichzeitige) Lernen dieser Regeln ermöglicht. Die Überprüfung der erlernten Regeln erfolgt auf spielerische Weise durch einfache Fragen. **Mit Hilfe der Ableitungsmethode (A-Methode) und der Simultanmethode (S-Methode) kann man jede der vier Sprachen sehr leicht lernen.**

Alle Sprachkurse bestehen aus zwei Teilen:

Der **erste Teil** vermittelt die für eine Reise unverzichtbaren Sprachkenntnisse. Die erforderlichen Wörter sind im Vokabular unterstrichen. Der **zweite, freiwillige Teil** ist durch den Buchstaben **F** markiert.

Die Leserinnen und Leser sollten zunächst nur den ersten Teil und die für eine Reise wichtigen Wörter lernen. **Dies ist mit der A- und S- Methode in 10 Tagen möglich.**

Der erste Teil ist für Anfänger geeignet. Mit dem zweiten Teil kann man die früher erworbenen Sprachkenntnisse wieder auffrischen.

Inhalt

Englisch in 10 Tagen	5
Französisch in 10 Tagen	73
Spanisch in 10 Tagen	143
Italienisch in 10 Tagen	217
Kurzfassungen der Grammatik	286

Englisch in 10 Tagen

Die Zollkontrolle. Basiswissen.	7
Wo ist der Bahnhof? Artikel.	10
Der Streik. Hauptwörter.	17
Die Autopanne. Eigenschaftswörter.	21
Erste Begegnung. Verben.	26
Das Hochzeitskleid. Weitere Zeitformen.	32
Die Hochzeitsreise. Persönliche Fürwörter.	37
Ankunft im Hotel. Weitere Fürwörter.	41
Im Restaurant. Raum und Zeit.	47
Wichtige Fragen und Redewendungen.	53
Vokabular	57

Erster Tag

Lautschrift (LS) und Aussprache

Vokale (Selbstlaute)

LS	Aussprache	Beispiel	Lautschrift	Übersetzung
a	kurzes a wie in was	much	matsch	viel
aa	langes a wie in Vater	park	paak	Park
ä	wie in Gärtner	man	män	Mann
e	wie in bitte	after	'aafter	nach
e	wie in Brett	let	l*et*	lassen
i	kurzes i wie in Mitte	kiss	kis	Kuss
ii	langes i wie in Riese	meet	miit	treffen
o	wie in Gott	not	not	nicht
oo	langes o wie in Rose	morning	'mooning	Morgen
ö	wie in Hörner	word	wöd	Wort
u	wie in Mutter	book	buk	Buch
uu	langes u wie in Schuh	room	ruum	Raum
ai	wie in Mai	time	taim	Zeit
au	wie in blau	now	nau	jetzt
ei	Aussprache äi	say	sei	sagen
ou	wie in Show	home	houm	Heimat

Konsonanten (Mitlaute)

LS	Aussprache	Beispiel	Lautschrift	Übersetzung
j	wie in jung	young	jang	jung
r	Gaumen -r	room	ruum	Raum
s	wie in Sonne	sun	san	Sonne

sch	stimmlos wie in schade	shop	**sch**op	Kaufhaus
tsch	wie in tschüss	much	ma**tsch**	viel
<u>**sch**</u>	stimmhaft wie g in Etage	television	'teli<u>**sch**</u>en	Fernsehen
d<u>sch</u>	wie in Dschungel	bridge	brid<u>**sch**</u>	Brücke
th	gelispeltes s	thanks	**th**änks	Dank
v	wie deutsches w	very	'**v**eri	sehr
w	sehr kurzes u + w	quick	k**w**ik	schnell

Aussprache des Alphabets

A **ei**, B **bii**, C **sii**, D **dii**, E **ii**, F *ef*, G **d<u>sch</u>ii**, H **eitsch**, I **ai**, J **d<u>sch</u>ei**, K **kei**, L *el*, M *em*, N *en*, O **ou**, P **pii**, Q **kjuu**, R **aar**, S *es*, T **tii**, U **juu**, V **vii**, W **'dabljuu**, X **eks**, Y **wai**, Z *sed*

Abkürzungen

Beispiel	**B**
Regel	**R**
Singular / Einzahl	Sg / EZ
Plural / Mehrzahl	Pl / MZ
freiwilliges Lernprogramm	**F**
Kurzgrammatik	KG

E Englisch *F* Französisch *S* Spanisch *I* Italienisch
R S Romanische Sprachen (*F S I*)

Die Betonung wird in der Lautschrift durch **Fettdruck** oder Apostroph vor dem betonten Teil des Wortes angezeigt.
Lernen Sie bitte die unterstrichenen Wörter im Vokabular von <u>Abend</u> bis <u>Bett</u>.
<u>**Lesen Sie bitte in jedem Kapitel zunächst den Grammatikteil und erst danach die Kurzgeschichte.**</u>

Lesen Sie bitte die folgende Kurzgeschichte laut. Wichtig: **Simultanes** Lesen, Sprechen und Hören des Textes.

Die Zollkontrolle / *The customs check*

Ort: Flughafen Leonardo da Vinci in Rom.
Touristin T, Zöllner Z

Z Guten Tag. Good afternoon (gud 'aafte'nuun). Ihren Pass bitte. Your passport please (jur 'paaspoot pliis). Der Pass ist abgelaufen. The passport has expired (häs ik-'spaied).
T Tut mir leid. Sorry. Das ist mein Personalausweis. This is my identity card (mai ai'dentiti kaad). *Ich bin* lange Zeit in England auf Reisen *gewesen*. *I have been* travelling for a long time in England (ai häv biin trävling foor e long taim in 'inglend). Gibt es *etwas* Neues in Italien? Is there *anything* new in Italy (is theer 'enithing njuu in 'iteli)?
Z Ich weiß nicht. I do not know (ai duu not nou). Haben Sie etwas zu verzollen? Do you have anything to declare (duu juu häv 'enithing tuu di'kleer)?
T Ich habe nichts zu verzollen. I do not have anything to declare.
Z <u>Öffnen Sie</u> diesen Koffer! <u>Open</u> (36) this case (oupen this keis)! Jetzt weiß ich etwas Neues für Sie. Now I know something new for you (nau ai nou 'samthing njuu foor juu). Sie müssen für das hier Zoll bezahlen. You have to pay duty on this (juu häv tuu pei 'djuuti on this).
T Aber das ist ein Geschenk. But (bat) this is a gift.
Z Für wen? For whom (foor huum)?
T Für Sie. For you.
Z Ich danke Ihnen sehr. Thank you very much (thänk juu 'veri matsch).
T Nichts zu danken (wörtlich: Erwähnen Sie es nicht). Don't mention it (dount 'men schen it).
Kursiver Text: gleiche Bedeutung. <u>Textunterstreichung</u>: Hinweis auf eine Grammatikregel (Seitenangabe).

Zweiter Tag

Wo ist der Bahnhof / Where is the station?

Ort: London
Tourist T, Passantin P

T Entschuldigung, meine Dame. Excuse me madam (ik'skjuus mii 'mädem). Könnten Sie mir <u>*einige* Informationen</u> geben? Could you give me <u>*some* information</u> (19) (kud juu giv mii sam infe'meischen)? Wo ist <u>der Victoria Bahnhof</u>? Where is <u>Victoria Station</u> (12) (weer is 'steischen)?

P Im Stadtzentrum. In the city center ('siti 'senter).

T Kann ich zu Fuß *dorthin* gehen? Can I go *there* on foot (kän ai gou theer on fut)?

P Das ist nicht möglich, weil es zu weit ist. It is not possible because it is too far (not 'posebl bi'kos tuu faar). Der Bahnhof ist 10 km von hier. The station is ten kilometres from here (ten ki'lomiters from hier).

T Wie komme ich zum Bahnhof? **How do I get** to the station (hau duu ai get tuu the 'steischen)?

P Möchten Sie <u>mit dem Bus</u> oder <u>mit der Untergrundbahn</u> fahren? Would you like to go <u>by bus</u> or <u>by underground</u> (12) (wud ju laik tuu gou bai bas oor bai 'andegraund)? Beide fahren zum Bahnhof. Both of them go to the station (bouth of them gou tuu the 'steischen).

T Das ist mir egal. It's all the same (seim) to me. Wo ist eine Bushaltestelle oder eine U-bahn Station? Where is ***a*** **bus stop or *an* underground** station (weer is a bas stop or an 'andegraund 'steischen)?

P Dort ist eine Bushaltestelle. There is a bus stop.

T Welcher Bus fährt zum Bahnhof? Which (witsch) bus goes (gous) to the station?

P Ich denke es ist der Bus Nummer elf. I think it's the

bus number eleven ('namber i'leven).
T Wie viele Haltestellen sind es bis zum Bahnhof? How many (meni) stops are (aar) there until (en'til) the station?
P Es tut mir leid, ich weiß es nicht. Sorry, **I do not know**.
T Das macht nichts. It does (das) not matter ('mäter). Vielen Dank. Thank you very much (thängk juu 'veri matsch).
Frage 1 (F1): Welche Grammatikregeln kann man von folgenden Formulierungen ableiten: **a bus stop or an underground station, how do I get, I do not know**?
Antwort A1.1: Seite 13, A1.2 A1.3: Seite 45

Der bestimmte Artikel

B Der Junge und die Mädchen gehen zum Englischlehrer. **The** boy and **the** girls go to **the** English teacher.
LS: The boi änd the göls gou tuu **thi** inglisch 'tiitscher.
R Der bestimmte Artikel ist **immer gleich** d.h. unabhängig von Geschlecht und Zahl des zugehörigen Hauptworts.
The / der, die das, die (Mehrzahl) wird vor Wörtern, die in der Aussprache mit einem Vokal beginnen, als **thi** gesprochen.

F Mit oder ohne Artikel?

B Die meisten Pianistinnen waren erfolgreich, aber Mary war die erfolgreichste.
Most (1) of the pianists were successful, but Mary was the most successful (2).
R Most: ohne Artikel (1). Ausnahme: Beim Superlativ mit Artikel (2).
B Mary spielt Klavier, weil sie die Musik liebt, vor allem die Musik von Brahms.
Mary plays the piano (1) because she likes music (2)

above all the music of Brahms (3).
R   Wenn jemand ein Instrument spielt: mit Artikel (1).
Abstrakte Begriffe: ohne Artikel (2).
Bei näherer Erläuterung des Begriffs: mit Artikel (3).
B   Am Montag des Konzerts fährt Mary mit dem Bus zum Regent Park, zur Regent Straße, zum Piccadilly Circus und zur Royal Albert Hall.
On the Monday of the concert (1) Mary goes by bus (2) to Regent's Park (3), Regent Street (4), Piccadilly Circus (5) and Royal Albert Hall (6).
R   Wochentage und Monate ohne Artikel, bei näherer Erläuterung mit Artikel (1).
<u>Ohne Artikel:</u> <u>by + Verkehrsmittel</u> (2), <u>Namen von</u> Parks (3), Straßen (4), <u>Plätzen</u> (5) und <u>Gebäuden</u> (6).
B   Nach dem Konzert lädt Mary einige Freunde in das Ritz zum Abendessen ein.
After the concert Mary invites some friends to the Ritz (1) for dinner (2).
R   Hotelnamen: mit Artikel (1).
<u>Mahlzeiten: ohne Artikel</u> (2).
B   Das nächste Konzert ist in Europa. Auf dem Flug in die Schweiz sieht Mary die Themse, den Atlantischen Ocean, den Genfer See und den Mont Blanc.
The next concert is in Europe (1). On the flight to Switzerland (2) Mary sees the Thames (3), the Atlantic Ocean (4), Lake Geneva (5) and Mont Blanc (6).
R   Ohne Artikel: Kontinente (1), Länder (2).
Mit Artikel: Flüsse (3), Ozeane (4).
Ohne Artikel: Seen (5), Berge (6).
B   Im Flugzeug braucht Mary die halbe Zeit, zahlt jedoch den doppelten Preis. By air Mary needs half the time but pays double the price.
R   Der Artikel steht hinter half und double;
hinter twice (zweimal):
der doppelte Gewinn / twice the profit
hinter all (ganze/r/s): die ganze Zeit / all the time

Der unbestimmte Artikel

B   Ein einstündiges Konzert wurde von einem europäischen Pianisten und einem amerikanischen Geigenspieler gegeben.
A concert (1) was given by a European (2) pianist and an American (3) violinist for an hour (4).
LS: E 'konset wos given bai e juere'piien 'pienist änd en e'meriken vaie'linist foor en 'auer.

R   Der unbestimmte Artikel a (ein/e) steht vor Wörtern, die mit einem **Konsonant** beginnen (1) und vor **eu und u**, die wie j ausgesprochen werden (2); a wird zu **an** vor **Vokal** (3) und einem **nicht ausgesprochenen h** (4). (A1. 1)

R   *Die **Artikelform** wird **durch den Anfangslaut des Hauptworts bestimmt**.* KG 287

F

B   Mary ist Pianistin, Engländerin und Anglikanerin.
Mary is a pianist, an Englishwoman and an Anglican.

R   Der unbestimmte Artikel wird bei Gruppenzuordnungen verwendet (z. Bp. Beruf, Nationalität, Religion).

B   Die Äpfel kosten 40 Pence je Kilo und 20 Pence je halbes Kilo.
Apples are 40 pence a kilo (1) and 20 pence for half a kilo (2).

R   Bei Angaben zu Preis (Geschwindigkeit, Häufigkeit) entspricht der unbestimmte Artikel a dem deutschen Wort 'je' (1); a steht hinter half (2).

Die Grundzahlen

0 zero ('sierou)
1 one (wan)
2 two (tuu)
3 three (thrii)
4 four (foor)
5 five (faif)
6 six (siks)
7 seven ('sevn)
8 eight (eit)
9 nine (nain)
10 ten (ten)
11 eleven (i'levn)
12 twelve (twelf)
13 thirteen ('thö'tiin)
14 fourteen ('foor'tiin)
15 fifteen ('fif'tiin)
16 sixteen ('siks'tiin)
17 seventeen ('sevn'tiin)
18 eighteen ('ei'tiin)
19 nineteen ('nain'tiin)
20 twenty ('twenti)

30 thirty ('thöti)
40 forty ('footi)
50 fifty ('fifti)
60 sixty
70 seventy
80 eighty
90 ninety
100 a/one hundred
    e/wan 'handrid
101 a hundred and one
    e 'handrid änd wan
200 two hundred (1)
    tuu 'handrid
1000 a/one thousand
    e/wan 'thausend
2000 two thousand (1)
    tuu 'thausend
1000000 a/one million
    e/wan 'miljen
2000000 two million (1)
    tuu 'miljen

(1) Nach einer Zahl wird an hundred, thousand, million kein -s angehängt.

F Die Ordnungszahlen

(der, die, das)
erste	first (föst)
zweite	second ('sekend)
dritte	third (thöd)

Ab der vierte werden die Ordnungszahlen so gebildet:
Grundzahlen + **-th**, z. Bp.
four / vier	four**th** / vierte
ten / zehn	ten**th** / zehnte
hundred / hundert	hundred**th** / hundertste
thousand / tausend	thousand**th** / tausendste

Bei den Zehnerzahlen ersetzt man die Endung **-y** der Grundzahl durch **-ieth**, z. Bp.
forty / vierzig   for**tieth** / der vierzigste

F Die Bruchzahlen

*Für die **Bruchzahlen** verwendet man die **Ordnungszahlen**.*
(*I* 229 *S* 153 *F* 85) **Ausnahme: 1/ 2 one half** (wan haaf)
1 / 3 one third, 1 / 4 one fourth, 1 / 5 one fifth usw.

F Die Uhrzeit

Wie viel Uhr ist es? What time is it (wot taim is it)?
                                It is
1.00	one o'clock ('wan e'klok)
1.05	five past one (faif paast wan)
1.15	quarter past one ('kwoote)
1.30	half past one (haaf)
1.45	quarter to two (tuu tuu)
2.00	two o'clock (tuu e'klok)

Für die Uhrzeitangabe mit 'um' verwendet man die Präposition **at**, z. Bp. um 11 Uhr / **at** eleven o'clock. (**A10**)

Regelmäßige und unregelmäßige Verben

Bei den englischen Verben unterscheidet man **3 Formen**:
1. Form: **Grundform**, z. Bp. call (kool) / rufen.
2. Form: **Vergangenheit**, z. Bp. I <u>called</u> (koold) / ich <u>rief.</u>
3. Form: **Partizip Perfekt**, z. Bp. I have <u>called</u> (koold) / ich habe <u>gerufen.</u>
<u>Bei den</u> **regelmäßigen Verben** <u>kann man von der 1. Form ausgehend die 2. und 3. Form mit folgender Regel ableiten:</u>
<u>1. Form + **-ed** > 2. und 3. Form,</u> z. Bp.
call + **-ed** > called: 2. Form (rief) und 3. Form (gerufen).

Von **unregelmäßigen Verben** spricht man, wenn die 2. und 3. Form nicht mit Hilfe dieser Regel abgeleitet werden kann.

F <u>Verben mit **einem** Wort für alle 3 Formen</u>

Bei cost / kosten wird das gleiche Wort für die Grundform, die Vergangenheit und das Partizip Perfekt verwendet:
Grundform (kosten): **cost**
Vergangenheit (kostete): **cost**
Partizip Perfekt (gekostet): **cost**

B   **Let**'s **cut** and **hit** without **hurting** ourselves and after that **put** down the hammer and the knife and **shut** the door.

R   Weitere Verben mit **einem** Wort für alle 3 Formen:
let (let) lassen, cut (kat) schneiden, hit schlagen, hurt (höt) verletzen, put legen, shut (schat) schließen.
Außerdem: bet (bet) wetten, set (set) setzen, spread (spred) verbreiten.

Lernen Sie bitte noch die unterstrichenen Wörter von <u>bezahlen</u> bis <u>Eintrittskarte.</u>

Dritter Tag

Der Streik / The strike

Ort: King's Cross Bahnhof in London.
Tourist T, Angestellter A

T *vor dem Fahrkartenschalter / in front of the ticket office*
Wann fährt der nächste Zug *nach* Edinburgh? When does the next train **to** Edinburgh leave (wen das the nekst trein tuu 'edinbere liiv)?

A Ich weiß es nicht. I do not know (nou). Anstatt des Fahrplans haben wir *seit* gestern einen Streik. Instead of the time table we have been on strike *since* yesterday (in'sted of the taim teibl wii häv biin on straik sins 'jestedei).

T <u>Von welchem</u> Bahnsteig fährt der Zug ab? Which platform does the train leave **from** (46) (witsch 'plätfoom das the trein liiv from)?

A Von Bahnsteig sechs. From platform six (siks).

T Muss ich umsteigen? Do I have to change trains (duu ai häv tuu tscheind<u>sch</u> treins)?

A Ja, Sie müssen *in* York umsteigen. Yes, you have to change trains **at** York (jook).

T Wie lange dauert die Fahrt? How (hau) long is the journey ('d<u>sch</u>öni)?

A <u>Normalerweise</u> fünf Stunden, aber heute wegen des Streikes acht. <u>Normally</u> (23) five hours ('auers), but (bat) today (te'dei) because of the strike eight.

T Gibt es einen Liegewagenplatz? Is there (theer) a couchette (kuu'schet)?

A Ja, aber *wegen* des Streikes nur bis York. Yes, but *because of* the strike only ('ounli) until (en'til)York.

T *Ich möchte* einen Fensterplatz und einen Liegewagenplatz reservieren. *I would like* to reserve a window seat

and a couchette (ai wud laik tuu ri'söv e 'windou siit änd e kuu'schet). Geben Sie mir bitte ein Rückfahrtticket der 2. Klasse, die Rückfahrt ohne Streik. Please give me a second class return ticket, the return journey without the strike (pliis giv mii e 'sekend-klaas ri'tön 'tikit, the ri'tön ds̠ch̠öni with'aut the straik).
F2: Welche Bedeutungen haben die die Präpositionen to, from, at? A2: Seite 53

Hauptwörter (Substantive)

R Im Regelfall gibt es bei Berufsbezeichnungen keine weibliche Form: teacher: Lehrer / Lehrerin.

R *Einzahl + s > Mehrzahl* (**KG 287**), z. B. Auto / car + s > cars.

Genitivbildung

R **Bei *Dingen* wird der Genitiv mit of gebildet. (A5. 2)**
R **Bei *Menschen und Tieren* wird der Genitiv durch Apostroph + s ('s) gebildet. (A6)**
B Diamanten sind die besten Freunde der Mädchen.
Diamonds are girls' best friends.
R Wenn ein Wort auf s endet, wird für die Genitivbildung nur ein Apostroph angehängt (girls').

Unregelmäßige Mehrzahl

B Die Frau fährt mit dem Bus zum Restaurant und isst die Kartoffel mit dem Messer.
The lady goes by bus to the restaurant and eats the potato with the knife.
Pl The lad**ies** (1) go by bus**es** (2) to the restaurants and eat the potat**oes** (3) with the kni**ves** (4).

R	Wortendung	Pluralendung
	Konsonant + y	**ies** (1)
	Zischlaut (s, ss, sh, ch, x)	**es** LS is (2)
	Konsonant + o	**oes** (3)
	f, fe	**ves** LS vs (4)

B Die Zähne und Füße der Kinder sind kleiner als die Zähne und Füße von Männern und Frauen.
The children's teeth and feet are smaller than the men's and women's teeth and feet.

	EZ	MZ
Kind	child	children
Zahn	tooth	teeth
Fuß	foot	feet
Mann	man	men
Frau	woman	women ('wimen)

F Wörter mit fehlender Mehrzahlform

B Nachrichten sind interessant, <u>Informationen</u> sind interessanter und Ratschläge sind am interessantesten.
News is interesting, **information** is more interesting and **advice** is the most interesting.

Wochentage

Montag	Monday ('mandei)
Dienstag	Tuesday ('tjuusdei)
Mittwoch	Wednesday ('wensdei)
Donnerstag	Thursday ('thösdei)
Freitag	Friday ('fraidei)
Samstag	Saturday ('sätedei)
Sonntag	Sunday ('sandei)

Monate

Januar	January ('<u>dsch</u>änjueri)
Februar	February ('februeri)
März	March (maatsch)
April	April ('eiprel)
Mai	May (mei)
Juni	June (<u>dsch</u>uun)
Juli	July (<u>dsch</u>uu'lai)
August	August ('oogest)
September	September (sep'tember)
Oktober	October (oc'touber)
November	November (nou'vember)
Dezember	December (di'sember)

Jahreszeiten

Frühling   spring (spring)   Sommer summer ('samer)
Herbst autumn ('ootem)   Winter winter ('winter)

F <u>Datumsangabe</u>

B   Den Wievielten haben wir heute ?
What's the date today (wot's the deit te'dei)?
Heute ist der 1. / 2. / 4. / 20. Mai. Today is the 1st / 2nd / 4th / 20th **of** May. Am 10. Juni werden wir abreisen. We shall leave **on** the tenth of June (wii schäl liiv on the tenth of <u>dsch</u>uun).

R   Die **Datumsangabe** erfolgt wie im Deutschen durch die **Ordnungszahlen**. (**A5.**1)

F <u>Unregelmäßige Verben</u>

Grundform und Partizip Perfekt sind **gleich**:

kommen	come (a)	came (ei)	come (a)
werden	become (a)	became (ei)	become (a)
rennen, laufen	run (a)	ran (ä)	run (a)

Lernen Sie bitte noch die Wörter von <u>Eintrittspreis</u> bis <u>Führung.</u>

Vierter Tag

Die Autopanne / The breakdown

Ort: London
Tourist T, Passant P, Angestellter A, Mechaniker M

T Entschuldigung, wo ist *die nächste* Werkstatt? Excuse me, where is ***the nearest* garage** (ik'skjuus mii weer is the nierest 'gäraasch)?

P (*lachend / smiling*) Fünf Meter *hinter* Ihnen. Five meters *behind* you (faif 'miiters bi'haind juu).

A Guten Tag, was gibt es? Hello, what's the matter (he'lau, wot's the 'mäter)?

T Mein Auto ist kaputt. My car has broken down (mai kaar häs 'brouken daun). Könnten Sie mein Auto kontrollieren? Could you check my car (kud juu tschek mai kaar)? Es hat gerade angehalten und startet nicht. It has just stopped and does not start (it häs dschast stopd änd das not staat).

A Wo hat es angehalten? Where has it stopped ?

T Genau *vor* der Werkstatt. Exactly *in front of* the garage (ig'säktli in frant of the 'gäraasch).

A Gut gemacht, ein gutes Auto! Well done, it's ***a good car*** (wel dan, it's e gud kaar)! Geben Sie mir bitte den Autoschlüssel. Please give me the car key (pliis giv mii the kaar kii). Während mein Mechaniker das Auto kon - trolliert, können Sie einen Kaffee trinken. While my mechanic checks the car you can drink a coffee (wail mai mi'känik tscheks the car juu kän dringk e 'kofi).
Der Mechaniker kehrt nach 3 Minuten zurück. The mechanic returns after 3 minutes.

T Wieso startet das Auto nicht? Why does not start the car (wai das not staat the kaar)?

M Raten Sie mal. Have a guess (häv e ges).

T Der Anlasser funktioniert nicht. The starter does not work (the staater das not wök).
M Nein. No (nou).
T Ist die Batterie leer? Is the battery flat (is the 'bäteri flät)?
M Nein, aber der Benzintank ist leer. No, but the tank is empty (nou, bat the tängk is empti).
F3: Welche Grammatikregel kann man von **a good car** ableiten? A3: 22 F4: **The nearest garage**: Welche Steigerungsstufe? A4: 22

Das Eigenschaftswort (Adjektiv)

B Die junge Mutter und der junge Vater haben drei junge Mädchen.

The **young** mother and the **young** father have three **young** girls (the jang mather änd the jang father häv thrii jang göls).

R Das Eigenschaftswort ist **immer gleich** d.h. unabhängig von Geschlecht und Zahl des zugehörigen Hauptworts.

R Das Eigenschaftswort steht wie im Deutschen **vor** dem Hauptwort. (**A3**)

Die Steigerung des Eigenschaftswortes

B Das erste Mädchen ist blond, nett, witzig und schön. The first girl is blond, nice, funny and beautiful (the föst göl is blond, nais, 'fani änd 'bjuutiful).

The second girl is blond**er**, nic**er**, funni**er** and **more beautiful**.

The third girl is the blond**est**, nic**est**, funni**est** and **most beautiful**.

R Einsilbige Adjektive und mehrsilbige Adjektive auf -y bilden den **Komparativ** meistens auf -(e)r und den **Superlativ** auf -(e)st. (**A4**) Das y am Wortende wird zu -i.

Die übrigen mehrsilbigen Adjektive bilden den **Komparativ** meistens mit **more** und den **Superlativ** mit **most**.

F Vergleiche

B Das erste Mädchen ist *größer als* das zweite Mädchen.
The first girl is *taller than* the second girl.
Das zweite Mädchen ist *weniger groß als* das erste.
The second girl is *less tall than* the first.
Das dritte Mädchen ist *das am wenigsten große*.
The third girl is *the least tall*.
Das dritte Mädchen ist nicht *so groß wie* das zweite.
The third girl is not *as tall as* the second.

B *Je älter* sie wird *desto größer* wird sie.
The older she gets *the taller* she gets.
Sie wird *immer größer*.
She is getting *taller and taller*.
Sie wird *immer schöner*.
She is getting *more and more beautiful*.

Eigenschaftswörter mit unregelmäßiger Steigerung

Verb	Komparativ	Superlativ
good (gud) gut	better	best
bad (bäd) schlecht	worse (wös)	worst (wöst)
much (matsch) viel	more (moor)	most (moust)
little (litl) wenig	less (les)	least (liist)

Das Umstandswort (Adverb)

B Die schöne Mary spielt schön Klavier.
The beautiful Mary plays the piano beautifully (the 'bjuutiful Mary pleis the 'pjänou 'bjuutifuli).

R <u>Das Adverb wird meistens vom Adjektiv abgeleitet.
Ein Adjektiv wird durch Anhängen von -ly zu einem Adverb,</u> z. Bp. beautiful + **ly** > beautifully
Ausnahme: good (Adjektiv) well (Adverb)

B Die zauberhafte Mary spielt zauberhaft Klavier.
   The magic Mary plays the piano mag**ically** (the 'mäd<u>sch</u>ik Mary pleis the 'pjänou 'mäd<u>sch</u>ikeli).
R Adjektive auf **-ic** bilden das Adverb auf **-ically**.
B Es ist Marys täglicher Job, täglich Klavier zu spielen.
   It's Mary's **daily** ('deili) (1) job to play the piano **daily** (2).
R Adjektive der Zeit auf **-ly** (1) werden auch als Adverb (2) verwendet.

F Die Steigerung der Adverbien
Einsilbige Adverbien werden auf -er / est gesteigert, mehrsilbige auf more / most.

F Gegensätzliche Begriffe

alt/jung	**old** (ould)	**young** (jang)
billig/teuer	**cheap** (tschiip)	**expensive** (ik'sp*e*nsiv)
breit/schmal	**broad** (brood)	**narrow** ('närou)
draußen/drinnen	**outside** ('aut'said)	**inside** ('in'said)
erster/letzter	**first** (föst)	**last** (laast)
frei/besetzt	**free** (frii)	**occupied** ('okjupaid)
früh/spät	**early** ('öli)	**late** (leit)
groß/klein	**big** (big)	**small** (smool)
hart/weich	**hard** (haad)	**soft** (soft)
hell/dunkel	**light** (lait)	**dark** (daak)
kalt/warm	**cold** (kould)	**warm** (woom)
hier/dort	**here** (hier)	**there** (th*ee*r)
hoch/tief	**high** (hai)	**low** (lou)
hinauf/hinunter	**up** (ap)	**down** (daun)
leicht/schwierig	**easy** (iisi)	**difficult** ('diffikelt)
leicht/schwer	**light** (lait)	**heavy** ('h*e*vi)
lang/kurz	**long**	**short** (schoot)
links/rechts	**on the left** (left)	**on the right** (rait)

laut/leise	**loud** (laud)	**quiet** ('kwaiet)
nah/entfernt	**near** (nier)	**distant** ('distent)
darauf/darunter	**on**	**under** ('ander)
richtig/falsch	**right** (rait)	**wrong** (rong)
schnell/langsam	**quick** (kwik)	**slow** (slou)
schön/hässlich	**beautiful** (bjuutiful)	**ugly** ('agli)
stark/schwach	**strong**	**weak** (wiik)
süß/sauer	**sweet** (swiit)	**sour** ('sauer)
trocken/nass	**dry** (drai)	**wet** (wet)
voll/leer	**full**	**empty** ('empti)

F Begrüßung und Verabschiedung

Frau F, Mann M

M Ich heiße Hahn. My name (mai neim) is Hahn. Wie heissen Sie? What's your name (wots jur neim)?

F Ich heiße Henne. My name is Henne.

M Erfreut, Sie kennen *zu* lernen. Pleased *to* meet you (pliisd tuu miit juu). Von wo kommen Sie? Where do you come from? (weer duu juu kam from)?

F Ich komme *aus* Deutschland. I come *from* Germany (ai kam from <u>dsch</u>ömeni).

M Meine Vorfahren kamen aus Österreich. My ancestors ('änsisters) came from Austria.

F ... Es tut mir leid, ich muss jetzt gehen. I am afraid, I have to go now (ai äm e'freid, ai häv tuu gou nau). Es war nett, Sie kennen zu lernen, Herr Hahn. It was nice meeting you, Mr. Hahn (it wos nais miiting juu).

M Auf Wiedersehen Frau Henne, gute Rückfahrt *nach* Deutschland. Goodbye Mrs. Henne, have a good return *to* Germany (gud'bai missis Henne, häv a gud ri'tön tuu <u>dsch</u>ömeni).

Lernen Sie bitte noch die Wörter von <u>Fuß</u> bis <u>Hand</u>.

Fünfter Tag

Erste Begegnung / First Meeting

Marktplatz auf Capri. Market square on Capri.
Vor einem Hotel. In front of a hotel. Neben dem
Eingang: zwei Koffer. Beside the entrance: two cases.
Frau F, Mann M

M Gefällt es Ihnen hier? Do you like it here (duu juu laik it hier)?
F Ja, mir gefällt es sehr gut. Yes, I like it very much (jes, ai laik it veri matsch).
M Von wo sind Sie? Where are you from (weer aar juu from)?
F Ich bin von Rom. I am from Rome (ai äm from roum).
M Was für eine Überraschung, ich auch. What a surprise, I too (wot e se'prais, ai tuu). Ich heiße Tino Baci. My name (mai neim) is Tino Baci.
F (*lächelnd / smiling*) Schön, Sie kennen zu lernen. Nice to meet you (nais tuu miit juu).
M Wie heißen Sie? What's your name (wot's jur neim)?
F Gina Borelli.
M Haben Sie ein gutes Hotel gefunden? Did you find a good hotel (did juu faind e gud hou'tel)?
F Ja, das Hotel dort. Yes, the hotel there.
M Was für eine Überraschung, ich bin auch in diesem Hotel. What a surprise, I am also in this hotel (wot e se'prais, ai äm 'oolsou in this hou'tel). Waren Sie schon einmal hier? Have you ever been here (häw ju ewer biin hier)?
F Ja, <u>seit</u> meinem 20. Lebensjahr reise ich nach Capri. Yes, <u>I have travelled</u> to Capri <u>since</u> I was twenty. (34) (jes ai häw träwld tuu Capri sins ai wos twenti).
M Sind Sie mit Ihrer Familie hier? Are you here with your

family (aar ju hier with juur fämili)?
F Nein, ich bin allein. No, I am alone (nou, ai äm e'loun).
M Ich auch. I too. Ich bin gestern angekommen. I arrive<u>d</u> yesterday (ai e'raivd j*e*stedei). Wann sind Sie angekommen? When did you arrive?
F Heute *vor* einer Woche. A week *ago* today (e wiik e'gou te'dei).
M Wie lange bleiben Sie? How long are you staying (hau long aar juu steiing)?
F Ich fahre gerade ab. **I am leaving** (ai äm living). Dort sind meine Koffer. There are my cases (th*e*er aar mai keisis). Ich warte auf den Taxifahrer, *um* zum Hafen *zu* fahren. I am waiting for the taxi driver *in order to* go to the port (ai äm weiting foor the 'täksidraiver in 'ooder tuu gou tuu the poot).
M Schade! What a pity (wot e 'piti)! Kann ich Sie in Rom *wiedersehen*? Can I *see* you *again* in Rome (kän ai sii juu e'g*e*n)? *Möchten Sie* ins Kinogehen? *Would you like* to go to the cinema (wud juu laik tuu gou tuu the 'sineme)?
F Ich interessiere mich nicht für das Kino. I am not interested in the cinema (ai äm not 'intristid in the 'sineme).
M Möchten Sie in die Diskothek gehen? Would you like to go to the discotheque (wund juu laik tuu gou tuu the 'diskoutek)?
F Ich habe keine Lust, in eine Diskothek zu gehen. I don't like (ai dount laik) going to a discotheque.
M Was machen Sie in Ihrer Freizeit? What do you do in your spare time (wot duu juu duu in j*u*r sp*e*er taim)?
F Mein Hobby ist die Oper. My hobby is the opera (mai 'hobi is thi 'opere).
M Das ist auch mein Hobby. That's also ('oolsou) my hobby. Haben Sie am 6. September Zeit? Do you have time on the sixth of September (duu you häv taim on the sikth of sep't*e*mber)?
F Einen Moment bitte. One moment please ('moument

pliis). Ich werde einen Blick in meinen Terminkalender werfen. I will have a look in my diary (ai wil häv e luk in mai 'daieri). Ja, der Abend ist frei.Yes, the evening is free (jes, thi 'iivning is frii).

M (*nimmt sein Handy und wählt eine Telefonnummer / takes his mobile and dials a phone number*)
Was wird am 6. September in der Oper gespielt? What's on **the sixth of September** at the opera (wot's on the sikth of sep'tember ät thi 'opere)? Oh, eine Premiere. Oh, a première (ou, e'premiär). <u>Wer spielt</u> die Hauptrolle? <u>Who plays</u> (45) the main role (hu pleis the mein roul)? Oh, Plácido Domingo! Gibt es noch zwei Karten? Are there still two tickets (aar theer stil tuu 'tikits)? Ich möchte zwei Karten auf dem Rang vorbestellen. I want to reserve two tickets in the gallery (ai wont tuu ri'söv tuu 'tikits in the 'gäleri).

F   Was wird in der Oper gespielt? What's on at the Opera?
M   **Verdi's 'Othello'.**

F5: Welche 2 Regeln kann man ableiten von **the sixth of September**? **A5**: 20, 18 **F6**: **Verdi's** Regel? **A6**: 18
F   **F7**: **I am leaving** Grammatikalische Form? Wofür wird diese verwendet? **A7**: 29

Regelmäßige Verben (Gegenwart / Präsens)

I (ai) learn	ich lerne
you (juu) learn	du lernst
he, she, it (hii, schii) **learns**	er/sie/es lernt
we (wii) learn	wir lernen
you (juu) learn	ihr lernt
they (thei) learn	sie lernen

R   Bei der Gegenwart verwendet man die **Grundform des Verbs.**
In der 3. Person Sg wird ein **-s** angehängt.

F Verben mit besonderer Schreibweise in der 3. Person Sg

B Mary fliegt in viele Städte.
   Mary **flies** to many cities.
R Verben, die auf Konsonant + y enden (z. Bp. fly)
   bilden die 3. Person Sg auf **-ies**.
B Auf dem Flughafen küsst ihr Ehemann sie und
   wünscht ihr viel Glück. At the airport her husband
   kiss**es** her and wish**es** her good luck.
R Bei Verben auf -s und -sh wird ein **-es** angehängt.

F Die Verlaufsform der Gegenwart (-ing Form)

B Ich lerne gerade Englisch.
   I **am learning** English (ai äm löning 'inglisch).

R Die Verlaufsform der Gegenwart bildet man mit
   einer **Präsensform von be** (z. Bp. I am) und der
   Grundform des Verbs + ing (z. Bp. learning).

F Gebrauch der -ing Form

Die -ing Form verwendet man für Handlungen, die im Deutschen mit den Wörtern **'gerade'** oder **'zurzeit'** ausgedrückt werden. (**A7**)
B Mary spielt **gerade** Klavier.
   Mary is playing the piano.
   Mary spielt **zurzeit** die Klavierkonzerte der
   romantischen Musik.
   Mary is playing the piano concertos of the
   romantic music.
Man verwendet die -ing Form auch für die **Beschreibung von Entwicklungen und Trends.**
B Marys Spiel wird jeden Tag besser.
   Mary**'s** playing is getting better every day.

F Unregelmäßige Verben

Vergangenheit und Partizip Perfekt sind **gleich**:

(sich)fühlen	feel (ii)	felt (*e*)	felt (*e*)
finden	find (ai)	found (ou)	found (ou)
bekommen	get (*e*)	got (o)	got (o)
hören	hear (ie)	heard (ö)	heard (ö)
halten	hold (ou)	held (*e*)	held (*e*)
legen	lay (ei)	laid (ei)	laid (ei)
führen	lead (ii)	led (*e*)	led (*e*)
weggehen	leave (ii)	left (*e*)	left (*e*)
verlieren	lose (uu)	lost (o)	lost (o)
treffen	meet (ii)	met (*e*)	met (*e*)
lesen	read (ii)	red (*e*)	red (*e*)
verkaufen	sell (*e*)	sold (ou)	sold (ou)
sitzen	sit (i)	sat (ä)	sat (ä)
schlafen	sleep (ii)	slept (*e*)	slept (*e*)
stehen	stand (ä)	stood (u)	stood (u)
erzählen	tell (*e*)	told (ou)	told (ou)

Konjugation der Verben be, have, do, go (Präsens)

1 ich bin	**I am** (ai äm) 1	**I have** (ai häv) 2
2 ich habe	you are (juu aar)	you have
	he/she/it **is**	he/she/it **has** (häs)
	we/you/they are	we/you/they have

Be wird als <u>selbstständiges Verb</u> verwendet (z. Bp. Mary is a pianist / Mary ist Pianistin) und als <u>Hilfsverb</u> (z. Bp. Mary <u>is playing</u> the piano / Mary spielt gerade Klavier).

Have wird als <u>selbstständiges Verb</u> verwendet (Mary <u>has</u> a piano / Mary hat ein Klavier) und als <u>Hilfsverb</u> (Mary <u>has played</u> the piano / Mary hat Klavier gespielt).

1 ich tue	I **do** (ai duu) 1	I **go** (ai gou) 2
2 ich gehe	you do	you go
	he/she/it **does** (das)	he/she/it **goes** (gous)
	we/you/they do	we/you/they go

F Beim Arzt

Wo ist ein Arzt / eine Apotheke? Where is a doctor / a pharmacy (weer is e dokter / a 'faameci)?
Ich bin / I am (ai äm) ...
allergisch gegen / allergic to ... (e'lödschik)
geimpft gegen / vaccinated against ('väksineited e'genst)
gestürzt / I have had a fall (ai häv häd e fool)
im ... Monat schwanger / ... months pregnant (manth 'pregnent)
Diabetiker(in) / diabetic (daie'betik)
Ich habe / I have (ai häv) ...
Kopfschmerzen / a headache (hedeik)
Ohrenschmerzen / an earache (iereik)
Halsschmerzen / a sore throat (soor throut)
Rückenschmerzen / backache (bäkeik)
mir den Magen verdorben / got an upset stomach (got an ap'set 'stamek)
Bauchschmerzen / stomach ache ('stamek eik)
mich erkältet / a cold (e could)
hohes Fieber / a high temperature (e hei 'tempritsche)
Husten / a cough (e kof)
eine Verdauungsstörung / an indigestion (indi'dschestschen)
Durchfall / diarrhoea (daie'rie)
mich übergeben / been sick (biin sik)
einen hohen / niedrigen Blutdruck / high / low blood pressure (hai / lou blad 'prescher)
hier Schmerzen / it hurts here (it höts hier)
Kreislaufstörungen / circulatory trouble (sookju'leiteri 'trabl)
Ich nehme regelmäßig diese Medikamente / I take this medicine regularly (ai teike this 'medisin 'regjuleli).

Lernen Sie bitte noch die Wörter von <u>Handtuch</u> bis <u>Liegestuhl.</u>

Sechster Tag

Das Hochzeitskleid / The wedding dress

Ort: Kaufhaus in Rom.
Gina G, Verkäuferin V

V <u>Kann ich</u> Ihnen helfen? <u>Can I</u> (45) help you (kän ai help juu)?
G Könnten Sie mir ein Hochzeitskleid zeigen? Could you show me a wedding dress (kud juu schou mii e wedding dres)?
V Welche Grösse haben Sie? What size are you (wot sais aar juu)?
G Ich habe die Grösse 40. I am size 40.
V Könnten Sie das Hochzeitskleid beschreiben, das Sie haben möchten? Could you describe the wedding dress you want to have (kud juu di'skraib the weding dres juu wont tuu häv)?
G Ich will ein elegantes und traditionelles Kleid haben. I want to have an elegant and traditional dress (ai wont tuu häv an 'eligent änd tre'dischenl dres).
V Welche Farbe? Which colour (witsch 'kaler)?
G Ich möchte etwas in weiß, aber *mehr* beige *als* weiß. I want something in white but *more* beige *than* white (ai wont 'samthing in wait bat moor be<u>isch</u> thän wait).
V Dieses hier ist elegant und traditionell, nicht wahr? This is elegant and traditional, **is it not** ?
G Könnte ich es anprobieren? Could I try it on (kud ai trai it on)?
V Aber gerne. Of course (of koos). Dort ist der Anproberaum. There is the fitting room (theer is the 'fiting ruum).
G *steht vor dem Spiegel und blickt glücklich auf ihr Spiegelbild / stands in front of the mirror and looks*

happily at her reflection
Was für ein schönes Kleid. What a beautiful dress (wot e bjuutiful dres). Dieses Hochzeitskleid ist ein Traum. This wedding dress is a dream. Was kostet dieser Traum? How much is this dream? (hau matsch is this driim)?
V Zweitausend Euro. Two thousand Euro (tuu 'thousend 'juerou).
G Schade. What a pity (wot e 'piti). <u>Ich kann nicht</u> mehr als tausend Euro zahlen. <u>I cannot</u> (45) pay more than a thousand Euro (ai kän not pei moor thän e 'thousend 'juerou).
V Einen Moment bitte; ich werde mit dem Abteilungsleiter *telefonieren*. One moment please (wan 'moument pliis);. I will *speak* to the head of department *on the phone* (ai wil spiik tuu the hed of di'paatment on the foun).
Nach dem Telefongespräch. After the phone call.
Sie können Ihren Traum mit 1500 € verwirklichen. You can realize your dream with one thousand and five hundred Euro (juu kän 'rielais jur driim with wan 'thousend änd faif 'handrid 'juerou).
G Gut, ich werde es nehmen. Okay ('ou'kei), **I will take it** (ai wil teik it).
F8: I will take it Regel? **A8**: 35
F **F9: is it not** Regel? **A9**: 46

Die Vergangenheit

B Mary spielte zwei Jahre in Paris Klavier; deshalb zog sie nach Frankreich um. Mary play**ed** (1) the piano for two years in Paris; therefore she mov**ed** (2) to France (Mary pleid the 'pjänou foor tuu jiiers in Paris; theerfoor schii muuvd tuu fraans).

R Die Vergangenheit wird so gebildet: **Grundform des Verbs + ed** (1), bei Verben mit der Endung e: **Grundform des Verbs + d** (2).

Für regelmäßige und unregelmäßige Verben gilt:
Die Vergangenheitsform ist bei allen Personen **gleich,**
z. Bp. I, you, he, she, we, you, they **played**.

Verb be: Vergangenheitsform unregelmäßig (A15)
I **was** (wos)   ich war   we were wir waren
you were (wör)   du warst   you were ihr wart
he/she/it **was**   er/sie/es war they were sie waren
F   Wörter, die eindeutig auf einen Zeitpunkt in der Vergangenheit hinweisen, sind Signalwörter für die Verwendung der Vergangenheitsform, z. Bp.
last week (letzte Woche), 3 days ago / vor 3 Tagen, yesterday (gestern).

Das Perfekt

R   Bildung des Perfekts: Präsensform von **haben** / have (z. Bp. she has) + ***Partizip Perfekt*** des Verbs (z. Bp. played). (**A18**) KG 290
Bei regelmäßigen Verben wird das **Partizip Perfekt** gleich wie die Vergangenheitsform gebildet: **Grundform des Verbs + (e)d.**
R   Die Endung des Partizip Perfekt ist **unveränderlich.**
KG 290

F Gebrauch des Perfekts

Das Perfekt wird verwendet:
1. bei Handlungen oder Zuständen, die in der Vergangenheit begonnen haben und bis zur Gegenwart dauern. Diese werden im Deutschen mit **'schon'** und **'seit'** ausgedrückt.
B   Wie lange spielt Mary **schon** Klavier?
    How long **has** Mary **played** the piano?
    Mary spielt **seit** dem 5. Lebensjahr Klavier.
    Mary **has played** the piano since she was five.

2. bei Handlungen, die **gerade** beendet wurden.
B Mary hat **gerade** Klavier gespielt.
Mary **has** just **played** the piano.

Die Zukunft

B Ich denke, das Wetter wird morgen schön sein und wir werden schwimmen. I think the weather **will be** (1) nice tomorrow and we **shall swim** (2). LS: Ai think the 'wether wil bii nais te'morou änd wii schäl swim.
R Die Zukunft wird gebildet, indem man **'will'** vor die **Grundform des Verbs** setzt (1) (**A8**). Will ist unveränderlich, also bei allen Personen gleich.
In der 1. Person Sg und Pl wird 'will' durch 'shall' ersetzt (2).
B Soll ich morgen kommen? Shall I come tomorrow?
A In Fragesätzen hat 'shall' die Bedeutung 'sollen'.

Unregelmäßige Verben

	be	have	do	go
Präsens	I am	I have	I do	I go
Vergangenheit	I was	I had	I did	I went
Perfekt	I have **been**	I have **had**	I have **done**	I have **gone**
	(biin)	(häd)	(dan)	(gon)

F Rückbezügliches Verb und Fürwort

B Ich stelle mich vor. I introduce **myself** (mai'self).
Du stellst dich vor. You introduce **yourself** (je'self).
Er stellt sich vor. He introduces **himself** (him'self).
Sie stellt sich vor. She introduces **herself** (her'self).
Es stellt sich vor. It introduces **itself**.
Wir stellen uns vor. We introduce **ourselves** aue' selfs.
Ihr stellt euch vor. You introduce **yourselves** je'selfs.
Sie stellen sich vor. They introduce **themselves**.

F Befehlsform (Imperativ)

Ort: Oper in London
Mrs. Smith S, Mr. Brown B

S (in einer Reihe sitzend, vor sich den langen Rücken des riesigen Mr. Brown):
"Setzen Sie sich, stehen Sie nicht!"
"Sit down, don't stand!"
LS: Sit daun, dount ständ.

B "Es tut mir leid, ich sitze bereits."
"Sorry, I am already sitting."
LS: 'Sori, ai äm ool'redi 'siting.

R *Die **Grundform** des Verbs wird als **Befehlsform** benutzt* (**A12**) KG 290, **don't + Verb** als **verneinte Befehlsform.**

B Lasst uns nach Hause gehen. Let's go home.

R Wenn sich der Sprechende in die Aufforderung einbezieht, verwendet man let us (let's).

F Das Gerund

Das Gerund ist formal identisch mit der -ing Form. **Nach einer Präposition** verwendet man an Stelle des Verbs das **Gerund**, z. Bp. I succeed **in learning** English / ich schaffe es, Englisch zu lernen.

R *Das Gerund ist **unveränderlich**.* KG 291

F Unregelmäßige Verben

Bei den folgenden Verben endet die Vergangenheit auf
-ew (uu) und das Partizip Perfekt auf **-own** (oun):

blasen	blow (ou)	blew (uu)	blown (oun)
fliegen	fly (ai)	flew (uu)	flown (oun)
wachsen	grow (ou)	grew (uu)	grown (oun)
wissen	know (ou)	knew (uu)	known (oun)
werfen	throw (ou)	threw (uu)	thrown (oun)

Lernen Sie bitte noch die Wörter von Likör bis Party.

Siebter Tag

The Honeymoon / Die Hochzeitsreise

The airport Ciampino in Rome.
Der Flughafen Ciampino in Rom.
Gina G, Tino T, Angestellter A

T When does the charter plane leave *for* Paris (wen das the 'tschaater plein liiv for Paris)? Wann startet das Charterflugzeug *nach* Paris?

A You have still a little time (juu häv stil e litl taim). Sie haben noch ein wenig Zeit. The plane does not take off until nine o'clock (the plein das not teik of en'til nain eklok). Das Flugzeug startet erst um neun Uhr.

G When *does* the plane *arrive* in Paris (wen das the plein e'raiv in Paris)? Wann *kommt* das Flugzeug in Paris *an*?

A If the plane takes off on time the arrival is **at eleven** (i'levn) **o'clock**. Wenn das Flugzeug pünktlich startet, ist die Ankunft *um elf Uhr*. Are you going *to* Paris for the first time (aar juu gouing tuu Paris foor the föst taim)? Fliegen Sie zum ersten Mal *nach* Paris?

G Yes, it's our honeymoon (jes, it's 'auer 'hanimuun). Ja, das ist unsere Hochzeitsreise.

A Oh, congratulations on your marriage (ou, kengrätju'leischens on jur 'märid<u>sch</u>). Oh, Glückwunsch zur Hochzeit. Did you find a good hotel (did juu faind e gud hou-'tel)? Haben Sie ein gutes Hotel gefunden?

T Yes, nearby the cathedral *Notre Dame* in the *Quartier latin* (nierbai the ke'thiidrel). Ja, nahe bei der Kathedrale *Notre-Dame* im *Quartier latin*.

A I lived in this district of Paris from 1988 to 1996 (ai livd in this 'district of Paris from 'nain'tiin 'eiti eit tuu nain-'tiin 'nainti siks). Ich habe in diesem Viertel *von* Paris 1988 *bis* 1996 gelebt. Each time when I remember Paris

I am homesick for that wonderful city (iitsch taim wen ai ri'member Paris ai äm houmsik foor thät 'wandefel 'siti). Jedes Mal, wenn ich mich an Paris erinnere, fühle ich Heimweh nach dieser wunderbaren Stadt.

G What impressed you *the most* in Paris (wot im'presd juu the moust in Paris)? Was hat Sie in Paris *am meisten* beeindruckt?

A It's a difficult question (it's e 'difikelt 'kwestschen). Das ist eine schwierige Frage. Perhaps the view of the *Seine* under the bridges of Paris (pe'häps the vjuu of the *Seine* 'ander the brid<u>schs</u> of Paris) or the view from my apartment of the blue sky over the roofs of Paris (oor the vjuu from mai e'paatment of the bluu skai 'ouver the ruufs of Paris).Vielleicht der Blick auf die *Seine* unter den Brücken von Paris oder die Aussicht von meiner Wohnung auf den blauen Himmel über den Dächern von Paris.Perhaps that evening <u>on place Concorde</u> (12), when the red sun was setting behind the Eiffel tower (pe'häps thät 'iivning on pleis *Concorde* wen the red san wos setting bi'haind thi Eiffel tauer). Vielleicht jener Abend <u>auf dem Concorde Platz</u>, als die rote Sonne hinter dem Eiffelturm unterging. Perhaps that night, when I looked at the light of the city from the highest restaurant of the Eiffel tower (pe'häps thät nait, wen ai lukd ät the lait of the 'siti from the haiest 'resteront of thi Eiffel tauer).Vielleicht jene Nacht, als ich das Lichtermeer der Stadt vom höchsten Restaurant des Eiffelturms betrachtete. Perhaps the seductive beauty of the dancers in the *Lido* and the *Moulin Rouge* (pe'häps the si'daktiv 'bjuuti of the 'daansers in the *Lido* änd the *Moulin rouge*). Vielleicht die verführerische Schönheit der Tänzerinnen im *Lido* und *Moulin Rouge*. Perhaps that morning after a sleepless night in front of the church *Sacré-Coeur,* when I looked at the rosy light of the sunrise (pe'häps thät 'mooning 'aafter a sliiples nait in frant of the tschötsch *Sacré-Coeur,* wen ai luuked ät the rousi lait of the sanrais).Vielleicht jener

Morgen nach einer schlaflosen Nacht, als ich vor der Kirche *Sacré-Coeur* das rosarote Licht des Sonnenaufgangs betrachtete. What impressed me the most (wot im'presd mii the moust)? Was hat mich am meisten beeindruckt? I don't know (ai dount nou). Ich weiß es nicht. But I know, that you will be very happy during your honeymoon (bat ai nou, that juu wil bii veri 'häpi 'djuuring jur 'hanimuun) because Paris is the perfect city for love and therefore the ideal place for a honeymoon (bi'koos Paris is the 'pöfikt siti foor lav änd 'therefore thi ai'diel pleis foor e 'hanimuun). Aber ich weiß, dass Sie während Ihrer Hochzeitsreise sehr glücklich sein werden, weil Paris die perfekte Stadt ist, um sich zu lieben und deshalb der ideale Ort für eine Hochzeitsreise. How long will you stay in Paris (hau long wil juu stei in Paris)? Wie lange werden Sie in Paris bleiben?

T Two weeks (tuu wiiks). Zwei Wochen.
G Perhaps also *some days* more (pe'häps 'oolsou sam deis moor). Vielleicht auch *einige Tage* mehr.
A *Say hello* to Paris for me (sei he'lou tuu Paris foor mii). *Grüßen Sie* Paris von mir. I wish you a good flight and a happy honeymoon (ai wisch juu e gud flait änd e häpi' 'hanimuun). Ich wünsche Ihnen einen guten Flug und schöne Flitterwochen!
F **F10: at eleven o'clock** Regel? **A10**: 15 **F11: some days** Regel? **A11**: 54 **F12: say hello** Regel? **A12**: 36

Das Fürwort (Pronomen)

Das Fürwort steht **für** ein anderes Wort, um eine Wiederholung zu vermeiden.

B Triffst du Paul? Ja, ich treffe **ihn**.
  Do you meet Paul? Yes, I meet **him**.
  LS: Duu juu miit Paul. Jes, ai miit him.

Das Akkusativfürwort

Das **Akkusativfürwort** antwortet auf die Fragen was? wen?
Bsp. Ich liebe dich / Sie / I love you (ai lav juu)

Subjektfürwort	Verb	Akkusativfürwort
I (ich)	love	**you** (dich, Sie)
You (du, Sie)	love	**me** (mich)
He (er)	loves	**her** (sie)
She (sie)	loves	**him** (ihn)
It (es, sie, er)	loves	**it** (es, ihn, sie)
We (wir)	love	**you** (euch, Sie)
You (ihr, Sie)	love	**us** (uns)
They (sie)	love	**them** (sie)

Das Dativfürwort

Das **Dativfürwort** antwortet auf die Frage wem?
Dativfürwörter und Akkusativfürwörter sind gleich.
Bsp. Ich gebe dir / Ihnen ein Geschenk / I give you a gift
(ai giv juu e gift)

Subjektfürwort	Verb	Dativfürwort
I	give	**you** (dir, Ihnen)
You	give	**me** (mir)
He	gives	**her** (ihr)
She	gives	**him** (ihr)
It (es, sie, er)	gives	**it** (ihm, ihr)
We	give	**you** (euch, Ihnen)
You	give	**us** (uns)
They	give	**them** (ihnen)

Man kann auch die Präpositionen **for** oder **to** vor das Dativfürwort setzen, z. Bsp. I send the gift **to** her (ai send the gift tuu hör). Ich schicke ihr das Geschenk.

Lernen Sie bitte die Wörter von <u>Pfund</u> bis <u>Schweinefleisch</u>.

Achter Tag

Ankunft im Hotel / Arrival in the hotel

Ort: Hotel in Cannes.
Tino T, seine Frau Gina G, ihre Tochter Nora N, Herr Richard R

T Guten Abend, ich heiße Tino Baci. Good evening, my name is Tino Baci (gud 'iivning, mai neim is Tino Baci). Sind Sie Herr Richard, mit dem ich letzte Woche telefoniert habe? Are you Mr. Richard **to whom** I spoke on the phone last week (aar juu 'mister Richard tu huum I spouk on the foun laast wiik)?

R Ja, nett Sie zu sehen. Yes, nice to see you (jes, nais tuu sii juu). Wie lange bleiben Sie? How long are you staying (hau long aar juu steiing)?

T Eine Woche. One week. Wir brauchen ein Doppelzimmer und ein Einzelzimmer für unsere Tochter. We need a double room and a single room for **our** daughter (wii niid e 'dabl ruum änd e'singl ruum foor 'auer 'dooter).

R Sie haben Glück. You are lucky (juu aar 'laki). Obwohl wir uns in der Hochsaison befinden, gibt es noch *einige* freie Zimmer. Although it is the high season there are still *some* free rooms (ool'thou it is the hai siisn theer aar stil sam frii ruums). Es gibt zwei Zimmer mit Sicht auf das Meer, Bad und Balkon. There are two rooms overlooking the sea with a bathroom and a balcony (theer aar tuu ruums ouverluking the sii with e 'bathruum änd e 'bälkeni).

G Wie viel kostet es mit Frühstück, Halbpension und Vollpension? How much is it with breakfast, half board and full board (hau match is it with 'brekfest, haaf bood änd ful bood)?

R Das ist die Preisliste. This is the price list (prais list).
G Das ist zu teuer. That's too expensive (thät's tuu ik'spensiv). Haben Sie etwas *Billigeres*? Do you have **anything** cheaper (duu juu häv 'enithing tschiiper)?
R Ja, wir haben zwei Zimmer mit Blick auf die Berge und mit Dusche. Yes, we have two rooms overlooking the mountains ('mauntins) and with shower ('schauer).
G Können wir die Zimmer besichtigen? Can we see the rooms (kän wii sii the ruums)?
R Gerne. Of course (of koos).
Nach der Besichtigung. After the viewing.
G Gut, wir werden die Zimmer nehmen. Okay, we will take the rooms ('ou'kei, wii wil teik the ruums).
R Würden sie dieses Anmeldeformular ausfüllen. Would you fill out this application form (wud juu fil aut this äpli'keischen foom). Würden Sie bitte unterschreiben. Would you sign please (wud juu sain pliis).
T Kann jemand unser Gepäck ins Zimmer hinaufbringen? Could somebody take our luggage up to the room (kud'sambedi teik 'auer 'lagid<u>sch</u> ap tuu the ruum)?
R Einen Moment bitte. One moment please (wan moument pliis). Ich werde einen Diener rufen. I will call for a servant (ai wil kool for e 'sövent). Hier sind die zwei Zimmerschlüssel. These are the two keys to the rooms (thiis aar the tuu kiis tuu the ruums).
G Wann wird <u>das Frühstück</u> serviert? When is <u>breakfast</u> (12) served (wen is 'brekfest sövd)?
R Zwischen acht und zehn. Between eight and ten (bi'twiin eit änd ten).
T Könnten Sie uns bitte morgen um acht Uhr wecken. Could you wake us at eight tomorrow, please (kud juu weik as ät eit te'morou pliis).
R Selbstverständlich. Of course. Dort ist der Aufzug. There is the lift (theer is the lift). Schöne Ferien. Have a good holiday (häv e gud 'holidei).
Nach einer schönen Woche. After a good week.

T Kann ich meine Rechnung bekommen? May I have my bill (mei ai häv mai bil)?
R Die Rechnung ist fertig. The bill is ready ('redi).
T Auf Wiedersehen, wir hatten einen tollen Aufenthalt. Goodbye, we had a great stay (gud'bai, wi häd e greit stei).
G Es war eine wunderbare Woche. It was a wonderful week (it wos e 'wandefel wiik).
N Tschüs, es war mega fantastisch. Bye, it was mega fantastic (bai, it wos 'mege fän'tästik).
R Es war nett, Sie kennen zu lernen. It was nice meeting you (it wos nais 'miiting juu). Ich hoffe, Sie im nächsten Jahr *wieder* zu sehen. I hope to see you *again* next year (ai houp tuu sii juu e'gen nekst jier). Gute Heimreise. Have a good journey home (häv e gud dschöni houm).
**F13: our Regel? A13: 43 F14: this Regel? A14: 46
F15: Verb be Konjugation des Imperfekts? A15: 34**
F **F16** Welche Regel kann man von **to whom** ableiten?
A16: 44 **F17** Wann verwendet man **any / anything** in Fragesätzen? **A17:** 54

Besitzanzeigendes Fürwort

Man unterscheidet die adjektivisch verwendeten Fürwörter und die substantivisch verwendeten Fürwörter, die ein besitzanzeigendes Fürwort + Hauptwort ersetzen.
R **Das adjektivische Fürwort wird durch Anhängen eines s zu einem substantivischen Fürwort (A13)**
dein/e your + **s** > yours / deine/r/s.
Ausnahme: mine, his und its.
B Dieses hier ist mein Haus, das dort deines.
This is **my** house, that is yours (mai ... jurs).
This is **your** house, that is mine (jur ... main).
This is **his** house, that is hers (his ... hörs).
This is **her** house, that is his (hör ... his).

This is **its** house, that is its.
This is **our** house, that is yours ('auer ... jurs).
This is **your** house, that is ours (jur ... 'auers).
This is **their** house, that is theirs (theer ... theers).

F Das bezügliche Fürwort

B Mary, die eine Pianistin ist, deren Name sehr berühmt ist, der viele Preise verliehen wurden, hat einen Ehemann, den niemand kennt.
Mary **who** is a pianist (1) **whose** name is very famous (2) **to whom** many prizes were given, (3) has a husband **who** nobody knows (4).
LS: Mary huu is e 'pienist huus neim is 'veri 'feimes tuu huum 'meni praises wör given, häs e 'hasbend huu 'noubedi nous.

R **Bei Personen** lauten die bezüglichen Fürwörter im Nominativ: **who** (1) Genitiv: **whose** (2) Dativ: **Präposition + whom** (3) (**A 16**) Akkusativ: **who, whom** (4).

B Marys Flügel, der sehr viel kostete, dessen Hersteller Steinway war und mit dem Mary alle Konzerte spielt, hat einen Klang, den man nicht beschreiben kann.
Mary's grand piano **which** cost a lot (1) **whose** manufacturer was Steinway (2) and **with which** Mary plays all the concerts (3), has a tone **which** one cannot describe (4). LS: Mary's gränd 'pjänou witsch kost e lot huus mänju'fäktscherer wos Steinway änd with witsch Mary pleis ool the 'konsets, häs e toun witsch wan kän not di'skraib.

R **Bei Dingen** lauten die bezüglichen Fürwörter im Nominativ: **which** (1) Genitiv: **whose** (2) Dativ: **Präposition + which** (3) Akkusativ: **which** (4).

Fragesätze

B 1 **Mary is** a pianist (1). **Is Mary** a pianist?
She can play the piano (2). **Can she** play the piano?

R 1 Aussagesätze mit dem Verb be (1) oder einem Hilfs-
verb, z. Bp can, may, shall, will (2) werden durch
Vertauschen von Subjekt und Verb zu Fragesätzen.

B 2 I   Mary plays the piano.
II **Does** Mary **play** the piano?
III Where **does** Mary **play** the piano?

R2 Einen Aussagesatz mit einem selbstständigen Verb (I)
kann man mit Hilfe der **do - Umschreibungen** do / does
(Präsens) und did (Vergangenheit) + **Infinitiv ohne to** in
einen **Fragesatz** (II) umwandeln. Der Fragesatz (II) hat die
gleiche Wortstellung wie der Aussagesatz (I). Bei Sätzen
mit einem Fragewort (III) verwendet man ebenfalls die do-
Umschreibung. (**A1. 2**)

B Who plays the concert? Wer spielt das Konzert?

R Die do-Umschreibung entfällt, wenn ein Fragewort das
Subjekt des Satzes ist (z. Bp. **who**, what).

Verneinungen

B 1 Marys Gatte spielt nicht Klavier.
Mary's husband **does not** play the piano.

R 1 Bei Sätzen mit einem selbstständigen Verb bildet man
die Verneinung mit **do not, does not, did not** + Infini-
tiv ohne to. (**A1. 3**)

B Ich habe York nie gesehen. I have **never** seen York.

R Die do-Umschreibung entfällt bei Aussagesätzen mit
Negativwörtern (z. Bp. **never**, no).

B 2 Marys Gatte ist nicht musikalisch;er kann nicht singen.
Mary's husband is **not** musical (1); he **cannot** sing (2).

R 2 Bei Sätzen mit be (1) oder einem Hilfsverb (2) bildet
man die Verneinung, indem man **not** hinter diesen Ver-
ben einfügt. Man kann not zu **n't** verkürzen und an das
Verb anhängen, z. B. He **isn't** musical.

F Fragewort und Frageanhängsel

B 1 In welcher Konzerthalle spielte Mary?
Which concert hall did Mary play **in** (witsch 'konset hool did Mary plei in)?

R Das Fragewort steht in direkten Fragen am Satzanfang. Ist es mit einer **Präposition** verbunden (z. Bp. in), wird diese meistens an das **Satzende** gestellt.

B 2 Wir hörten das Konzert, nicht wahr?
We heard the concert, **didn't we?**
We did not hear the concert, **did we?**

R Bejahter Satz: **Frageanhängsel verneinend.** (A9)
Verneinungssatz: **Frageanhängsel bejahend.**

Das hinweisende Fürwort (Demonstrativpronomen)

B Welches Mädchen ist schöner: dieses **hier** oder dieses **dort**? Which girl is more beautiful: **this** or **that**?

R **This** (Pl these): Objekt in der **Nähe.**
that (Pl those): Objekt **weiter entfernt.**

R *Die **Verwendung** des hinweisenden Fürworts wird **von** der **Entfernung bestimmt**.* (A14) KG 293

F Unregelmäßige Verben

zerbrechen	break (ei)	broke (ou)	broken (ou)
(selbst) fahren	drive (ai)	drove (ou)	driven (i)
essen	eat (ii)	ate (*e*)	eaten (i)
fallen	fall (oo)	fell (*e*)	fallen (oo)
geben	give (i)	gave (ei)	given (i)
(auf)steigen	rise (ai)	rose (ou)	risen (i)
sprechen	speak (ii)	spoke (ou)	spoken (ou)
nehmen	take (*ei*)	took (u)	taken (*ei*)
schreiben	write (ai)	wrote (ou)	written (i)

Lernen Sie bitte noch die Wörter von <u>See</u> bis <u>Strand</u>.

Neunter Tag

Im Restaurant / In the restaurant

Restaurant in London.
Gina G, Tino T, Nora N, Kellnerin K

T *Ich habe* einen Tisch für drei Personen im Nichtraucherbereich *reserviert*. *I have reserved* a table for three in the non-smoking area (ai häv risövd e teibl foor thrii in the non-smouking ärie).

K Das hier ist Ihr Tisch. This is your table (this is jur teibl). Hier sind die Speisekarte und die Getränkekarte. Here are the menu and the drink list (hier aar the 'menjuu änd the drink list). Möchten Sie einen **Aperitif**? Would you like an aperitif (wud juu laik en eperi'tiif)?

G Einen Sekt bitte. A German champagne please (e 'dschömen schäm'pein pliis).

N Ein alkoholfreies Getränk. A soft drink please.

T Einen Champagner. A French champagne (e frentsch schäm'pein).

Nach dem Aperitif. After the aperitif.

K Was möchten Sie trinken? What would you like to drink (wot wud juu laik tuu drink)?

G Ein Glas Weißwein. A glass of white wine (a glaas of wait wain).

N Einen Fruchtsaft. A fruit juice (e fruut dschuus).

T Ein Bier vom Fass. A draught beer (e draaft bier).

K Was *möchten Sie* als **Vorspeise**? What *would you like* as a starter (wot wud juu laik äs e 'staater)?

T Gemischte Vorspeisen. Mixed starters (mikst staaters).

G Gekochter Schinken und Melone. Cooked ham and melon (kukd häm änd 'melen).

N Eine Gemüsesuppe. A vegetable soup (e 'vedschitebl

suup).

K Was möchten Sie als **Hauptgericht**? What would you like as main course (wot wud juu laik äs mein koos)?

N *Ich möchte* ein vegetarisches Gericht. *I would like* a vegetarian dish (ai wud laik e ve<u>dsch</u>i'tärien disch). Was empfehlen Sie? What do you recommend (wot duu you reke'mend)?

K Seezunge und als Beilage Reis. Sole and as side dish rice (soul änd äs said disch rais).

T Ich möchte das Beefsteak und gemischten Salat. I would like the beefsteak and mixed salad (ai wud laik the biifsteik änd mikst 'säled).

K Welche Art von Dressing möchten Sie? What kind of dressing would you like (wot kaind of 'dresing wud juu laik)?

T Französisches Dressing. French (frentsch) dressing.

K Wie möchten Sie Ihr Steak: blutig, rosa oder durchgebraten? How would you like your steak: rare, medium or well done (hau wud juu laik jur steik: ree, 'miidiem oor wel dan)?

T Medium.

G Ich möchte ein Fleischgericht. I would like a meat dish (ai wud laik e miit disch).

K Ich empfehle Lammbraten mit Aubergine und Paprika. I recommend roast lamb with aubergine and peppers (ai reke'mend roust läm with 'oubeschiin änd 'pepes).
Nach dem Hauptgericht. After the main course.

K Was möchten Sie *als* **Dessert**? What would you like *for* dessert (di'söt)?

N Obstsalat und Schokoladencreme und eine Tasse Tee mit Zitrone. Fruit salad and chocolate mousse and a cup of tea with lemon (fruut 'säled änd 'tschokled muus änd a kap of tii with 'lemen).

T Welche Eisarten haben Sie? What kind of ice cream (ais kriim) do you have?

K Vanille, Himbeeren, Erdbeeren, Walnuss und Aprikose.

Vanilla (ve'nile), raspberries ('raasberis), strawberries ('strooberis), walnut ('woolnat) and apricot ('eipricot).
T Bitte ein gemischtes Eis und einen Milchkaffee. Please a mixed ice-cream and a coffee with milk.
G Welche Art von Kuchen haben Sie? What kind of cake (keik) do you have?
K Streuselkuchen, Apfelkuchen und Käsekuchen. Crumble ('krambl), apple cake (äpl keik) and cheese cake (tschiis keik).
G Einen Apfelkuchen, aber bitte mit Schlagsahne und einen Espresso. An apple cake but please with whipped cream (wipt kriim) and an espresso (e'spresou).
Nach einem ausgezeichneten Mittagessen. After an excellent lunch.
K Hat es Ihnen geschmeckt? Did you enjoy it (did juu in'dchoi it)?
G Das Mittagessen war köstlich. The lunch was delicious (di'lisches). Richten Sie dem Koch unsere Komplimente aus. Would you give our compliments to the chef (wud juu giv auer 'compliments tuu the schef).
T Die Rechnung bitte. The bill please. Behalten Sie das Wechselgeld. Keep the change (kiip the tscheindsch).
K Vielen Dank. Thank you very much.
F18: I have reserved Regel? **A18:** 34

F Räumliche Angaben

im Haus / **in** the house (haus)
durch das Haus / **through** ... (thruu)
innerhalb des Hauses / **inside** ...('in'said)
außerhalb des Hauses / **outside** ...('aut'said)
vor dem Haus / **in front of** ... (frant)
hinter dem Haus / **behind** ... (bi'haind)
neben dem Haus / **beside** ... (bi'said)
auf dem Haus / **on** ...
gegenüber dem Haus / **opposite** ...('opesit)

F Die Ankunft

Ich kam an ... I arrived (e'raived) ...
vor acht Tagen / eight days ago (eit deis e'gou)
letzte Woche / last week (laast wiik)
vorgestern / the day before yesterday (bi'foor 'jestedei)
gestern / yesterday
heute / today (te'dei)
vor kurzem / a little while ago (e litl wail e'gou)
vor einer halben Stunde / half an hour ago (haaf en'auer)
Ich bin gerade angekommen. I have just arrived (ai häv ds<u>ch</u>ast e'raived).
Ich komme gerade an. I am just arriving (ai äm ds<u>ch</u>ast e'raiving).

F Die Abreise

Ich werde gleich abreisen. I am going to leave (gouing tuu liiv).
Ich reise ab ... I will leave ...
sofort / immediately (i'miidietli)
bald / soon (suun)
baldmöglichst / as soon as possible (äs suun äs 'posebl)
in zwei Stunden / in two hours (tuu 'auers)
heute Vormittag / this morning (this 'mooning)
heute Nachmittag / this afternoon (aafte'nuun)
heute Abend / this evening ('iivning)
morgen / tomorrow (te'morou)
übermorgen / the day after tomorrow

F Häufigkeitsangaben

niemals	never ('never)
manchmal	sometimes ('samtaims)
oft	often ('ofen)
meistens	mostly ('moustli)
immer	always ('oolweis)

Fragen und Redewendungen

Sich verständigen

Sprechen Sie Deutsch? Do you speak German (duu juu spiik dschömen)?
Spricht irgend jemand deutsch? Does anyone speak German (das 'eniwan spiik dschömen)?
Ich habe das nicht verstanden. I did not understand that (ai did not ande'ständ thät).
Können Sie es noch einmal sagen und langsamer sprechen. Could you repeat it and speak more slowly (kud juu ri'piit it änd spiik moor slouli)?
Könnten Sie es für mich aufschreiben? Could you write it down for me (kud juu rait it daun foor mii)? Könnten Sie es für mich übersetzen? Could you translate it for me (kud juu träns'leit it foor mii)?
Wie heißt das auf Englisch? What is that in English (wot is thät in 'inglisch)? Was bedeutet das? What does that mean (wot das thät miin)? Wie spricht man dieses Wort aus? How do you pronounce this word (hau duu juu pre'nouns this wöd)?

F Im Kaufhaus

Gibt es hier irgendwo ein Kaufhaus? Is there a department store around here (is theer e di'paatment stoor eraund hier)?
Kann ich Ihnen helfen? Can I help you (kän ai help juu)?
Ich schaue mich nur um, danke. I am just looking, thanks (ai äm dschast luking, thänks). Ich muss darüber nachdenken. I will have to think about it (ai wil häv tuu think e'bout it).
Was kostet das? How much is that (hau matsch is thät)? Das ist zu teuer. That is too expensive (tuu ik'spensiv). Haben Sie etwas Billigeres? Do you have anything cheaper (du juu

häv 'enithing tschiiper)? Das gefällt mir, ich nehme es. I like that, I will take it (ai laik thät, ai wil teik it). Kann ich mit dieser Kreditkarte zahlen? Can I pay with this credit card (kän ai pei with this 'kredit kaad)? Ich hätte gern eine Quittung. I would like a receipt (ai wud laik e ri'siit). Haben Sie eine Tüte? Do you have a bag (duu juu häv e bäg)?

F Nach einem Unfall

Ich habe einen Unfall gehabt. I have had an accident (ai häv häd en 'äksident). Jemand ist ernsthaft verletzt. Somebody is seriously hurt ('sambedi is sie'riesli höt). Rufen Sie bitte sofort einen Krankenwagen und die Polizei. Please call immediately an ambulance and the police (pliis kool i'miidietli en 'ämbjulens änd the pe'liis).
Geben Sie mir bitte Ihren Namen, Ihre Adresse und Ihre Versicherungsnummer. Please give me your name, your address and your insurance number (pliis giv mii jur neim, 'jur e'dres änd jur in'schuerens 'namber).

F Unregelmäßige Verben

Lautschrift: 1. Form (**i**) 2. Form (**ä**) 3. Form (**a**).

beginnen	begin (i)	began (ä)	begun (a)
trinken	drink (i)	drank (ä)	drunk (a)
singen	sing (i)	sang (ä)	sung (a)
sinken	sink (i)	sank (ä)	sunk (a)
springen	spring (i)	sprang (ä)	sprung (a)
schwimmen	swim (i)	swam (ä)	swum (a)

Die Vergangenheitsform wird wie im Deutschen mit a geschrieben.

Lernen Sie bitte die Wörter von Straße bis Umleitung.

Zehnter Tag

Verhältniswörter (Präpositionen)

B Mary flies **at** 7 pm (1) **from** London **to** Paris, **with** the manager, but **without** her husband, **for** a concert in the Pleyel hall. The aircraft flies **above, between** and **below** the clouds. **During** tue landing Mary looks **at** the Eiffel tower **by** night.

at (ät) um
from von **A 2.2**
to (tuu) nach **A2.1**
with mit
without (with'aut) ohne
for (foor) für

above (e'bav) oberhalb
between (bi'twiin) zwischen
below (bi'lou) unterhalb
during ('djuering) während
at auf, in **A 2.3**
by (bai) bei

1 Man verwendet von Mitternacht bis Mittag am (ei em), die Abkürzung von ante meridiem, von 12 bis 24 Uhr pm (pii em), die Abkürzung von post meridiem.

F Mengenangaben: many, much, a lot (of)

B I Hast du viele Bücher?
      Do you have **many boocks** ?
   II Ja, aber ich habe nicht viel Zeit, um sie zu lesen.
      Yes, but I don't have **much time** to read them.
   III Ja, ich habe viele Bücher und viel Zeit, sie zu lesen.
      Yes, I have **a lot of books** and **a lot of time** to read them.
R In Fragesätzen (I) und Verneinungssätzen (II) werden häufig many und much verwendet.
   In Aussagesätzen (III) wird häufig a lot of verwendet.

F Any

Ein Buchhändler telefoniert mit einem Schotten.
Händler: „Sie können zu **jeder** Zeit kommen und **irgendein** Buch / **irgendwelche** Bücher aussuchen."
You can come at **any** time (1) and choose **any** book (2) / **any** books (3).

R   Any bedeutet jede/r/s (1), mit Sg irgendein/e/es (2), mit Pl irgendwelche (3).

Schotte: I   „Ich habe kein Geld.
I have no money / I do not have any money.
II   Haben Sie kostenlose Bücher?
Do you have **any** free books?"

R   In Verneinungssätzen (I) verwendet man für kein entweder no (vor Hauptwörtern) oder any, wenn ein vorangehendes Verb verneint wird.
In Fragesätzen (II) verwendet man any, anything wenn man sich über die Antwort unsicher ist. (**A 17**)

F Some

B   I   Möchten Sie **etwas** Tee und **einige** Kekse?
Would you like **some** tea and **some** biscuits ?
II   Ich möchte etwas Tee. I would like **some** tea.

R   Some bedeutet vor einem Singular: **etwas** , vor einem Plural: **einige**. (**A11**)
Man verwendet some in Fragesätzen, wenn man eine positive Antwort erwartet (I) und in Aussagesätzen. (II)
Die Zusammensetzungen (z. Bp. somebody / anybody; something / anything) verwendet man wie some und any.

Some und any werden im Deutschen oft nicht übersetzt.

F Fragen und Redewendungen

Wer / who ist der Reiseführer (die Reiseführerin) / is the guide? An wen kann ich mich wenden / who should I speak to?
Was / what für ... / kind of ... machen Sie beruflich / is your job?
Wann / when (what time) öffnet (schließt) / does .. open (close), beginnt (endet) / does .. start (finish), fährt ab (kommt an) / does .. leave (arrive), ist der/die/das nächste / is the next, ist Markt / is market day, ist Einlass / do the doors open?
Wo / where ist der/die/das nächst gelegene / is the nearest, ist das Tourismusbüro / is the tourist office, findet statt / does take place, kann ich finden (kaufen) / can I find (buy), bekomme ich / do I get, treffen wir uns / do we meet?
Wie / how geht es Ihnen / are you, komme ich nach / do I get to, weit ist es bis / far is it to, lange dauert .. / long does .. last, lange dauert es / long does it take. Wie viel kostet es pro Stunde (Tag)? How much is it per hour (day)?
Welche/r/s ist der/die/das / what is the Vorwahl von / code for, Telefonnummer / phone number, Gebühr / charge, Stromspannung / voltage, Wettervorhersage / weather forecast ('fookaast)?
Muß ich / do I have to reservieren / reserve, umsteigen / change?
Kann ich / can I benutzen / use, anschauen / see, fotografieren / is photography (fe'tografi) allowed, es anprobieren / try it on, hier parken / park here, dorthin zu Fuß gehen / walk (wook) there, das Gepäck hier lassen / leave the luggage ('lagid*sch*) here, im Safe deponieren / leave in the safe, Sie einladen / you invite, Sie nach Hause begleiten / take you home?
Könnten Sie mir / could you erklären / explain me, sagen / tell (t*e*l) me, empfehlen / recommend me (r*e*ke'mend),

bringen / bring me, geben / give me, zeigen / show me, leihen / lend me, helfen / help me, besorgen / get me, bestellen / order for me, ein Taxi rufen / call me a taxi ('täksi)?

Gibt es ein/e/n ... is there a ... in der Nähe / near here (nie hie), Parkplatz / car park, Führung / tour, Preisrabatt / discount, Anschluss nach / connection (ke'nekschen) to, Jugendherberge / youth hostel?

Es gibt ... there is ... einen Fehler in der Rechnung / a mistake in the bill.

Ich möchte / I would like to aussteigen / get out (get aut), mitnehmen / take away, besichtigen / visit, kaufen / buy, zahlen / pay, mieten / hire ('haie), einen Termin vereinbarren / make an appointment (e'pointment), einen Diebstahl anzeigen / report something stolen ('stoulen).

Der/die /das ... **funktioniert nicht.** The ... does not work.
Der/die/das ... **ist kaputt.** The ... is broken.
Können Sie es reparieren? Can you repair it?
Ist ... inbegriffen? Is ... included?
Wann ist es fertig? When will it be ready?
Wann kann ich es abholen? When can I pick it up?

F Unregelmäßige Verben

Vergangenheit und Partizip Perfekt enden auf **-ght**:

bringen	bring (i)	brought (oo)	brought (oo)
kaufen	buy (ai)	bought (oo)	bought (oo)
fangen	catch (ä)	caught (oo)	caught (oo)
lehren	teach (ii)	taught (oo)	taught (oo)
denken	think (i)	thought (oo)	thought (oo)

Lernen Sie bitte noch die Wörter von <u>umsteigen</u> bis <u>Zug.</u>

Vokabular

Abend evening iivning
Abendessen dinner diner
Abführmittel laxative läksetiv
abheben withdraw withdroo
Abreise departure dipaatsche
abreisen leave liiv
Abteil compartment (paa)
Achtung! attention etenschen
Adapter LS edäpter
Adresse address edres
alkoholfrei non-alcoholic
allein alone eloun
Allergie allergy äledschi
alle(s) all ool
als (Vergleich) than thän
Alter age eidsch
Altstadt old town ould taun
anbieten offer ofer
andere(r,s) other ather
Anfang beginning bigining
angeln fish fisch
angenehm pleasant plesnt
anhalten stop
ankommen arrive eraiv
Ankunft arrival eraivel
Anlegestelle mooring muering
anmelden enrol inroul
annehmen accept eksept
annullieren cancel känsel
anprobieren try on trai
Anschluss connection (kenek)
Antiquität antique äntiik
antworten answer aanser
anzeigen report ripoot
Anzug suit suut
Aperitif LS eperitiif
Apfel apple äpl
Apotheke pharmacy faamesi
Aprikose apricot eiprikot
April LS eiprel
arbeiten work wök
Architektur architecture aakitektscher
Arm LS aam
Arzt doctor dokter
Aschenbecher ashtray äschtrei
atmen breathe briith
Attest certificate setifikit
auch also oolsou
Aufenthalt stay stei
aufstehen get up get ap
Aufzug lift
Auge eye ai
August LS oogest
Ausdruck expression ikspreschen
Ausgang exit eksit
ausgeben spend spend
ausgehen go out gou aut
Auskunft information infemeischen
Aussicht view vjuu
aussprechen pronounce prenauns
aussteigen get out get aut
Ausstellung exhibition (bisch)

57

Ausverkauf sale seil
Auto car kaar
Autobahn motorway moutewei
Autoverleih car hire kaar haie
B
Bäckerei bakery beikeri
Bad bath baath
~emantel bathrobe baathroub
~meister life guard laif gaad
baden swim
Bahnhof station steischen
bald soon suun
Balkon balcony bälkeni
Bank LS bängk
Batterie battery bäteri
bauen build bild
Baum tree trii
Baumwolle cotton kotn
Beanstandung complaint kempleint
bedeuten mean miin
bedienen serve söv
Bedienung service sövis
beenden end end
befinden, sich be bii
beginnen begin bigin
begleiten accompany (ka)
behandeln (Arzt) treat triit
Beilage side dish said disch
Bein leg leg
beißen bite bait
Bekleidung clothes klouths
bekommen get get
benachrichtigen inform

benutzen use juus
Benzin petrol petrel
Berg mountain mauntin
~führer mountain guide gaid
Beruf profession prefeschen
berühren touch tatsch
beschäftigen occupy okjupai
beschreiben describe diskraib
Besen broom bruum
besichtigen visit visit
Besichtigung sightseeing (sai)
besorgen get get
bestätigen confirm kenföm
bestellen order ooder
betrachten look at luk ät
Betrag amount emount
Bett bed bed
Bettdecke blanket blängkit
Bettlaken sheet schiit
bewachen guard gaad
bewegen move muuv
bezahlen pay pei
Bier beer bier
Bild painting peinting
Bildhauer sculptor skalpter
~hauerei sculpture skalptsche
billig cheap tschiip
bitte please pliis
bitten ask aask
blau blue bluu
bleiben stay stei
bleifrei unleaded anledid
Blick look luk
Blume flower flauer
Bluse blouse blous

Blut blood blad
bluten bleed bliid
Boot boat bout
Botschaft embassy embesi
Braten roast roust
Bratspieß skewer skjuer
brauchen need niid
braun brown braun
brechen break breik
Bremse brake breik
Brief letter leter
Briefkasten
letter box leter boks
Briefmarke stamp stämp
Brieftasche wallet wolit
Briefumschlag envelope (ou)
Brille glasses glaasis
bringen bring
Brot bread bred
Brötchen roll roul
Brücke bridge bridsch
Bruder brother brather
Brunnen fountain fauntin
Buch book buk
~handlung bookshop ~schop
buchstabieren spell spel
bügeln iron aien
Burg castle kaasl
Büro office ofis
Bushaltestelle
bus stop bas stop
Butter LS bater
C
Camping LS kämping
Chef boss
Cousin(e) cousin kasn
D
Dame lady leidi
~nbinde sanitary towel (tau)
danken thank thängk
Datum date deit
dauern last laast
dein(e) your jur
denken think thingk
deutsch German dschömen
Deutschland Germany
Dezember December (disem)
Dia slide slaid
Diabetes diabetes daiebiitis
Diät diet daiet
Diebstahl theft theft
Dienstag Tuesday tjuusdei
Diesel LS diisel
dieser this pl these thiis
direkt direct dairekt
Dolmetscher interpreter intöpriter
Dom cathedral kethiidrel
Donnerstag Thursday thösdei
Doppelzimmer double room dabl ruum
Dorf village vilidsch
dort there theer
Dose can kän
~nöffner can opener oupner
dringend urgent ödschent
Drittel third thöd
drücken press pres
dumm stupid stjuupid
Durchfall diarrhoea daieriie

dürfen can kän, may mei
Durst thirst thöst
Dusche shower schauer
E
echt real riel
Ei egg eg
eigen own oun
Eigentum property propeti
Eilbote express ikspres
Eile hurry hari
Eimer bucket bakit
Einbahnstraße one-way street
einchecken check-in tschekin
Eingang entrance entrens
einige some sam
Einkaufszentrum shopping center schoping senter
einladen invite invait
einsteigen get in get in
Eintrittskarte ticket tikit
~preis admission fee (fii)
Einwohner inhabitant (hä)
einzahlen (Konto) pay pei
Einzelzimmer single room singl ruum
Eis ice ais
Eisdiele ice-cream parlour ais-kriim paaler
Eislauf ice-skating skeiting
elektrisch electric ilektrik
Eltern parents peerents
Empfang reception risepschen
empfehlen recommend
Ende end
Endstation terminal 'töminl
eng narrow 'närou
enthalten contain kentein
Entscheidung decision (di)
entschuldigen excuse ikskjuus
entwerten cancel känsel
Erdbeere strawberry strooberi
erklären explain iksplein
erlauben allow elau
Ermäßigung reduction (ri..da)
erreichen reach riitsch
essen eat iit
Essen (Mahlzeit) meal miil
Essig vinegar viniger
etwas something samthing
F
Fähre ferry 'feri
fahren go gou
Fahrkarte ticket tikit
Fahrkartenschalter ticket office tikit ofis
Fahrplan timetable taimteibl
Fahrrad bike baik
Familie family fämili
Farbe colour kaler
Farbfilm colour film
Februar February februeri
fehlen be missing bii mising
Fehler mistake misteik
Feiertag holiday holidei
Fenster window windou
Ferien holidays holideis
Fernglas binoculars (nokjules)
Fernsehen television (teli)

fertig ready redi
Fett fat fät
Feuer fire faier
Feuerzeug
lighter laiter
Fieberthermometer
thermometer themomiter
Film
(Foto) film
(Kino) movie muuvi
finden
find faind
Finger finger
Fisch fish
Flasche bottle 'botl
Flaschenöffner
bottle opener 'botl 'oupner
Fleisch meat miit
Flohmarkt
flea market flii 'maakit
Flug flight flait
Flughafen airport 'eepoot
Flugzeug plane plein
Fluss river 'river
Flüssigkeit liquid 'likwid
Flut flood flad
folgen follow folou
Form LS foom
Foto LS foutou
Fotoapparat
camera kämere
Fotograf
photographer fetogrefer
fotografieren
photograph foutegräf

Frage question kwestschen
fragen ask aask
Frau woman wumen
Fremdenführer guide gaid
Fremdenverkehrsamt
tourist office tuerist ofis
Fresko fresco freskou
Freund (boy) friend frend
Freundin (girl) friend göl
freundlich friendly frendli
Friedhof cemetery semitri
Friseur hairdresser heerdreser
Fruchtsaft fruit juice dschuus
Frühling spring
Frühstück breakfast brekfest
fühlen feel fiil
Führerschein driving
licence draiving laisens
Führung tour tuer
Fundbüro
lost property office
funktionieren work wök
Fuß foot fut
~weg path
G
Gabel fork fook
ganz whole houl
Garderobe cloakroom
kloukruum
Garten garden gaadn
Gasflasche bottle of gas
Gasthaus inn
Gatte husband hasbend
geben give giv
Gebiet region riidschen

61

Gebirge mountains mauntins
geboren born boon
gebraten roasted rousted
Gebühr charge tschaadsch
Geburtsdatum date of birth deit of böth
Geburtstag birthday böthdei
Gedeck cover kaver
Geduld patience peischens
Gefahr danger deindscher
gefährlich dangerous
gefallen please pliis
Geflügel poultry poultri
gegenüber opposite opesit
gehen go gou
gekocht cooked kuked
Geld money mani
Geldbeutel purse pös
Geldschein banknote (nout)
Geldwechsel exchange ikstscheindsch
Gemüse vegetable vedschtebl
genug enough inaf
Gepäck baggage bägidsch
Gepäckaufbewahrung checkroom tschekruum
gern with pleasure plescher
Geschäft (Laden) shop schop
Geschenk gift
Geschichte history histeri
Geschwindigkeit speed spiid
Gesicht face feis
gestern yesterday jestedei
Gesundheit health helth
Gesundheit! bless you
Gesundung convalescence
Getränk drink
getrennt separate sepret
Gewicht weight weit
Gewinn profit
Gewürz spice spais
Glas glass glaas
glauben believe biliiv
gleich same seim
gleichgültig indifferent
Gleis track träk
Gleitschirmfliegen paragliding päreglaiding
Glockenturm bell tower (tau)
Glück luck lak
glücklich happy häpi
Glückwunsch congratulations
Glühbirne light bulb lait balb
Gold LS gould
Golfplatz golf course koos
Gottesdienst service sövis
Grad degree digrii
Gramm gram gräm
Grenze border booder
Grill grill
Größe (Kleidung) size sais
grün green griin
Gruppe group gruup
Gruß greeting griiting
grüßen greet griit
gültig valid välid
Gurke Essig~ gherkin gökin
Gürtel belt belt

H

Haar hair heer

Haarbürste hairbrush(brasch)
haben have häv
Hafen harbour haaber
Hähnchen chicken tschiken
Haken hook huk
halb half haaf
halbieren halve haav
Halbpension
half-board haaf bood
Hälfte half haaf
halten hòld hould
Haltestelle stop
Hand LS händ
Handschuh glove glav
Handtasche handbag händbäg
Handtuch towel tauel
Handlung action äkschen
Handy mobile moubail
Haus house hous
Haut skin
heißen be called bii kooled
Heizung heating hiiting
helfen help help
Hemd shirt schöt
Herbst autumn ootem
Herr gentleman dschentlmen
herrlich marvellous maaveles
Herz heart haat
heute today tedei
Hilfe help help
Himmel sky skai
hin und zurück
there and back theer änd bäk
hinlegen put down put daun

hinter behind bihaind
Hitze heat hiit
Hochsaison high season hai siisn
holen get get
hören hear hier
Hose trousers pl trausis
Hotel LS houtel
Hubschrauber helicopter helikopter
Hund dog
Hunger LS hanger
Hut hat hät

I
immer always oolweis
impfen vaccinate väksineit
inbegriffen inclusive inkluusiv
Infektion LS infekschen
Information LS infemeischen
innerhalb inside insaid
Insekt insect insekt
Insektenstich
insect bite insekt bait
Insel island ailend
interessieren interest intrist
Italien Italy iteli
italienisch Italian itäljen

J
Jacke jacket dschäkit
Jahreszeit season siisn
Jahrhundert century sentjuri
Januar January dschänjueri
jeder, ede, jedes each iitsch
jemand somebody sambedi

jener that thät pl those thous
jetzt now nau
Jugendherberge
youth hostel juuth hostel
Juli July dschuulai
Junge boy boi
Juni June dschuun
Juwelier jeweller dschuueler
K
Kalbfleisch veal viil
Kamm comb koum
kaputt broken brouken
Karpfen carp kaap
Karte card kaad
Kartenverkauf
sale of tickets
seil of tikits
Kartoffel
potato peteitou
Käse cheese tschiis
Kasse cash desk käsch desk
Kaufhaus department store
dipaatment stoor
kaufen buy bai
Keks biscuit biskit
Kellnerin waitress weitris
kennen know nou
Kerze candle kändl
Kilo LS kiilou
Kilometer LS kilomiter
Kind child tschaild
Kinderarzt paediatrician
piidietrischen
Kleid dress dres
Klimaanlage air conditioning

Klingel bell bel
klingeln ring
klopfen (Tür) knock nok
Kloster monastery monesteri
Knie knee nii
Knopf button batn
kochen (Speisen) cook kuk
Koffer (suit) case (suut) keis
~kuli trolley troli
~raum (Auto) boot buut
kohlensäurehaltig
carbonated
kaabeneited
kommen come kam
Konditorei cake shop keik
können can kän
Konto account ekaunt
kontrollieren control kentroul
Konzert concert konset
Kopf head hed
Kopfkissen pillow pilou
Korkenzieher corkscrew
kookskruu
kosten cost kost
krank ill il
Krankenhaus hospital hospitl
~kasse medical insurance in-
schuerens company kampeni
~schwester nurse nös
~wagen ambulance ämbjulens
Krankheit illness ilnis
Kreditkarte credit card
Kreuzfahrt cruise kruus
Kreuzung crossroads ~rouds
Kuchen cake keik

64

Küche kitchen kitschin
Küchenchef chef sch*e*f
Kunst art aat
Künstler(in) artist **aa**tist
Kurs course koos
Kurtaxe visitors' tax visiters täks
L
Lachs salmon sämen
Lamm lamb läm
Lampe lamp lämp
Land country kantri
Langlauf cross-country
lassen (erlauben) let l*e*t
laut loud laud
Lautsprecher speaker spiiker
leben live liv
Lederwaren leather goods
leider unfortunately anfootschnitli
leihen (ver~) lend l*e*nd
lesen read riid
Leute people piipl
Licht light lait
Lichtschutzfaktor protection factor pret*e*kschen fäkter
lieben love lav
Lied song
Liegestuhl lounger (laundsch)
~wagen couchette kuusch*e*t
Likör liqueur likjuer
Limonade lemonade l*e*m*e*neid
Lippe lip
Lippenstift lipstick
Liste list

Liter litre liiter
Löffel spoon spuun
Loipe cross-country ski run
Luftmatratze airbed *ee*rb*e*d
Luftpost airmail *ee*meil
M
machen (tun) do duu
Magen stomach stam*e*k
Mal time taim
malen paint peint
Maler painter peinter
Malerei painting peinting
man one wan
Mann man män
Mannschaft team tiim
Mantel coat kout
Markt market maakit
Marmelade jam dschäm
März March maatsch
Material material metieriel
Matratze mattress mätris
Mauer wall wool
Maut toll toul
Mechaniker mechanic (kä)
Medikament medicine m*e*dsin
Meer sea sii
Meeresfrüchte seafood siifuud
mehr more moor
Menge quantity kwontiti
Messe (Handel) fair f*e*er
messen measure m*e*sch*e*r
Messer knife naif
Meter LS miiter

Metzger butcher butscher
Miete (Whg) rent rent
mieten rent rent
Milch milk
mindestens at least ät liist
Mineralwasser
mineral water minerel wooter
Minigolf miniature ~ itsche
Minute LS minit
mitnehmen take away e'wei
Mittagessen lunch lantsch
Mitte middle midl
Mitternacht midnight midnait
mittlere(r,s) middle midl
Mittwoch
Wednesday wensdei
Mode fashion fäschen
mögen like laik
möglich possible posebl
Möhre carrot käret
Moment LS moument
~ mal just a minute
Monat month manth
monatlich monthly manthli
Mond moon muun
Montag Monday mandei
morgen tomorrow temorou
Morgen morning mooning
Motor LS mouter
~boot motorboat mouterbout
Motorrad motorbike baik
Mücke mosquito moskitou
müde tired taied
Mülleimer
rubbish bin rabisch bin

Mund mouth mauth
Münze coin koin
Museum museum mjuusiem
Muskel muscle masl
müssen have to häv tuu
Mutter mother mather

N

Nachmittag afternoon ~nuun
Nachricht message mesidsch
Nachsaison off season siisn
nachsehen look luk
nächste(r,s) next nekst
Nacht night nait
Nachtisch dessert disöt
Nacken neck
Nagel (Finger~)nail neil
Nagelschere
nail scissors neil 'sises
nahe near nier
Name LS neim
Nase nose nous
Nationalität nationality
näschenäliti
nehmen take teik
Neujahr New Year njuu jier
nicht not
nichts nothing nathing
nie never never
noch still
Norden north nooth
Notausgang emergency
exit imödschensi eksit
Notfall emergency
nötig necessary nesiseri
November LS nouvember

Nummer number namber
nur only ounli
Nuss nut nat
O
Obst fruit fruut
~salat fruit salad säled
oft often ofen
öffnen
open oupen
Öffnungszeiten
hours of business
auers of bisnis
Ohr ear ier
Oktober October oktouber
Öl oil
Ölstand oil level oil levl
Omelett omelette omlit
Onkel uncle angkl
Oper opera opere
Operation LS opereischen
Optiker optician optischen
Orange LS orindsch
Ort place pleis
Osten east iist
Ostern Easter iister
P
Paar pair peer
Papier paper peiper
Parfüm perfume pöfjuum
Park LS paak
parken park paak
Parkplatz car park kaar paak
Parkuhr parking meter
paaking miiter
Party LS paati

Pass passport 'paaspoot
Patient(in) patient 'peischent
Person LS pösn
Personalausweis
identity card aidentiti kaad
Pfeffer pepper peper
Pferd horse hoos
Pfirsich peach piitsch
Pflanze plant plaant
Pflaster plaster plaaster
Pfund pound
Pille pill
Pilz fungus fanges
Pistazie
pistachio pistaaschiou
Plastiktüte plastic bag plästik
Platten flat tyre flät taier
Platz square skwär
Sitz~ seat siit
Polizei police pe'liis
Pommes frites chips
Portier porter pooter
Portion LS pooschen
Post post office poust ofis
~karte postcard poustkaad
prächtig splendid splendid
Preis price prais
privat private praivit
Programm program prougräm
Prospekt brochure brouschjuer
prost cheers tschiers
Prozent per cent pör sent
pünktlich on time taim
Q
Quittung receipt risiit

R

Rabatt discount diskaunt
Radtour bike ride baik raid
Rasierapparat razor reiser
Rat advice edvais
Rathaus town hall taun hool
rauchen smoke smouk
Raucher smoker smouker
Rechnung bill bil
Regen rain rein
Regenmantel
raincoat reinkout
~schirm umbrella ambrele
regnen rain rein
Reifen Kfz tyre taier
Reifenpanne flat flät
rein pure pjuer
reinigen clean kliin
Reis rice rais
Reise journey dschöni
Reiseführer guide gaid
reisen travel trävl
Reklamation complaint kempleint
Reparatur repair ripeer
reparieren repair ripeer
reservieren reserve risöv
Reservierung reservation reseveischen
Rettungsring
life belt laiv belt
Rezept prescription priskripschen
Richtung direction direkschen
Rock skirt sköt
roh (ungekocht) raw roo
Rolltreppe escalatoreskeleiter
röntgen X-ray eksrei
rosa pink
rösten toast toust
rot red red
Rücken back bäk
Rückkehr return ritön
Rucksack LS raksäk
Ruderboot rowboat roubout
rufen herbei~ call kool
Ruhetag closing day klousing
ruhig quiet kwaiet
Ruhm glory kloori
rund round
Rundblick panorama
Rundfahrt tour tuer

S

Saft juice dschuus
sagen say sei
Sahne cream kriim
Saison season siisn
Salat salad säled
Salz salt soolt
Samstag Saturday sätedei
Sand LS sänd
sauber clean kliin
Schachtel box boks
Schaden damage dämidsch
Schal shawl school
scharf (gewürzt) spicy spaisi
Schatten shadow schädou
Schaufenster shop window
Scheibe (Wurst) slice slais

schicken send send
Schiff ship schip
Schinken ham häm
schlafen sleep sliip
Schlafwagen sleeper sliiper
schließen close klous
Schloss castle kaasl
Schlüssel key kii
Schlussverkauf sale seil
schmecken taste teist
Schmerz pain pein
schmutzig dirty döti
Schnee snow snou
schneiden cut kat
Schnellzug express ikspres
Schnitzel cutlet katlit
schon already oolredi
schreiben write rait
Schuh shoe schuu
Schweinefleisch pork
Schwester sister sister
Schwierigkeit difficulty difikelti
schwimmen swim
See lake leik
Segelboot sailing seiling boat
segeln sail seil
sehen see sii
Seife soap soup
Seilbahn cable way keiblwei
September LS september
servieren serve söv
Serviette LS söviet
Sessellift chair lift tscheer

setzen put
sicher certain söten
Ski fahren ski skii
Skilift ski lift skii lift
Skulptur sculpture skalptsche
Socke sock sok
sofort immediately imiidietli
Sohn son san
Sommer summer samer
Sonne sun san
~ncreme suntan cream santän
Sonnenschirm
sunshade sanscheid
Sonntag Sunday sandei
sonst else els
Soße sauce soos
Spanien Spain spein
spät late leit
Speisekarte menu menjuu
(~wagen restaurant car)
Spiegel mirror mirer
Spielbank casino kesiinou
spielen play plei
sprechen speak spiik
Stadt town taun
Stadtplan map mäp
statt instead of insted
Steak LS steik
Steckdose socket sokit
stehen stand ständ
stehlen steal stiil
stellen put
Stil style stail
Stockwerk floor
Stoff cloth kloth

69

stören disturb distöb
Strand beach biitsch
Straße street striit
Stromspannung voltage voultidsch
Strumpf sock sok
Stück piece piis
Stuhl chair tscheer
Stunde hour **auer**
suchen look for luk foor
Süden south sauth
Supermarkt supermarket
Suppe soup suup
T
Tabakladen tobacconist's
Tag day dei
Tankstelle petrol station
tanzen dance daans
Tarif rate reit
Tasche (Hose) pocket pokit
Taschentuch hanky hängki
Tasse cup kap
tauchen dive daiv
Tee tea tii
Teelöffel teaspoon tiispuun
Teigwaren pasta päste
Teil part paat
Telefon (tele) phone foun
~buch phone book foun buk
~karte phone card founkaad
~zelle phone box founboks
telefonieren phone
Teller plate pleit
Termin appointment
Terrasse terrace teres

Theater theatre thieter
Tier animal **änimel**
Tisch table teibl
~tennis ping-pong
Tochter daughter dooter
Toilette (WC) toilet toilet
~npapier toilet paper peiper
Tomate tomato temeitou
tragen carry käri
Tragetasche carrier bag bäg
Transport LS tränspoot
Traube grape greip
treffen meet miit
Treppe stairs pl st**e**ers
Tretboot pedal p**e**dl boat
trinken drink
Trinkwasser drinking water
Tropfen drop
Tür door
Turm tower **tauer**
U
U-bahn underground
überqueren cross kros
Überraschung surprise seprais
~setzung translation leischen
Uhr clock klok
Uhrzeit time taim
Umleitung diversion daivöschen
umsteigen change tscheindsch
Unfall accident äksident
ungefähr about ebaut
unterschreiben sign sain
Unterschrift signature signetscher

V

Vanille vanilla venile
Vater father
Ventilator LS ventileiter
verbieten forbid febid
vergessen forget feget
verheiratet married märid
Verkauf sale seil
verkaufen sell sel
Verleih rent rent
verlieren lose luus
vermieten rent rent
verschieden different difrent
Versicherung assurance(schu)
Verspätung delay dilei
verstehen understand andeständ
Vertrag contract konträkt
vielleicht perhaps pehäps
Viertel quarter kwooter
voll full ful
Vorspeise starter staater
vorstellen present presnt
Vorwahl (Tel) code koud
vorziehen prefer priför

W

warten wait weit
Waschbecken basin beisn
waschen wash wosch
Wasser water wooter
~hahn tap täp
wechseln change tscheindsch
wecken wake weik
Wein wine wain
weniger less les
Werkstatt garage gärasch
Werktag working day
Wetter weather wether
wichtig important impootent
wiederholen repeat ripiit
~sehen see again sii egen
Wind wind
Winter LS winter
wissen know nou
wo where
Woche week wiik
wohnen live liv
Wohnung apartment (epaat)
Wohnwagen caravan kärevän
Wolke cloud kloud
wollen want wont
Wort word wöd
wünschen wish wisch
Wurst sausage sosidsch

Z

Zahl number namber
zahlen pay pei
Zahn tooth tuuth
Zahnarzt dentist
Zahnpasta toothpaste (peist)
zeigen show schou
Zeit time taim
Zeitung (news)paper
Zentrum center senter
Zimmer room ruum
Zucker sugar schuger
Zug train trein
zurückkehren return ritön

Französisch in 10 Tagen

Die Zollkontrolle. Basiswissen.	75
Wo ist der Bahnhof? Artikel.	80
Der Streik. Hauptwörter.	86
Die Panne. Eigenschaftswörter.	90
Erste Begegnung. Umstandswörter.	93
Das Hochzeitskleid. Verben.	98
Die Hochzeitsreise. Fürwörter.	104
Ankunft im Hotel. Fragesätze.	111
Im Restaurant. Raum und Zeit.	118
Wichtige Fragen und Redewendungen.	122
Vokabular	128

Erster Tag

Lautschrift (LS) und Aussprache

Ein stimmhafter Laut wird unterstrichen. Wenn ein Vokal geschlossen oder offen gesprochen werden kann, wird die offene Aussprache durch Großbuchstaben angezeigt.

LS	Aussprache	Beispiel	LS	Übersetzung
c	k	wie k	café	kafe	Kaffee
	s	vor e, i, y	ces	se	diese
		stimmloses s	ici	isi	hier
		wie in Glas	cycle	sikl	Zyklus
ç	s	stimmloses s	ça	sa	das
ch	sch	stimmloses sch	chat	scha	Katze
e	e	wie in Tee	efficace	efikas	wirksam
	ä	wie in Rest	mer	mär	Meer
	ö	wie in möchte	repas	röpa	Mahlzeit
ê	ä		même	mäm	selbst
è	ä		mère	mär	Mutter
é	e		été	ete	Sommer
g	g	wie g	gare	gar	Bahnhof
gue	g	*u wird nicht*	guerre	gär	Krieg
gui	g	*gesprochen (S)*	guide	gid	Führer
g	**sch**	vor e,i,y stimm-haftes sch	rouge	ru**sch**	rot
			girafe	**sch**iraf	Giraffe
gn	nj	wie nj in Sonja	agneau	anjo	Lamm
h		*stummes h (RS)*	hôtel	otäl	Hotel
j	**sch**	stimmhaft	jour	**sch**ur	Tag
ll	l	wie l	ville	wil	Stadt
ll	j	*wie j (S)*	fille	fij	Tochter
o	o	geschlossen	beau	bo	schön
	O	offenes o	pomme	pOm	Apfel
qu	k	*wie k (S)*	quatre	katr	vier

75

s	s	stimmloses s	tasse	tas	Tasse
	s̱	zwischen Vokal	rose	ros̱	Rose
u	ü	wie ü	minute	minüt	Minute
v	w	*wie w (I)*	verre	wär	Glas
y	i	vor Konsonant wie i	style	stil	Stil
	j	wie j	yoga	jOga	Yoga
z	s̱	stimmhaftes s	zéro	s̱ero	null
e/au	o	geschlossen	eau	o	Wasser
			aussi	osi	auch
eu	ö	geschlossen	deux	dö	zwei
	Ö	offen	seul	sÖl	allein
oi	oa	wie Oase	oiseau	oas̱o	Vogel
ou	u	wie u	route	rut	Route
ui	üi	kurzes ü mit i	nuit	nüi	Nacht

Nasallaute

Ein vor m oder n stehender Vokal wird ausgesprochen, indem man die Luft durch die Nase strömen lässt, wobei m und n nicht gesprochen werden (Nasallaut).

Nasales a: LS *a*

Wenn ein Nasallaut die Vokale a oder e enthält, wird er in der Lautschrift mit *a* geschrieben. Der Nasallaut *a* wird gesprochen wie in Abonne*ment* oder in Präsident Mitterand (miter*a*).

-am	lampe	l*a*p	Lampe
-an	tante	t*a*t	Tante
-em	embargo	*a*bargo	Embargo
-en	endémie	*a*demi	Endemie
-ent	lent	l*a*	langsam

Nasales e: LS *e*

Wenn ein Nasallaut die Vokale i oder u enthält, wird er in der Lautschrift mit *e* geschrieben. Der Nasallaut *e* wird gesprochen wie in Manne<u>quin</u> oder in Präsident Giscard d'Estaing (<u>sch</u>iskardäst*e*).

-aim	faim	f*e*	Hunger
-ain	pain	p*e*	Brot
-eim, -ein	sein	s*e*	Brust
-ien	bien	bj*e*	gut
-im	impair	*e*pär	ungerade
-in	vin	w*e*	Wein
-um	parfum	parf*e*	Parfüm

Nasales o: LS *o*

Wenn ein Nasallaut den Vokal o enthält, wird er in der Lautschrift mit *o* geschrieben. Der Nasallaut *o* wird gesprochen wie in Fass<u>on</u> oder in Präsident Pompidou (p*o*pidu).

-om	pompe	p*o*p	Pumpe
-on	ton	t*o*n	Ton
-tion	nation	nasj*o*	Nation

Allgemeine Aussprachregeln

Am Wortende werden Konsonanten meistens nicht ausgesprochen, z. B. sport (spOr) / Sport.

Vor einem Vokal oder stummen h werden die Endkonsonanten oft ausgesprochen, z. B. deux amis (dö<u>s</u>ami) / zwei Freunde.

Am Wortende wird das e nicht ausgesprochen, z. B. rose (ro<u>s</u>) / Rose.

Vor einem Vokal werden i und y als j gesprochen, z. B. kiosque (kjOsk) / Kiosk, bruyant (brüj*a*) / laut.

Betonung

Im Französischen werden alle Silben eines Wortes gleichmäßig betont.

F Akzente

1. l'accent aigu: nur auf dem e   été / Sommer
2. l'accent grave:
   auf dem a   là / dort
   auf dem e   mère / Mutter
   auf dem u   où / wo
3. l'accent circonflexe: auf allen Vokalen, z. B. gâteau

Aussprache des Alphabets

A a B be C se D de E e F äf G **sche** H asch I i J **schi** K ka
L äl M äm N än O o P pe Q kü R är S äs T te U ü V we
W **dublöwe** X iks Y **igräk** Z **säd**

Abkürzungen

Beispiel	B
Regel	R
Femininum / weiblich	f / w
Maskulinum / männlich	m
Singular / Einzahl	Sg / EZ
Plural / Mehrzahl	Pl / MZ
freiwilliges Lernprogramm	**F**
Perfekt	Pf
Kurzgrammatik	KG

E Englisch *F* Französisch *S* Spanisch *I* Italienisch
R S Romanische Sprachen (*F S I*)

Lernen Sie bitte die unterstrichenen Wörter im Vokabular von Abend bis Bett.

Lesen Sie bitte in jedem Kapitel zunächst den Grammatikteil und erst danach die Kurzgeschichte.

Lesen Sie bitte die folgende Kurzgeschichte laut. Wichtig: **Simultanes** Lesen, Sprechen und Hören des Textes.

Die Zollkontrolle / Le contrôle douanier.

Ort: Flughafen Charles de Gaulle in Paris.
Touristin T, Zöllner Z

Z Guten Tag. Bonjour (b<u>o</u>schur). Den Pass bitte. Le passeport s'il vous plait (lö paspOr silwuplä). Der Pass ist abgelaufen. Le passeport est périmé (ä perime).

T Hier ist der Personalausweis. Voici la carte d'identité (woasi la kart did*a*tite). *Ich bin* lange Zeit durch ganz Deutschland *gereist. J'ai voyagé* beaucoup de temps par toute l'Allemagne (<u>sch</u>e woaja<u>sch</u>e boku dö t*a* par tut lalmanj). <u>Gibt es etwas Neues in Frankreich? Il y a quelque chose de nouveau en</u> **France** (115) (ilja kälköscho<u>s</u> dö nuwo *a* fr*a*s)?

Z Ich weiß *nichts* Neues. Je *ne* sais *rien* de nouveau (<u>sch</u>ö nö sä rj*e* dö nuwo). Haben Sie etwas zu verzollen? Avez vous quelque chose à déclarer (awe wu kälköscho<u>s</u> a deklare)?

T Ich habe *nichts* zu verzollen. Je *n*'ai *rien* à déclarer (<u>sch</u>ö ne rj*e* a deklare).

Z *Öffnen Sie* diesen Koffer! *Ouvrez* cette valise (uwre sät wali<u>s</u>)! Jetzt weiß ich etwas Neues für Sie. Maintenant je sais quelque chose de nouveau pour vous (m*e*tn*a* <u>sch</u>ö sä kälköscho<u>s</u> dö nuwo pur wu). Sie müssen für das hier Zoll bezahlen. Vous devez payer les droits de douane pour ceci (wu döwe peje le droa dö duan pur sösi)!

T Aber das ist ein Geschenk. Mais c'est un cadeau (mä sät*e* kado).

Z Für wen? Pour qui (pur ki)?

T Für Sie. Pour vous (pur wu).

Z Ich danke *Ihnen.* Je *vous* remercie (<u>sch</u>ö wu römärsi).

T Keine Ursache. De rien (dö rj*e*).
Kursiver Text: gleiche Bedeutung. <u>Textunterstreichung</u>: Hinweis auf Grammatikregel (Seitenangabe).

Zweiter Tag

Wo ist der Bahnhof / Où est la gare?

Ort: Paris Tourist T, Passantin P

T Entschuldigung, meine Dame. Pardon, Madame (pard*o* madam). Wo ist der 'Ostbahnhof'? Où est la 'gare **de** l'**e**st' (u ä la gar dö läst)?

P Im Stadtzentrum. **Au** centre de la ville (o s*a*tr).

T Kann ich zu Fuß *dorthin* gehen? Je peux m'*y* rendre à pied (<u>sch</u>ö pö mi r*a*dr a pje)?

P Das ist nicht möglich, weil es zu weit ist. Ce n'est pas possible, parce que c'est trop loin (sö nä pa pOsibl parskö sä tro lo*e*). Der Bahnhof ist 10 km von hier entfernt. La gare est à une distance de dix kilomètres d'ici (la gar äta ün dist*a*s dö di kilOmätr disi).

T <u>Wie kann ich zum Bahnhof fahren</u>? <u>Comment est-ce que je peux aller à la gare</u> (115) (kOm*a* äskö <u>sch</u>ö pö ale a la gar)?

P Um zu einer Bushaltestelle zu gehen müssen Sie immer geradeaus gehen bis zur Ampel, dann rechts abbiegen und die zweite Straße rechts nehmen. **Pour** aller à un ar- arrêt d'autobus vous devez aller toujours tout droit jusqu'**aux** feux de signalisation, puis tourner à droite et prendre la deuxième à droite (pur ale a *e*narä dotobüs wu döwe ale tu<u>sch</u>ur tu droa <u>sch</u>üsko fö dö sinjali<u>s</u>asj*o* püi turne a droit e pr*a*dr la dö<u>s</u>jäm a droit). Um zur Metrostation zu gehen müssen Sie diesen Platz überqueren dann bis zur Kreuzung gehen und links abbiegen. Pour aller à la station de métro vous   devez traverser   cette place, puis aller jusqu'au croisement et tourner à gauche (pur ale a la stasj*o* dö metro wu döwe trawärse sät plas püi ale <u>sch</u>üsko kroa<u>s</u>m*a* e turne a go<u>sch</u>).

T Welcher Bus fährt zum Bahnhof? Quel autobus va à la gare (käl otobüs wa a la gar)?
P Sie müssen den Bus Nummer 6 *nehmen*. Vous devez *prendre* le bus numéro six (wu döwe pradr lö büs nümero sis).
T Wie viele Haltestellen sind es bis zum Bahnhof? Combien d'arrêts y a-t-il jusqu'à la gare (k<u>o</u>bj<u>e</u> darä jatil <u>sch</u>üska la gar)?
P Es tut mir leid. Je suis désolée. Ich weiß es *nicht*. Je *ne* le sais *pas* (<u>sch</u>ö süi desOle <u>sch</u>ö nö lö sä pa).
T Das macht *nichts*, danke. Cela *ne* fait *rien*, merci (söla nö fä rj<u>e</u> märsi).

Frage 1 (F1): de l'est welche 2 Regeln? Antwort A1.1: 81, A1.2: 82 F2: au und aux welche Regeln? A2: 82 F3: ne ... pas Regel? A3: 110 F4: Verwendung von à, pour? A4.1: 122, A4.2: 123
F **F5: Verwendung des Fürworts y? A5: 109**

Der bestimmte Artikel

B Der Junge und das Mädchen essen die Orange.
  Le garçon e **la** fille (1) mangent **l'**orange (2).
R Sg (m): **le** (w): **la** (1)
  Le und la werden vor **Vokal** und stummem h zu **l'**.(2)
  A1.1
R *Die Artikelform wird durch den Anfangslaut des Hauptworts bestimmt.* **KG 286**
MZ **Les** garçons et **les** filles mangent **les** oranges.
R Le, la und l' werden in der Mehrzahl zu **les**.
  Das s von les wird nicht ausgesprochen.
  <u>Ausnahme</u>: Vor Vokal und stummem h wird es ausgesprochen, z. B. les oranges (le<u>so</u>r<u>a</u><u>sch</u>), les hôtels (le<u>so</u>täl).
R *Geschlecht und Zahl des Artikels werden durch das zugehörige Hauptwort bestimmt.* **KG 286**

F <u>Verwendung des bestimmten Artikels</u>
Vor geografischen Bezeichnungen: **La** France / Frankreich.
(*1* 225) Vor Wochentagen (zum Ausdruck einer Gewohn‑
heit) und Familiennamen im Plural: **Le** samedi **les** Milhaud
font du sport. Samstags treiben die Milhauds Sport.

Präposition +Artikel

B Das Mädchen ist die Freundin des Jungen.
   La fille est l'amie (de le >) **du** garçon.
MZ Les filles sont les amies (de les >) **des** garçons.
R Aus **de** + **le** wird **du**. Aus **de** + **les** wird **des**. (A10)
B Das Mädchen gibt die Orange dem Jungen.
   La fille donne l'orange (à le >) **au** garçon.
MZ Les filles donnent les oranges (à les >) **aux** garçons.
R Aus **à** + **le** wird **au**. Aus **à** + **les** wird **aux**. (A2)
R Achtung: à und de verschmelzen nicht mit **l'** (A1.2)
   Je vais á **l'**hôtel. Ich gehe ins Hotel. Je viens **de**
   l'hôtel. Ich komme vom Hotel.

Der Teilungsartikel

B Wollen Sie Bier? Vous voulez **de la** bière? (1)
   Ich will kein Bier. Je ne veux pas **de** bière. (2)
   Ich will ein Glas Wein. Je veux un verre **de** vin. (3)
R *Unbestimmte Menge* (1): **de + bestimmter Artikel**
   (so genannter *Teilungsartikel*). (**A23**) *I* 225
   Nach einer Verneinung (2) und bei einer genauen
   Mengenangabe (3): nur **de**.

Der unbestimmte Artikel

B Ein Junge und ein Mädchen essen eine Orange.
   Un garçon et **une** fille mangent **une** orange.
MZ **Des** garçons et **des** filles mangent **des** oranges.
   Sg (m): **un** (w): **une** Pl (m w): **des**
R *Die* **Pluralform** *des unbestimmten Artikels* **wird**
   nicht übersetzt: *Des garçons / Jungen.* **KG 287**

Konjugation der Hilfsverben avoir und être

Präsens	j'**ai** (1)	je **suis** (2)
Gegenwart	tu **as**	tu **es**
1 ich habe	il / elle **a**	il / elle **est**
2 ich bin	nous av**ons**	nous **sommes**
	vous av**ez**	vous **êtes**
	ils / elles **ont**	ils / elles **sont**

Imperfekt	j'av**ais** (1)	j'ét**ais** (2)
Vergangen-	tu av**ais**	tu ét**ais**
heit	il / elle av**ait**	il / elle ét**ait**
1 ich hatte	nous av**ions**	nous ét**ions**
2 ich war	vous av**iez**	vous ét**iez**
	ils / elles av**aient**	ils / elles ét**aient**

F

Futur	Das Futur hat dieselben Endungen wie das	
Zukunft	**Präsens von avoir.**	
1 ich werde	j'aur**ai** (1)	je ser**ai** (2)
haben	tu aur**as**	tu ser**as**
2 ich werde	il / elle aur**a**	il / elle ser**a**
sein	nous aur**ons**	nous ser**ons**
	vous aur**ez**	vous ser**ez**
	ils / elles aur**ont**	ils / elles ser**ont**

Konditional	Bildung: Verbstamm des Futur +	
Bedingungs-	**Imperfekt Endungen**	
form	j'aur**ais** (1)	je ser**ais** (2)
1 ich würde	tu aur**ais**	tu ser**ais**
haben	il / elle aur**ait**	il / elle ser**ait**
2 ich würde	nous aur**ions**	nous ser**ions**
sein	vous aur**iez**	vous ser**iez**
	ils / elles aur**aient**	ils / elles ser**aient**

Die Grundzahlen (siehe S. 295)

0 zéro (sero)
1 un (e)
2 deux (dö)
3 trois (troa)
4 quatre (katr)
5 cinq (sek)
6 six (sis)
7 sept (sät)
8 huit (üit)
9 neuf (nÖf)
10 dix (dis)
11 onze (os)
12 douze (dus)
13 treize (träs)
14 quatorze (katOrs)
15 quinze (kes)
16 seize (säs)
17 dix-sept (disät)
18 dix-huit (disüit)
19 dix-neuf (disnÖf)
20 vingt (we)
21 vingt-et-un (wetee)
22 vingt-deux (wedö)
30 trente (trat)
40 quarante (karat)
50 cinquante (sekat)
60 soixante (soasat)
70 soixante-dix (soasat dis)
71 soixante et onze (soasat e os)
72 soixante-douze (soasat dus)
80 quatre-vingt (katrö ve)
81 quatre-vingt-un (katrö ve e)
90 quatre-vingt-dix (katrö ve dis)

100 cent (sa)
101 cent un (sa e)
200 deux cents (dö sa)
1000 mille (mil)
1000000 un million (e miljo)

F Die Ordnungszahlen und Bruchzahlen
Ableitung der Ordnungszahlen: **Grundzahl** + **ième** (LS jäm). **Ausnahme: premier** (m), **première** (w)
(der, die, das)

erste	**premier, première** prömjär
zweite	deuxième dösjäm
dritte	troisième troasjäm
vierte	quatrième katrjäm
fünfte	cinquième sekjäm
sechste	sixième sisjäm
siebte	septième sätjäm
achte	huitième üitjäm
neunte	neuvième nöfjäm
zehnte	dixième disjäm

*Für die **Bruchzahlen** verwendet man die **Ordnungszahlen**.*
(*E* 15 *I* 229 *S* 153) **Ausnahmen: 1/2 un demi 1/3 un tiers 1/4 un quart** 1/5 un cinquième, 1/6 un sixième 1/7 un septième usw.

F Datumsangabe

B Den Wievielten haben wir? Le combien sommes-nous? Heute ist der 1. April. Nous sommes le premier avril.
Am 3. April reisen wir ab. Nous partons le **trois** avril.
*R Die **Datumsangabe** erfolgt durch die **Grundzahlen**.*
(A11) Ausnahme: *Am 1.Tag des Monats wird die Ordnungszahl verwendet.* KG 286

F Wieviel Uhr ist es? Quelle heure est-il?

R Bis 30 Minuten wird dazugezählt, danach von der nächsten Stunde mit weniger / **moins** *abgezogen.* (**A16.2**)
KG 286
Es ist / il est (il ä): 1.00 une heure 1.15 une heure et quart 1.30 une heure et demie 1.35 deux heures **moins** vingt-cinq 1.45 deux heures **moins** le quart 2.00 deux heures.
Lernen Sie bitte noch die unterstrichenen Wörter von bezahlen bis Eintrittskarte.

Dritter Tag

Der Streik / La grève

Bahnhof von Marseille.
Tourist T, Angestellter A

T (vor dem Schalter / devant le guichet)
Um wie viel Uhr fährt der nächste Zug nach Paris? À quelle heure part le prochain train pour Paris (a käl Ör par lö prOshe tre pur pari)?

A Ich weiß *es* nicht. Je ne *le* sais pas (<u>sch</u>ö nö lö sä pa). An Stelle des Fahrplans haben wir seit gestern einen Streik. Au lieu de l'horaire nous avons **depuis** hier une grève (o ljö dö lOrär nu<u>s</u>awo döpüi jär ün gräw).

T Von welchem Bahnsteig fährt der Zug ab? **De** quel quai part le train (dö käl kä par lö tre)?

A Von Bahnsteig sechs. Du quai six (dü kä sis).

T Muss ich umsteigen? **Est-ce que je dois** changer de train (äskö <u>sch</u>ö doa sch<u>a</u><u>sch</u>e dö tre)?

A Sie müssen in Lyon umsteigen. Vous devez changer à Lyon (wu döwe sch<u>a</u><u>sch</u>e a ljo).

T Gibt es einen Anschluss nach Paris? **Il y a une correspondance pour Paris** (ilja ün kOrespodas pur pari)?

A Ja. Oui (ui).

T Wie lange dauert die Fahrt? Combien de temps dure le voyage (kobje dö ta dür lö woaja<u>sch</u>)?

A Normalerweise fünf Stunden, aber heute *als Folge des* Streiks acht Stunden. <u>Normalement</u> (95) cinq heures, mais aujourd'hui *par suite de* la grève huit heures (nOr - malma sek Ör mä o<u>sch</u>urdüi par süit dö la gräw üit Ör).

T Gibt es einen Liegewagen? Il y a un wagon couchettes (ilja e wago kuschät)?

A Ja, aber *wegen* des Streikes nur bis Lyon. Oui, mais *à cause de* la grève seulement jusqu'à Lyon (ui mä a ko<u>s</u>

dö la gräw sÖlm*a* <u>sch</u>üska lj*o*).
T Ich möchte einen Fenster- und Liegeplatz reservieren. Je voudrais réserver un coin fenêtre et une couchette (<u>sch</u>ö wudrä re<u>s</u>ärwe *e* ko*e* fönätr e ün kuschät). Eine Fahrkarte in der zweiten Klasse, hin und zurück, die Rückfahrt bitte ohne Streik. Un billet **en** deuxième classe, aller - retour, le retour sans grève, s'il vous plait (*e* bijä *a* dö<u>s</u>jäm klas ale rötur lö rötur s*a* gräw silwuplä).

F6 Verwendung von **depuis, de, en**? **A6:** 122,123
F7 Welche 2 Fragesatztypen enthält der Text? **A7:** 115

Hauptwörter (Substantive)

R *Im Französischen gibt es **nur männliche und weibliche Hauptwörter**.* **KG 287**
R Männliches Hauptwort + **e** > weibliches Hauptwort,
z. B. Franzose / français + **e** > française / Französin
Das e wird nicht ausgesprochen.
<u>Unregelmäßige Formen</u>, z. B. Bäcker(in) boulang**er** / **ère**,
Direktor(in) direct**eur** / **trice**, Verkäufer(in) vend**eur** / **euse**.

F <u>Männliches oder weibliches Geschlecht?</u>
B Während der Reise liest Paul in der Zeitung den Artikel: Die Arbeit des Fremdenverkehrsamtes.
Pendant le voy**age** Paul lit dans le journ**al** l'article:
Le trav**ail** de l'office du tour**isme**.
R Meistens **männlich** sind:
Wörter mit den **Endungen -age, -al, -ail** und **-isme**
B Ich liebe das Weiß der Apfelbäume des Nordens.
J'aime **le blanc** des **pommiers** du **nord**.
R **Farben, Bäume und Himmelsrichtungen: männlich.**
B Die Schulpause mit einem Baguette und einem Spaziergang ist wichtig für die Gesundheit.

	La récréation avec une baguette et une promenade est importante pour la santé.
R	Meistens **weiblich** sind: Wörter mit den Endungen **-ion, -ette, -ade** und **-té**.
B	Ein Schiff, das Renaults transportiert, fährt auf der Seine durch Frankreich. Un navire qui transporte des Renault va sur la Seine par la France.
R	**Automarken sowie Fluss- und Ländernamen mit der Endung -e sind weiblich.**

Die Mehrzahl (Plural)

B	Der Junge und das Mädchen essen die Orange. Le garçon et la fille mangent l'orange.
MZ	Les garçons et les filles mangent les oranges.
R	*Einzahl + -s > Mehrzahl.* Das s wird nicht ausgesprochen. **KG 287**

Unregelmäßige Mehrzahl

B	Das Mädchen liebt den Kuchen und das Spiel. La fille aime le gâteau et le jeu.
MZ	Les filles aiment les gâteaux et les jeux.
R	Hauptwörter auf **-au** und **-eu** bilden die Mehrzahl durch Anfügen eines **-x**.
B	Der Junge liest die Zeitung. Le garçon lit le journal.
MZ	Les garçons lisent les journaux.
R	Hauptwörter auf **-al** bilden die Mehrzahl meistens auf **-aux**.

Gleiche Endung in der Einzahl und Mehrzahl

Bei Wörtern auf **s**, **x** oder **z** ist die Endung in der Einzahl und Mehrzahl gleich, z. B. der Arm / le bras, MZ les bras, die Stimme / la voix MZ les voix, die Nase / le nez MZ les nez.

F Bildung der Fälle des Hauptworts (Deklination)
Werfall (Nominativ): der Sohn / le fils die Tochter / la fille
Wesfall (Genitiv):des Sohnes/du fils der Tochter / **de la** fille
Wemfall (Dativ): dem Sohn / **au** fils der Tochter / **à la** fille
Wenfall (Akkusativ): den Sohn / le fils die Tochter / la fille

Wochentage

Montag	lundi l*e*di
Dienstag	mardi
Mittwoch	mercredi märkrödi
Donnerstag	jeudi <u>sch</u>ödi
Freitag	vendredi v*a*drödi
Samstag	samedi samdi
Sonntag	dimanche dim*a*sch

Monate

Januar	janvier <u>sch</u>*a*wje
Februar	février fewrje
März	mars
April	avril awril
Mai	mai mä
Juni	juin <u>sch</u>ü*e*
Juli	juillet <u>sch</u>üijä
August	août ut
September	septembre säpt*a*br
Oktober	octobre OktObr
November	novembre nOw*a*br
Dezember	décembre des*a*br

Jahreszeiten

Frühling	printemps pr*eta*	Sommer été ete
Herbst	automne otOn	Winter hiver iwär

Lernen Sie bitte noch die Wörter von <u>Eintrittspreis</u> bis <u>Führung</u>.

Vierter Tag

Die Panne / La panne

Ort: Paris
Tourist T, Passantin P, Angestellter A, Mechaniker M

T Entschuldigung, wo befindet *sich* die nächste Werkstatt? Pardon, où *se* trouve le garage **le plus proche** (pard*o* u sö truw lö gara<u>sch</u> lö plü pr*O*sch)?

P (lachend / en riant) Genau hinter Ihnen. Exactement derrière vous (äksaktöm*a* därjär wu).

A Guten Tag, was gibt es? Bonjour, qu'est-ce qu'il y a (b*o*schur käskilja)?

T Ich habe eine Panne. Je suis en panne (<u>sch</u>ö süi<u>s</u>*a* pan). Könnten Sie <u>mein Auto</u> überprüfen? Pourriez-vous vérifier <u>ma voiture</u> (114) (p*u*rjewu werifie ma woatür)? Es hat angehalten und fährt *nicht mehr*. Elle s'est arrêtée et *ne* démarre *plus* (äl sätaräte e nö demar plü).

A Wo hat es angehalten? Où s'est-elle arrêtée (u sätäl aräte)?

T Genau vor der Werkstatt. Exactement devant le garage (äksaktöm*a* döw*a* lö gara<u>sch</u>).

A Bravo, das ist ein gutes Auto. Bravo, c'est une **bonne voiture** (brawo sätün b*O*n woatür). Bitte den Schlüssel des Autos. S'il vous plait la clef de la voiture (silwuplä la kle dö la woatür). Während mein Mechaniker das Auto kontrolliert, können Sie einen Kaffee trinken. Pendant que mon mécanicien contrôle la voiture, vous pouvez boire un café (p*a*da kö m*o* mekanisj*e* k*o*trol la woatür wu puwe boar *e* kafe).

Der Mechaniker kommt nach 3 Minuten zurück. Le mécanicien retourne après 3 minutes.

T Warum springt das Auto *nicht mehr* an? Pourquoi est-ce que la voiture *ne* démarre *plus* (purkoa äskö la woatür

nö demar plü)?
M Raten Sie. Devinez (döwine).
T Funktioniert der Anlasser *nicht*? Le démarreur *ne* fonctionne *pas* (lö demarÖr nö foksjOn pa)?
M Nein. Non (n*o*).
T Ist die Batterie leer? La batterie est à plat (la batri äta pla)?
M Nein, aber der Benzintank ist leer. Non, mais le réservoir d'essence est vide (n*o* mä lö re̱särwoar des*a*s ä wid).
F8: bonne voiture Regel? **A8:** 92 **F9: le plus proche** Regel? **A9:** 92

Das Eigenschaftswort (Adjektiv)

B Der kleine Junge und das kleine Mädchen.
Le petit garçon et la petite fille. (1)
MZ Les petits garçons et les petites filles. (2)
R 1 *Adjektive bilden den **Plural wie die Hauptwörter**:*
Einzahl + -s > Mehrzahl.(2)
B Der Junge und das Mädchen sind klein.
Le garçon et la fille sont petits. (3)
R 2 *Bei Hauptwörtern mit **verschiedenem** Geschlecht verwendet man das **männliche** Adjektiv.* (3)
R 3 ***Geschlecht** und **Zahl** des Adjektivs werden **durch** das zugehörige **Hauptwort bestimmt**.*
KG 288
R Männliche Form (français) + **e** > **weibliche Form** (française). Männliche und weibliche Form sind bei Adjektiven auf -e gleich, z. B. le jeune garçon, la jeune fille.

F Adjektive mit zwei männlichen Formen

	m	**m**	**w**
schön	beau	bel	belle
neu	nouveau	nouvel	nouvelle
alt	vieux	vieil	vieille

Die zweite männliche Form wird vor Vokal oder stummem h verwendet, z. B. Das neue Jahr. Le nouvel an.

Die Stellung des Eigenschaftswortes
R *Im Regelfall stehen die Adjektive **hinter dem Haupt-wort***. **KG 288**
Ausnahmen: Vor dem Hauptwort stehen **einsilbige und kurze Adjektive** sowie die gegensätzlichen Adjektive jung / **jeune** alt / **vieux,** klein / **petit** groß / **grand,** gut / **bon** (A8) schlecht / **mauvais** und hübsch / **joli.**

Die Steigerung des Eigenschaftswortes KG 288
A ist schön. A est belle.
B ist *schöner* als A. B est *plus belle* que A.
C ist die Schönste. C est **la** *plus belle.*
D ist *weniger schön* als A. D est *moins belle* que A.
D ist die am wenigsten Schöne. D est **la** *moins belle.*
R Bildung des *Komparativs: plus (moins) + Adjektiv.*
R ***Superlativ: bestimmter Artikel** + Komparativ.* (A9)

F Gegensätzliche Begriffe
breit / schmal **large / étroit**; draußen / drinnen / **dehors / dedans;** erster / letzter **premier / dernier;** frei / besetzt **libre / occupé;** früh / spät **tôt / tard;** hart / weich **dur / mou;** hell / dunkel **clair / sombre;** warm / kalt **chaud / froid;** hier / dort **ici / là;** hoch / niedrig **haut / bas;** hinauf / hinunter **en haut / en bas;** leicht / schwierig **facile / difficile;** leicht / schwer **léger / lourd;** lang / kurz **long / court;** links / rechts **à gauche / à droite;** laut / leise **bruyant / silencieux;** nah / fern **proche / lointain;** darauf / darunter **dessus / dessous;** offen / geschlossen **ouvert / fermé;** richtig / falsch **juste / faux;** schnell / langsam **rapide / lent;** schön / hässlich **beau / laid;** stark / schwach **fort / faible;** süß / sauer **doux / acide.**
Lernen Sie bitte noch die Wörter von Fuß bis Hand.

Fünfter Tag

Erste Begegnung / Première rencontre

Vor einem Hotel in Korsika. Neben dem Eingang stehen zwei Koffer. Touristin F, Tourist M

M Gefällt *es* Ihnen hier? Ça vous plaît ici (sa wu plä isi)?
F Ja, es gefällt *mir*. Oui, ça *me* plaît (üi sa mö plä).
M Woher sind Sie? Vous êtes d'où (wu<u>s</u>ät du)?
F Ich komme aus *Nizza*. Je viens de *Nice* (<u>sch</u>ö wj*e* d*ö* nis).
M Welche Überraschung, ich auch. Quelle surprise, <u>moi aussi</u> (108) (käl sürpri<u>s</u> moa osi). Was machen Sie beruflich? Qu'est-ce que vous faites comme travail (käskö wu fätkOm trawaj)?
F Ich studiere. Je fais des études (<u>sch</u>ö fä desetüd).
M Ich auch. Moi aussi (moa osi). Ich heiße Tom. Je m'appelle Tom (<u>sch</u>ö mapäl).
F (lächelnd / en souriant) Sehr erfreut. Enchantée (*a*scha - te).
M Wie heißen Sie? Comment vous appelez-vous (kOm*a* wu<u>s</u>aplewu)?
F Ich heiße Giselle. Je m'appelle Giselle (<u>sch</u>i<u>s</u>äl).
M *Haben Sie* ein gutes Hotel *gefunden*? *Vous avez trouvé* un bon hôtel (wu<u>s</u>awe truwe *e* bonotäl)?
F Ja, dieses Hotel. Oui, <u>cet hôtel</u> (116) (ui sätotäl).
M Welche Überraschung, ich bin auch in diesem Hotel. Quelle surprise, je suis aussi dans cet hôtel (käl sürpri<u>s</u> <u>sch</u>ö süi osi d*a* sätotäl). Sind Sie mit der Familie *hier*? Vous êtes *ici* avec la famille (wu<u>s</u>ät isi awäk la famij)?
F Nein, ich bin allein. Non, je suis seule (n*o* <u>sch</u>ö süi sÖl).
M Ich auch. Moi aussi (moa osi). *Ich bin* vorgestern *angekommen*. *Je suis arrivé* avant hier (<u>sch</u>ö süi ariwe aw*a* jär). *Wann* sind Sie angekommen? Vous êtes arrivée

    quand (wu_s_ät ariwe k*a*)?
F <u>Vor</u> einer Woche. <u>Il y a</u> (122) une semaine (ilja sömän).
M Wie lange bleiben Sie? Vous restez combien de temps (wu räste k*o*bj*e* dö t*a*)?
F <u>Ich reise gerade ab</u>. <u>Je suis en train de partir</u> (121) (<u>sch</u>ö süi_s_a tr*e* dö partir). Dort sind meine Koffer. Voilà mes valises (woala me wali_s_). Ich warte auf den Taxichauffeur, um zum Hafen zu *fahren*. J'attends le chauffeur de taxi pour *aller* au port (<u>sch</u>at*a* lö schofÖr dö taksi pur ale o pOr).
M Das ist schade. C'est dommage (sä dOma<u>sch</u>). Können wir uns in Nizza w*ieder sehen*? Est-ce qu'on peut se *revoir* à Nice (äsk*o* pö sö röwoar a nis)? Gehen wir ins Kino? On va au cinéma (*o* wa o sinema)?
F Ich interessiere mich *nicht* für das Kino. Je *ne* m'intér-esse *pas* au cinéma (<u>sch</u>ö nö m*e*teräs pa o sinema).
M Haben Sie Lust, in eine Diskothek zu gehen? Ça vous dit d'aller à une discothèque (sa wu di dal*e* a ün diskOtäk)?
F Ich habe keine Lust, in eine Diskothek zu gehen. Je n'ai pas envie d'aller à une discothèque (<u>sch</u>ö ne pa_s_*a*wi dal*e* a ün diskOtäk).
M Womit beschäftigen Sie sich in Ihrer Freizeit? De quoi vous occupez-vous dans votre temps libre (dö koa wu_s_oküpewu d*a* wOtr t*a* libr)?
F Mein Hobby ist die Oper. Mon hobby est l'opéra (m*o*nobi ä lOpera).
M Das ist auch mein Hobby. C'est aussi mon hobby (sätosi m*o*nobi). Haben Sie *am 6. September* Zeit? Vous avez **du** temps ***le six septembre*** (wu_s_awe dü t*a* lö si säpt*a*br)?
F Einen Moment, bitte. Un moment, s'il vous plait (*e* mom*a* silwuplä). Ich muss in meinem *Kalender* nachschauen. Je dois regarder mon *agenda* (<u>sch</u>ö doa rögard*e* m*o*n a<u>sch</u>ed*a*). Ja, *am sechsten September* bin ich frei. Oui, *le six septembre* je suis libre (ui lö si säpt*a*br <u>sch</u>ö süi libr).
M (nimmt sein Handy und wählt eine Telefonnummer

prend son téléphone portable et compose un numéro de téléphone): Hallo, guten Tag, Tom Delorme am Apparat. Allo, bonjour, Tom Delorme à l'appareil (alo bo<u>sch</u>ur aparäj). Könnte ich mit Frau Dupont sprechen? Est-ce que je pourrais parler à Madame Dupont (askö <u>sch</u>ö purä parle a madam düpo)? Was wird *am sechsten September* in der Oper gespielt? Qu'est-ce qu'il y a *le six septembre* à l'opéra (käskilja lö si säpt*a*br a lOpera)? Oh, eine Premiere. Oh, une première (ün prömjär). Wer spielt die Hauptrolle? Qui joue le rôle principal (ki <u>sch</u>u lö rol pr*e*sipal)? Oh, Plácido Domingo. Gibt es noch zwei Plätze? Il y a encore deux places (ilja *a*kOr dö plas)? Ich möchte zwei Plätze auf dem Balkon resservieren. Je voudrais réserver deux places au balcon (<u>sch</u>ö wudrä re<u>s</u>ärwe dö plas o balk*o*).
F Was wird gespielt? Qu'est-ce qu'on joue (käsk*o* <u>sch</u>u)?
M 'Otello' de Verdi.

F10: du Regel? **A10:** 82
F **F11:** le six septembre Regel? **A11:** 85

Das Umstandswort (Adverb)

B Der langsame Junge arbeitet langsam.
Le lent garçon travaille *lente***ment**.
R <u>Ableitung des Adverbs:</u>
weibliche Form des Adjektivs + **ment** > Adverb
langsam: (m) lent (w) *lente* + **ment** > *lente***ment**
Ausnahme: Bei Adjektiven, die auf einem Vokal enden, wird das Adverb von der männlichen Form abgeleitet, z. B. wahr: (w) vraie (m) vrai + **ment** > vrai**ment**.

R *Das Adverb ist **unveränderlich**.* **KG 288**

F Die Steigerung des Umstandswortes

A schminkt sich oft. A se maquille souvent.
B se maquille *plus souvent* que A.
C se maquille **le** *plus souvent*.
D se maquille *moins souvent* que A.
D se maquille **le** *moins souvent*.
R Komparativ: *plus / moins + Adverb*
R **Superlativ**: *bestimmter Artikel* **le** + *Komparativ*.
   KG 288

F Ausdruck der Gleichheit

Charles hat ebenso viel Gesundheitsrisiko wie Paul, weil er ebenso viel raucht wie Paul, weil er ebenso oft isst wie Paul und weil er ebenso dick ist wie Paul.
Charles a **autant de** risque sanitaire **que** Paul (1), parce qu'il fume **autant que** Paul (2), parce qu'il mange **aussi** souvent **que** Paul (3) et parce qu'il est **aussi** gros **que** Paul (4).

R Die Gleichheit wird ausgedrückt:
   bei Hauptwörtern mit **autant de ... que** (1)
   bei Verben mit **autant que** (2)
   bei Umstands- und Eigenschaftswörtern mit
   aussi ... que (3, 4).

Unregelmäßige Adverbien

B Nach einem guten Abendessen fühle ich mich gut.
   Après un **bon** dîner je me sens **bien**.
   bon (Eigenschaftswort) bien (Umstandswort)
B Nach einem schlechten Abendessen fühle ich mich schlecht. Après un **mauvais** dîner je me sens **mal**.
   mauvais (Eigenschaftswort) mal (Umstandswort)

Unregelmäßige Steigerung

bon	*meilleur*	le, la *meilleur/e*
gut	besser	der, die, das beste
mauvais	*pire*	le, la *pire*
schlecht	schlimmer	der, die, das schlimmste
bien	*mieux*	le *mieux*
gut	besser	am besten
mal	*pis*	le *pis*
schlecht	schlimmer	am schlimmsten

F Begrüßung und Verabschiedung

Hotel Ritz in Paris.
Frau F, Mann M

M Guten Tag, wie geht es Ihnen? Bonjour, comment allez-vous (b*o*schur kOm*a*talewu)?

F Sehr gut, danke, und Ihnen? Très bien, merci, et vous (trä bj*e* märsi e wu)?

M Ich heiße Hahn. Je m'appelle Hahn (<u>sch</u>ö map*ä*l). Wie heißen Sie? Comment vous appelez-vous (kOm*a* wu<u>s</u>aplewu)?

F Ich heiße Henne. Je m'appelle Henne.

M Sehr erfreut. Enchanté (*a*sh*a*te). *Woher* kommen Sie? Vous êtes *d'où* (wu<u>s</u>ät du)?

F Ich komme aus Deutschland. Je viens de l'Allemagne. (<u>sch</u>ö wj*e* dö lalmanj) …. Es tut mir leid, aber ich muss jetzt gehen. Je suis désolée, mais je dois partir maintenant (<u>sch</u>ö süi desOle mä <u>sch</u>ö doa partir m*e*tn*a*).

M Auf Wiedersehen, Frau Henne und gute Heimfahrt nach Deutschland. Au revoir, madame Henne, et bon retour en Allemagne (o röwoar madam e b*o* rötur *a*nalmanj).

Lernen Sie bitte noch die Wörter von <u>Handtuch</u> bis <u>Liegestuhl</u>.

Sechster Tag

Das Hochzeitskleid / La robe de mariée

Ein Bekleidungshaus in Nizza.
Giselle G, Verkäuferin V

V (lächelnd / **en souriant**) Kann ich Ihnen helfen? Je peux vous aider (<u>sch</u>ö pö wu<u>s</u>ede)?
G Ich suche ein Hochzeitskleid. Je cherche une robe de mariée (<u>sch</u>ö schärsch ün rOb dö marie).
V Welche Größe? Quelle taille (käl taj)?
G Ich trage die Größe vierzig. Je porte du quarante (<u>sch</u>ö pOrt dü kar*a*t).
V Können Sie das Kleid beschreiben, welches Sie wünschen. Vous pouvez décrire la robe que vous désirez (wu puwe dekrir la rOb kö wu desire)?
G Ich wünsche ein elegantes und traditionelles Kleid. Je désire une robe élégante et traditionnelle (<u>sch</u>ö desir ün rOb eleg*a*t e tradisjOnäl).
V Welche Farbe? De quelle couleur (dö käl kulÖr)?
G Ich möchte ein weißes Kleid. Je voudrais une robe blanche (<u>sch</u>ö wudrä ün rOb bl*a*sch).
V <u>Dieses dort</u> ist elegant und traditionell, nicht wahr? <u>Celle-là</u> (116) est élégante et traditionnelle, n'est-ce pas (säl la ätelega*t* e tradisjOnäl näspa)?
G Ja, kann ich es anprobieren? Oui, je peux l'essayer (ui <u>sch</u>ö pö leseje)?
V Sehr gern. Volontiers (wOl*o*tje). Hier sind die Ankleidekabinen. Voici les cabines d'essayage (woasi le cabin desäja<u>sch</u>).
G (*steht vor dem Spiegel und betrachtet ihr Spiegelbild / est debout devant le miroir et regarde son reflet*)
Das steht mir sehr gut. Cela va très bien (söla wa trä bj*e*)! Dieses Kleid ist ein Traum. Cette robe est un rêve

(sät rOb äte räw). Wie viel kostet dieser Traum? Combien coûte ce rêve (kobje kut sö räw)?
V Zweitausend Euro. Deux mille Euro (dö mil öro).
G Wie schade! Quel dommage (käl dOma<u>sch</u>). Ich kann nicht *mehr als* 1000 Euro ausgeben. Je ne peux pas dépenser *plus de* mille Euro (<u>sch</u>ö nö pö pa depase plü dö mil öro).
V Eine Minute, bitte. Une minute, s'il vous plait (ün minüt silwuplä). Ich werde mit dem Abteilungsleiter telefonieren. **Je vais téléphoner** au chef de rayon (<u>sch</u>ö wä telefOne o schäf dö räjo).
Nach dem Telefongespräch. Après le coup de téléphone.
Sie können das Kleid für 1500 Euro *kaufen*. Vous pouvez *acheter* la robe pour mille cinq cent Euro (wu puwe aschte la rOb pur mil sek sa öro).
G Einverstanden, ich nehme *es*. D'accord, je *la* prends (dakOr <u>sch</u>ö la pra).

F **F12:** Wofür wird das zusammengesetzte Futur (**je vais téléphoner**) verwendet? **A12:** 101 **F13: en riant:** welche 2 Regeln? **A13:** 103

Regelmäßige Verben (Gegenwart / Präsens)

Erste Gruppe: Endung -**er**, z. Bp. parler / sprechen
je parl e ich spreche   nous parl *ons* wir sprechen
tu parl es du sprichst   vous parl *ez* ihr sprecht
il/elle parl e er/sie spricht   ils/elles parl *ent* sie sprechen
Die Endung -ent spricht man nicht aus.

Zweite Gruppe: Endung -**ir**, z. B. finir / beenden
je fini s ich beende   nous fin iss *ons*
tu fini s   vous fin iss *ez*
il/elle fini t   ils/elles fin iss *ent*
Vor den Plural Endungen wird **iss** eingefügt.

Dritte Gruppe: Endung -re z. B. vendre (wadr) / verkaufen
je vend **s** ich verkaufe   nous vend *ons*
tu vend **s**   vous vend *ez*
il/elle ven **d**   ils/elles vend *ent*
R Alle 3 Gruppen haben die *gleichen Plural Endungen*.

F Vergangenheit (Imperfekt)

<u>Ableitung</u>: **Verbstamm der 1. Pers. Pl Präsens +
Imperfekt Endungen von avoir.**
Verb ohne Verbendung = **Verbstamm**

nous **parl** ons   +   j'av **ais**   >   je **parl ais** ich sprach
nous **vend** ons   +   j'av **ais**   >   je **vend ais**
nous **finiss** ons +   j'av **ais**   >   je **finiss ais**
                          tu av **ais**   >   tu finiss **ais**
                          il av **ait**   >   il finiss **ait**
                          nous av **ions** >   nous finiss **ions**
                          vous av **iez** >   vous finiss **iez**
                          ils av **aient** >   ils finiss **aient**

F Bedingungsform (Konditional)

<u>Ableitung</u>: **Infinitiv + Imperfekt Endungen von avoir.**
Bsp. je parler**ais** / ich würde sprechen

parler   +   j'av **ais**   >   je **parler ais**
vendre   +   j'av **ais**   >   je **vendr ais**
finir   +   j'av **ais**   >   je **finir ais**
                   tu av **ais**   >   tu finir **ais**
                   il av **ait**   >   il finir **ait**
                   nous av **ions** >   nous finir **ions**
                   vous av **iez** >   vous finir **iez**
                   ils av **aient** >   ils finir **aient**

R Nach si = wenn steht das zu si gehörende Verb nicht in der Konditionalform sondern im Imperfekt, z. B. Wenn ich Millionär wäre, wäre ich reich. Si j'étais (Imperfekt) millionnaire, je serais riche.

F Zukunft (Futur)

Ableitung: **Infinitiv + Präsens Endungen von avoir.**
je parlerai / ich werde sprechen

parler	+	j'**ai**	> je parler **ai**
vendre	+	j'**ai**	> je vendr **ai** (1)
finir	+	j'**ai**	> je finir **ai**
		tu **as**	> tu finir **as**
		il **a**	> il finir **a**
		nous av **ons**	> nous finir **ons**
		vous av **ez**	> vous finir **ez**
		ils **ont**	> ils finir **ont**

1 Das e des Infinitivs entfällt

F Das zusammengesetzte Futur (Futur composé)
Bildung: *Präsens des Verbs aller + Infinitiv*, z. B.
Je vais téléphoner. Ich werde telefonieren.
R Diese Futurform wird für kurz bevorstehende Ereignisse verwendet. (A12) KG 289

F Vollendete Vergangenheit (Perfekt)

B   Ich habe auf einen schönen Tag gewartet. Ich bin um 8 Uhr aufgebrochen. Ich bin auf das Land gewandert.
J'ai attendu un beau jour. **Je suis** parti à 8 heures.
J'ai marché à la campagne.

R   *Bildung des Perfekts: Präsens der Hilfsverben* **haben /** avoir *oder* **sein /** être + ***Partizip Perfekt*** *des Verbs.*
KG 290

Verb	Endung	Partizip Perfekt	
wandern / marcher	-er	Verbstamm + - é	marché
aufbrechen / partir	-ir	Verbstamm + - i	parti
warten / attendre	-re	Verbstamm + - u	attendu

F Das Perfekt mit sein / être

B Der Junge / das Mädchen ist zurückgekehrt.
Le garçon est retourné / la fille est retournée.
MZ Les garçons sont retournés / les filles sont retournées.
R *Bei **Perfektbildung mit sein** / être wird die **Endung des Partizip Perfekt** durch das zugehörige **Hauptwort bestimmt**.* KG 290

<u>Welche Verben bilden das Partizip Perfekt mit être?</u>
Alle rückbezüglichen (reflexiven) Verben, z. B. ich habe mich informiert / je me suis informé. Die meisten Verben der Bewegung, z. B. abreisen / partir, ankommmen / arriver, zurückkehren / retourner, hinaufsteigen / monter, heruntersteigen / descendre, fallen / tomber, kommen / venir, eintreten / entrer, gehen / aller, ausgehen / sortir.

F Das Perfekt mit haben / avoir

B Der Junge / das Mädchen hat telefoniert.
Le garçon / la fille a téléphoné.
MZ Les garçons / les filles ont téléphoné.
R *Bei **Perfektbildung mit haben** / avoir ist das **Partizip Perfekt unveränderlich**.* (A17) KG 290

F *Bei vorausgehendem **Akkusativobjekt** richtet sich das Partizip Perfekt in Geschlecht und Zahl nach diesem Objekt.* (I 250)
B Hast du den Jungen / das Mädchen gesehen?
Ich habe ihn / es gesehen.
Tu as vu le garçon. Je l'ai vu.
Tu as vu la fille? Je l'ai vue.
MZ Tu as vu les garçons? Je les ai vus.
Tu as vu les filles? Je les ai vues.
R Das Wort sein / être bildet das Perfekt mit avoir: Ich bin gewesen / j'ai été (unregelmäßiges Partizip Perfekt).

F Die Befehlsform (Imperativ)
R Die 3 Befehlsformen werden vom Präsens abgeleitet.
(**A18**)

Präsens	Befehlsform (Imperativ)
tu parles	(es > e) **parle!** sprich!
nous parlons	**parlons!** sprechen wir!
vous parlez	**parlez!** sprecht! Sprechen Sie!

F Das Partizip Präsens

Ableitung: **Verbstamm** der 1. Pers. Pl des Präsens + **ant**:
nous **dans** ons + **ant** > **dansant** / tanzend
B Hier sind der Junge und das Mädchen, gemeinsam tanzend. Voici le garçon et la fille **dansant** ensemble.
R Das Partizip Präsens ist **unveränderlich.**

F Das Gerund: **en** + Partizip Präsens

B Ils dansent **en** écoutant de la musique. Sie tanzen **und hören dabei** Musik.
R Das **Gerund** drückt die **Gleichzeitigkeit** zweier Vorgänge aus. *Es ist unveränderlich.* (**A13**) KG 291

Unregelmäßige Verben

gehen / **aller** Präsens: je vais, tu vas, il va,
nous allons, vous allez, ils vont
Pf ich bin gegangen / je suis allé
machen / **faire** Präsens: je fais, tu fais, il fait,
nous faisons, vous faites, ils font
Pf j'ai fait
können / **pouvoir** Präsens: je peux, tu peux, il peut,
nous pouvons, vous pouvez, ils peuvent
Pf j'ai pu
sehen / **voir**: je vois, tu vois, il voit,
nous voyons, vous voyez, ils voient
Pf j'ai vu
Lernen Sie bitte noch die Wörter von Likör bis Party.

Siebter Tag

Le voyage de noces / Die Hochzeitsreise

Flughafen in Nizza.
Giselle G, Tom T, Angestellter A

T À quelle heure part le vol charter pour Paris (a käl Ör par lö wOl schartär pur pari)? Um wieviel Uhr startet der Charterflug nach Paris?

A Vous avez encore un peu de temps (wus̱awe *a*kOr *e* pö dö t*a*). Sie haben noch ein wenig Zeit. Le départ est *à neuf heures et demie* (lö depar äta nöf Ör e dömi). Der Start ist um neun Uhr dreißig.

G À quelle heure arrive l'avion (a käl Ör ariw lawj*o*)? Um wie viel Uhr kommt das Flugzeug an?

A Si l'avion part *à l'heure*, l'arrivée est vers dix heures (si lawj*o* par a lÖr lariwe ä wär disÖr). Wenn das Flugzeug *pünktlich* startet, ist die Ankunft gegen 10 Uhr. C'est la première *fois* que vous allez à Paris (sä la prömjär foa kö wus̱ale)? Fahren Sie zum ersten *Mal* nach Paris?

G Oui, c'est notre voyage de noces (ui sä nOtr woajas̱ch dö nOs). Ja, das ist unsere Hochzeitsreise.

A Félicitations pour le mariage (felisitasj*o* pur lö marjas̱ch). Glückwünsche zur Hochzeit. **Vous avez *trouvé*** un bon hôtel (wus̱awe truwe *e* bonotäl)? *Haben Sie* ein gutes Hotel *gefunden*?

T Oui, près de la cathédrale *Notre Dame* au *Quartier Latin* (ui prä dö la katedral nOtr dam o kartje lat*e*). Ja, bei der Kathedrale *Notre-Dame* im *Quartier latin*.

A J'ai *vécu* dans ce quartier *de* 1988 *à* 1996 (s̱che vekü d*a* sö kartje). Ich habe in diesem Viertel *von* 1988 *bis* 1996 *gelebt*. Chaque fois que je pense à Paris j'éprouve une grande nostalgie de cette belle ville (schak foa kö s̱chö p*a*s a pari s̱chepruw ün grad nOstals̱chi dö sät bäl wil).

Jedes Mal, wenn ich an Paris denke, fühle ich ein großes Heimweh nach dieser schönen Stadt.

G Qu'est-ce qui vous a impressionné *le plus* à Paris (käski wu*s*a *e*präsjOne lö plu a pari)? Was hat Sie in Paris *am meisten* beeindruck*t*?

A C'est une demande difficile (sätün döm*a*d difisil). Das ist eine schwierige Frage. Peut-être la vue sur la *Seine* sous les ponts de Paris ou bien la vue de mon apartement sur le ciel bleu au dessus des toits de Paris (pötätr la wü sür la sän su le p*o* dö pari u bj*e* la wü dö monapartm*a* sür lö själ blö o dösü de toa dö pari). Vielleicht der Blick auf die *Seine* unter den Brücken von Paris oder die Aussicht von meiner Wohnung auf den blauen Himmel über den Dächern von Paris. Peut-être ce soir-là sur la *place de la concorde,* quand le soleil rouge se couchait derrière la *tour Eiffel* (pötätr sö soarla sür la plas de la k*o*kOrd k*a* lö sOläj ru*s*ch sö kushä därjär la tur äfäl). Vielleicht jener Abend auf dem *ConcordePlatz*, als die rote Sonne hinter dem *Eiffelturm* unterging. Peut-être cette nuit-là, quand j'ai regardé l'océan de lumières de la ville du restaurant le plus haut de la tour Eiffel (pötätr sät nüila k*a* *s*ch*e* rögarde lOse*a* dö lümjär dö la wil dü rästOr*a* lö plü o dö la tur äfäl). Vielleicht jene Nacht, als ich das Lichtermeer der Stadt vom höchsten Restaurant des Eiffelturms betrachtet habe. Peut- être la beauté séduisante des danseuses du *Lido* et du *Moulin Rouge* (pötätr la bote sedüis*a*t de d*a*sÖ*s* dü lido e dü mul*e* ru*s*ch). Vielleicht die verführerische Schönheit der Tänzerinnen des *Lido* und des *Moulin Rouge*. Peut-être ce matin-là, quand j'ai vu devant l'église *Sacré-Cœur* après une nuit blanche le lever du soleil rosé (pötätr sö mat*e*la k*a* *s*ch*e* wü döv*a* leglis sakre kÖr apräs*ü*n nüi bl*a*sch lö löwe dü sOläj rose). Vielleicht jener Morgen, als ich vor der Kirche *Sacré-Coeur* nach einer schlaflosen Nacht den Aufgang der rosigen Sonne gesehen habe. **Qu'est-ce qui m'a** impressionné *le plus* (käski ma *e*präsjOne lö plü)? Was hat mich *am meisten* beeindruckt? Je *ne* le sais *pas* (<u>sch</u>ö nö lö sä pa). Ich weiß *es nicht*. Mais je sais que vous serez très heureux pendant ce voyage, parce que Paris est la ville parfaite pour s'aimer et pour cela le lieu idéal pour un voyage de noces (mä <u>sch</u>ö sä kö wu sere trä<u>s</u>örö p*a*d*a* sö woaja<u>sch</u> parskö pari ä la wil parfät pur seme e pur sela lö ljö ideal pur *e* woaja<u>sch</u> dö nOs). Aber ich weiß, dass Sie während dieser Reise sehr glücklich sein werden, weil Paris die perfekte Stadt ist, um sich zu lieben und deshalb der ideale Ort für eine Hochzeitsreise.

T Nous avons besoin des cartes d'embarquement (nus aw*o* böso*e* de kart d*a*barköm*a*). Wir brauchen die Bordkarten.

A **Je vous les donne** (<u>sch</u>ö wu le don). Ich gebe sie Ihnen. **Saluez** Paris de ma part (salüe pari dö ma par). Grüßen Sie Paris von mir.
F14 Qu'est-ce qui m'a: Regel? **A14:** 109

F **F15: je vous les donne** Regel? **A15:** 109 Welche Regeln enthalten: **à neuf heures et demie A16**.1: 286, **A16**.2: 85 **vous avez trouvé A17:** 102 **saluez A18:** 103

Das Fürwort (Pronomen)
Das **Fürwort** steht **für** ein anderes Wort, um eine Wiederholung zu vermeiden, z. B. Triffst du Paul? Ja, ich treffe **ihn**. Tu rencontres Paul? Oui, je **le** rencontre.

Das rückbezügliche Fürwort (Reflexivpronomen)
B Ich befinde *mich*. Je *me* trouve.

Subjektfürwort	Reflexivpronomen	Verb
je	**me**	trouve
tu	**te**	trouves
il/elle	**se**	trouve

nous	**nous**	trouvons
vous	**vous**	trouvez
ils/elles	**se**	trouvent

Dativ - und Akkusativfürwörter

R *Von den rückbezüglichen Fürwörtern kann man die Akkusativ- und Dativfürwörter ableiten:* die **Akkusativfürwörter**, indem man se (Sg) durch **le** (ihn) **la** (sie) und se (Pl) durch **les** (sie) ersetzt (wie die bestimmten Artikel): me, te, **le, la,** nous, vous, **les;** die **Dativfürwörter,** indem man se (Sg) durch **lui** (ihm, ihr) und se (Pl) durch **leur** (ihnen) ersetzt: me, te, **lui,** nous, vous, **leur. KG 292**

B Ich treffe *dich.* Je *te* rencontre.

<u>Subjektfürwort</u>	<u>Akkusativfürwort</u>	<u>Verb</u>
Je	te	rencontre
Tu	me	rencontres
Il	**la** (sie)	rencontre
Elle	**le** (ihn)	rencontre
Nous	vous	rencontrons
Vous	nous	rencontrez
Ils/elles	**les** (sie)	rencontrent

B Ich gebe *dir* ein Geschenk Je *te* donne un cadeau.

<u>Subjektfürwort</u>	**Dativfürwort**	<u>Verb</u>
Je	te	donne
Tu	me	donnes
Il	**lui** (ihr)	donne
Elle	**lui** (ihm)	donne
Nous	vous	donnons
Vous	nous	donnez
Ils/elles	**leur** (ihnen)	donnent

F Gebrauch des Subjektfürworts
Wo sind die Jungen und Mädchen? Sie sind im Haus.
Où sont les garçons et les filles? **Ils** sont à la maison.
Bei männlichen und weiblichen Subjekten: **ils**.
Für die Anrede mit **Sie** verwendet man die 2. Pers. Pl. **Vous** avez choisi, Monsieur? Haben Sie gewählt, mein Herr?
Wir fahren im Taxi, weil es regnet. Nous allons en taxi parce qu' il pleut. Das Fürwort il steht auch als **Subjekt unpersönlicher Verben**.

Das betonte Fürwort
B Ich spreche mit dir. Je parle avec **toi**.

Subjektfürwort	Verb	Präposition	betontes Fürwort
Je	parle	avec	**toi**
Tu	parles	avec	**moi**
Il	parle	avec	elle
Elle	parle	avec	**lui**
Nous	parlons	avec	vous
Vous	parlez	avec	nous
Ils	parlent	avec	elles
Elles	parlent	avec	**eux**

Gebrauch des betonten Fürworts
Fürwort: Subjekt eines Satzes ohne Verb, z. B.
'Ich lese *Englisch in 10 Tagen*.' 'Ich auch.'
'Je lis *l'anglais en 10 jours*.' '**Moi** aussi.'
Nach einer Präposition (z. B. pour). **A22**
'Hier ist *Französisch in 10 Tagen*. Das ist für dich.'
'Voici *le français en 10 jours*. C'est **pour toi**.' KG 291
Zur Hervorhebung einer Person, z. B.
Er bevorzugt *Spanisch in 10 Tagen*; **sie** bevorzugen *Italienisch in 10 Tagen*. **Lui**, il préfère *l'espagnol en 10 jours*; **eux**, ils préfèrent *l'italien en 10 jours*.
Nach dem Verb être, z. B. 'Wer hat diese 4 Bücher geschrieben?' 'Ich.' 'Qui a écrit ces 4 livres?' 'C'**est moi**.'

F Die Fürwörter 'y' und 'en'

A: „Denkt er oft an seinen Nobelpreis? Il pense souvent à son prix Nobel?" B: „Ja, er denkt oft *daran*. Oui, il *y* pense souvent. Alle sprechen *davon* und er ist stolz *darauf*. Tout le monde *en* parle et il *en* est fier. Was sagen Sie *dazu*? Qu'*en* dites-vous?" A: „Glückwunsch! Geht er nach Stockholm? Félicitations! Il va à Stockhom?" B: „Ja, er geht *dorthin*. Oui, il *y* va."
Einige Zeit danach. Quelque temps après.
A: „Ist er von Stockholm zurückgekehrt? Il est retourné de Stockholm?" B: „Ja, er ist *von dort* zurückgekehrt. Oui, il *en* est retourné."

F Stellung der Fürwörter (A15)

R Die Fürwörter stehen in der folgenden Reihenfolge:

1	2	3	4	5	6
me					
te	**le**				
se	**la**	lui	y	en	**Verb**
nous	les	leur			
vous					

B Du gibst *es* mir. Tu me *le* donnes.
Ich gebe *es* ihm / ihr. Je *le* lui donne.
Ich treffe sie *dort*. Je les *y* rencontre.
Ich spreche mit ihnen *darüber*. Je leur *en* parle.

Auslassungszeichen (Apostroph)

R Vor einem Wort, das mit einem Vokal oder stummem h beginnt, entfällt der Vokal des Fürworts und wird durch ein Auslassungszeichen ersetzt (A14), z. B. Ich liebe dich. Je t'aime. Dies gilt für folgende Fürwörter: **me, te, se, le la**. Außerdem werden apostrophiert: ce, de, je, ne, que, si.
<u>Achtung</u>: si + il / ils > s'il / s'ils, jedoch: si elle / si elles.

Die Verneinung

R 1 Die Verneinung wird mit **non** (nein, nicht) ausgedrückt:
Hast du R gesehen? Nein. Tu as vu R? Non.
R 2 Die Verneinung kann auch durch 2 Teile erfolgen.
(**A3**) **KG 294** Diese umschließen Verb / *Fürwort* / Hilfsverb, z. B.

Ich sehe R **nicht**.	Je **ne** vois **pas** R.
Ich sehe *ihn* **nicht**.	Je **ne** *le* vois **pas**.
Ich habe R **nicht** gesehen.	Je n'ai **pas** vu R.
Ich sehe R **nicht mehr**.	Je **ne** vois **plus** R.
Ich sehe R **nie**.	Je **ne** vois **jamais** R.
Ich sehe **weder** R **noch** S.	Je **ne** vois **ni** R **ni** S.
Ich sehe **niemand**.	Je **ne** vois **personne**.
Ich sehe **nichts**.	Je **ne** vois **rien**.
Ich spreche **nur** deutsch.	Je **ne** parle **que** l'allemand.
Es gibt **kein** Problem.	Il **n'**y a **aucun** problème.

In der gesprochenen Sprache entfällt oft das **ne**, z. B. Ich weiß nicht. Je **ne** sais **pas** > je sais **pas**.

F Falsche Freunde

Als falsche Freunde bezeichnet man Wörter, die im **Französischen** und *Deutschen* sehr ähnlich klingen, jedoch eine verschiedene Bedeutung haben.

apparat m / Prunk	*Apparat* / appareil m
artiste m, f / Künstler(in)	*Artist(in)* / acrobate m, f
dirigeant m / Führer	*Dirigent* / chef d'orchestre
gymnase m / Turnhalle	*Gymnasium* / lycée m
coffre m / Kofferraum	*Koffer* / valise f
couvert m / Gedeck	*Kuvert* / enveloppe f
marmelade f / Kompott	*Marmelade* / confiture f

Lernen Sie bitte noch die Wörter von <u>Pfund</u> bis <u>Schweinefleisch</u>.

Achter Tag

Ankunft im Hotel / Arrivée à l'hôtel

Hotel in Biarritz.
Tom T, Giselle G, ihre Tochter Nadine N, Hotelier H

T Guten Abend, ich heiße Tom Delorme. Bonsoir, je m'appelle Tom Delorme (b*o*soar <u>sch</u>ö mapäl).
H Sehr erfreut. Enchanté (*a*sh*a*te).
T Wir benötigen ein Doppelzimmer und ein Einzelzimmer für unsere Tochter. Nous avons besoin d'une chambre double et d'une chambre individuelle pour **notre** fille (nu<u>s</u>aw*o* bös*o*e dün sch*a*br dubl e dün sch*a*br *e*diwidüäl pur n*o*tr fij).
H Wie lange bleiben Sie? Combien de temps restez-vous (k*o*bj*e* dö t*a* rästewu)?
T Eine Woche. Une semaine (ün sömän).
H Sie haben Glück. Vous avez de la chance (wu<u>s</u>awe dö la sch*a*s). Obwohl wir uns in der Hauptsaison befinden, gibt es noch einige freie Zimmer. Bien que nous avons la pleine saison il y a encore quelques chambres libres (bj*e* kö nu<u>s</u>aw*o* la pl*ä*n s*ä*<u>s</u>*o* ilja *a*k*O*r kälkö sch*a*br libr). Es gibt zwei Zimmer mit Bad, Balkon und Sicht auf das Meer. Il y a deux chambres avec salle de bain, balcon et vue sur la mer (ilja dö sh*a*br aw*ä*k sal dö b*e* balk*o* e wü sür la m*ä*r).
G Wie viel kosten eine Übernachtung mit Frühstück, Halbpension und Vollpension? Combien coûtent une nuit avec petit déjeuner, la demi-pension et la pension complète (k*o*bj*e* kut ün nüi aw*ä*k pöti de<u>sch</u>öne la dömip*a*sj*o* e la p*a*sj*o* kopl*ä*t)?
H Hier ist die Preisliste. Voici la liste des prix (woasi la list de pri).
G Das ist zu teuer. C'est trop cher (sä tro schär). Haben Sie

billigere Zimmer? Vous avez des chambres moins chères (92) (wu<u>s</u>awe de sch*a*br mo*e* schär)?

H Wir haben zwei Zimmer mit Dusche und Blick auf die Berge. Nous avons deux chambres avec douche et vue sur les montagnes (nu<u>s</u>aw*o* dö sch*a*br awäk dusch e wü sür le m*o*tanj).

G Könnten wir die Zimmer sehen? Est-ce que nous pourrions voir les chambres (äskö nu purj*o* woar le sch*a*br)?

H Sehr gern. Volontiers (wOl*o*tje). Die Zimmer sind im dritten Stock. Les chambres sont au troisième étage (le sch*a*br s*o*to troa<u>s</u>jäm eta<u>sch</u>). Hier ist der Aufzug. Voici l'ascenseur (woasi las*a*sÖr).

Nach der Besichtigung. Après la visite.

G Einverstanden, wir nehmen die Zimmer. D'accord, nous prenons les chambres (dakOr nu prön*o* le sch*a*br).

H Füllen Sie bitte dieses Formular aus. Je vous prie de remplir ce formulaire (<u>sch</u>ö wu pri dö r*a*plir sö fOrmülär). Bitte hier eine Unterschrift. Une signature ici, s'il vous plait (ün sinjatür isi silwuplä).

T Gibt es jemand, der die Koffer hinauftragen kannn? Il y a quelqu'un, **qui** peut monter les valises (ilja kälk*e* ki pö m*o*te le wali<u>s</u>)?

H Ich rufe einen Kellner. J'appelle un garçon (<u>sch</u>apäl *e* gars*o*). Hier sind die Schlüssel. Voici les clefs (woasi le kle).

G Um wie viel Uhr servieren Sie das Frühstück? À quelle heure servez-vous le petit-déjeuner (a käl Ör särwewu lö pöti de<u>sch</u>öne)?

H Von 7 bis 10 Uhr. De sept à dix heures (dö sät a disÖr). Das Restaurant ist am Flurende. Le restaurant est au fond du couloir (lö rästOr*a* äto f*o* dü kuloar).

T Könnten Sie uns um acht Uhr wecken? Pourriez-vous nous réveiller à huit heures (purjewu nu reweje a üit Ör)?

H Sehr gern. Volontiers (wOl*o*tje). Gute Nacht. Bonne nuit

(bOn nüi)! Bis Morgen. À demain (a döme).
Nach einer schönen Woche. Après une belle semaine.
T Wir reisen heute ab. Nous partons aujourd'hui (nu parto oschurdüi). Könnten Sie bitte meine Rechnung vorbereiten. Pourriez-vous préparer ma note, s'il vous plait (purjewu prepare ma nOt silwuplä)?
H Die Rechnung ist fertig. La note est prête (la nOt ä prät).
T Auf Wiedersehen, das war ein sehr angenehmer Aufenthalt. Au revoir, c'était un séjour très agréable (o röwoar setä e seschur träsagreabl).
G Das war eine wunderbare Woche. C'était une semaine merveilleuse (setä ün sömän märwäjös).
N Tschüß, es war klasse. Salut, c'était formidable (salü setä fOrmidabl).
H Es war mir ein Vergnügen, Sie kennen zu lernen. Ravi d'avoir fait votre connaissance (rawi dawoar fä wOtr kOnäsas). Ich hoffe, Sie nächstes Jahr wieder zu sehen. J'espère vous revoir l'année prochaine (schäspär wu röwoar lane prOschän). Gute Heimreise. Bon retour (bo rötur)!
Zu welcher Gruppe von Fürwörtern gehören **notre**?
A19: 113; **ce**? **A20**: 116
F **F21: qui** Fürwortgruppe? Regeln? **A21**: 115

Das besitzanzeigende Fürwort (A19)

Hier sind mein Vater, meine Mutter, meine Brüder und meine Schwestern.
Voici **mon** père, **ma** mère, **mes** frères et **mes** sœurs.

ein Besitzer	m EZ	w	MZ m w
mein/e	**mon**	**ma**	**mes**
dein/e	ton	ta	tes
sein/e, ihr/e	son	sa	ses

R Vor weiblichen Substantiven, die mit Vokal oder stummem h beginnen, werden die männlichen Fürwörter mon, ton, son verwendet, z. B. mon amie / meine Freundin.

Hier sind unser Vater, unsere Mutter, unsere Brüder und unsere Schwestern.
Voici **notre** père, **notre** mère, **nos** frères et **nos** sœurs.

mehrere Besitzer	EZ m w	MZ m w
unser/e	**notre**	**nos**
euer/eure, Ihr/e	votre	vos
ihr/e	leur	leurs

R Das Geschlecht des adjektivisch verwendeten Fürworts richtet sich im Deutschen nach dem Geschlecht des Besitzers, z. B. Er hat sein Auto / sie hat ihr Auto geparkt. *Im Französischen richtet es sich nach dem **Geschlecht des Besitzobjektes**:* il/elle a garé sa voiture (f). **KG 293**

F

Das **substantivisch verwendete Fürwort** vertritt ein Hauptwort:

Ist das dein Vater / deine Mutter? Nein, meiner / meine ist dort. C'est ton père / ta mère? Non, **le mien / la mienne** est là. Sind das deine Brüder / deine Schwestern? Nein, meine sind dort. Ce sont tes frères / tes sœurs? Non, **les miens / les miennes** sont là.

ein Besitzer	m EZ w		m MZ w	
meine(r)	le mien	la mienne	les miens	les miennes
deine(r)	le tien	la tienne	les tiens	les tiennes
seine(r), ihre(r)	le sien	la sienne	les siens	les siennes

Ist das euer Vater / eure Mutter? Nein, unserer / unsere ist dort. C'est votre père / votre mère? Non, **le nôtre / la nôtre** est là. Sind das eure Brüder / eure Schwestern? Nein, unsere sind dort. Ce sont vos frères / vos soeurs? Non, **les nôtres** sont là.

mehrere Besitzer	m EZ w	MZ m w
unsere(r)	**le / la** nôtre	**les** nôtres
eure(r) Ihre(r)	le / la vôtre	les vôtres
ihre(r)	le / la leur	les leurs

R Vor dem substantivisch verwendeten Fürwort steht immer der bestimmte Artikel. **KG 293**

F Bezügliches Fürwort (Relativpronomen) A21.1
Hermann Hesse, der ein Nobelpreisträger ist, den alle kennen, liest zwei Gedichte, die ich kenne und die meine bevorzugten Gedichte sind.
Hermann Hesse **qui** (1) est un lauréat du prix Nobel **que** (2) tout le monde connaît lit deux poésies **que** (3) je connais et **qui** (4) sont mes poésies préférées.
R Wenn das **Fürwort Subjekt** ist, wird **qui** verwendet. Wenn das **Fürwort Akkusativobjekt** ist, wird **que** verwendet. *Das Relativpronomen kann für Personen (1, 2) und Sachen (3, 4) im Sg (1, 2) und Pl (3, 4) im Werfall (1, 4) und Wenfall (2, 3) stehen.* (**A 21.**2) KG 293

Drei Typen des Fragesatzes

Beispielsatz: Kommen Sie?
Typ A: Venez - vous? Verb (V) + Subjekt (S)
Typ B: Vous **venez**? Subjekt (S) + Verb (V)
Typ C: Est-ce que vous venez? Est-ce que + S + V
Typ A: Die Stellung von Subjekt und Verb wird umgekehrt. Dieser Typ wird als **Inversionsfrage** bezeichnet (Inversion bedeutet Umkehrung). **Typ B**: *Aussagesatz mit **Betonung** am Satzende, so genannte **Intonationsfrage*** *(Intonation bedeutet Tonänderung).* (A7.2) KG 294 **Typ C**: Est-ce que + Aussagesatz, so genannte **est-ce que Frage**. (A7.1)

F Die Stellung des Fragewortes (FW)

Beispielsatz: Wann kommen Sie?
Typ A: **Quand** venez-vous? (**FW** + V + S)
Typ B: Vous venez **quand**? (S + V + **FW**)
Typ C: **Quand** est-ce que vous venez? (**FW** + est-ce que + Aussagesatz)
R Wenn bei der Inversionsfrage 2 Vokale aufeinander treffen, werden diese durch ein **t** getrennt, z. B.
   Comment va - **t** - il / elle? Wie geht es ihm / ihr?

Hinweisendes **Eigenschaftswort** und *Fürwort* (**A20**)

B Triffst du **diesen** Jungen hier? Nein, *diesen* dort.
Tu rencontres **ce** garçon-ci? Non, *celui*-là.
Tu rencontres **cette** fille-ci? Non, *celle*-là.
MZ Tu rencontres **ces** garçons-ci? Non, *ceux*-là.
Tu rencontres **ces** filles-ci? Non, *celles*-là.
  m **ce** (*celui*) w **cette** (*celle*) m w **ces** (*ceux* m, *celles* w)
R *Geschlecht und Zahl des hinweisenden Fürworts werden **durch** das zugehörige **Hauptwort** bestimmt.*
KG 294
Neutrale *Fürwörter*: das da: cela, das hier: ceci.
R Vor Vokalen und stummem h wird ce > cet, z. B.
cet ami / dieser Freund, cet hôtel / dieses Hotel.

F Fragen und Redewendungen
Wer / qui (ki) ist der Reiseführer (die Reiseführerin) / est le guide (ä lö gid)? An wen kann ich mich wenden / a qui je peux m'adresser (a ki schö pö madräse)?
Was (Werfall): **qu'est-ce qui** (käski), (Wenfall): **qu'est-ce que** (käskö) gibt es / qu'est-ce qu'il y a (käskilja), ist das / qu'est-ce que c'est (käskösä), machen Sie beruflich / qu'est-ce que vous faites comme travail (käskö wu fät kOm trawaj)?
Wann / quand (k*a*)**, um wie viel Uhr / à quelle heure** (a käl Ör) öffnet (schließt) / **ouvre** uwr (**ferme** färm), beginnt (endet) / **commence** kOm*a*s (**se termine** sö tärmin), fährt ab (kommt an) / **part** par (**arrive** ariw), ist der / die / das nächste / est le / la prochain/e?
Wo / où (u) ist der / die / das nächste ... / est ... le / la plus proche (u ä lö la plü prOsch), findet statt / a lieu (u a ljö), kann ich finden / kaufen est-ce que je peux trouver / acheter (u äskö schö pö truwe aschte), treffen wir uns / est-ce qu'on se rencontre (u äsk*o* sö r*a*k*o*tr)?
Wie / comment (kOm*a*) geht es / ça va (sa wa), komme ich

nach / est-ce que je peux aller à (äskö schö pö ale a), weit ist es nach ... / à quelle distance se trouve ... (a käl distas sö truw), lange dauert / combien dure (kobje dür), viel kostet es pro Tag / pro Person / ça coûte combien par jour / par personne (sa kut kobje par schur par pärsOn)?

Welche/r/s / quel/le (käl) Vorwahl / quel est l'indicatif (ledikatif), Telefonnummer / quel est le numéro de téléphone (nümero dö telefOn), Gebühr / quel est le tarif, Stromspannung / quel est le voltage (wOltasch), Wettervorhersage gibt es / quelles sont les prévisions météo (käl so le prewisjo), an welchem Tag ist Markt / quel est le jour de marché (käl ä lö schur dö marsche), Alter haben Sie / quel âge avez-vous (käl asch awewu)?

F Unregelmäßige Verben

trinken / **boire** Präsens: je bois, tu bois, il boit,
nous buvons, vous buvez, ils boivent
Pf j'ai bu

wissen / **savoir** Präsens: je sais, tu sais, il sait,
nous savons, vous savez, ils savent
Pf j'ai su

müssen / **devoir** Präsens: je dois, tu dois, il doit,
nous devons, vous devez, ils doivent
Pf j'ai dû

wollen / **vouloir** Präsens: je veux, tu veux, il veut,
nous voulons, vous voulez, ils veulent
Pf j'ai voulu

kommen / **venir** Präsens: je viens, tu viens, il vient,
nous venons, vous venez, ils viennent
Pf je suis venu

nehmen / **prendre** Präsens: je prends, tu prends, il prend,
nous prenons, vous prenez, ils prennent
Pf j'ai pris

Lernen Sie bitte noch die Wörter von See bis Strand.

Neunter Tag

Im Restaurant / Au restaurant

Restaurant in Nizza.
Giselle G, Tom T, Nadine N, Kellnerin K

T Guten Tag. Bonjour (bo<u>sch</u>ur). Ich bedauere die Verspätung. Désolé d'être en retard (desOle dätr *a* rötar).
K Das macht *nichts*. Cela *ne* fait *rien* (söla nö fä rj*e*).
T Mein Name ist Tom Delorme. Mon nom est Tom Delorme (m*o* n*o* ä). Ich habe einen Tisch für drei Personen reserviert. J'ai réservé une table pour trois (<u>sche</u> re<u>s</u>ärwe ün tabl pur troa).
K Dieser Tisch. Voici la table (woasi la tabl). Nehmen Sie bitte Platz. Asseyez-vous, je vous en prie (asejewu <u>sch</u>ö wu<u>s</u>*a* pri). Hier ist die Speisekarte und die Getränkekarte. Voici la carte et la liste des boissons (woasi la kart e la list de boas*o*). Wollen Sie einen **Aperitif**? Est-ce que vous voulez un apéritif (äskö wu wule *e*naperitif)?
G Einen Kir royal, bitte. Un kir royal s'il vous plait (*e* kir roajal silwuplä).
N Einen alkoholfreien Aperitif. Un apéritif sans alcool (*e*naperitif sa<u>s</u>alkOl).
T Einen Pastis. Un pastis (*e* pastis).
Nach dem Aperitif. Après l'apéritif.
K Was wünschen Sie zu trinken? Que désirez-vous boire (kö de<u>s</u>irewu boar)?
G Für mich ein Glas Weißwein. **Pour moi** un verre de vin blanc (*e* wär dö v*e* bl*a*).
N Einen Fruchtsaft. Un jus de fruits (*e* <u>sch</u>ü dö früi).
T Ein Bier vom Fass. Une bière à la pression (ün bjär a la präsj*o*).

K Welche **Vorspeise** wünschen Sie? Qu'est-ce que vous voulez comme entrée (käskö wu wule kOm *a*tre)?
T Meeresfrüchte. Fruits de mer (früi dö mär).
N Geräucherter Lachs. Saumon fumé (som*o* füme).
G Fischsuppe. Soupe de poisson (sup dö poas*o*).
K Was möchten Sie als **Hauptgericht**? Qu'est-ce que vous voulez comme plat principal? (käskö wu wule kOm pla pr*e*sipal)?
N Ich nehme ein vegetarisches Gericht. Je prends un plat végétarien (<u>sch</u>ö pr*a e* pla we<u>sch</u>etarj*e*). Welches Gericht empfehlen Sie mir? Quel plat me recommandez-vous (käl pla mö rökOm*a*dewu)?
K Kartoffeln mit Rosenkohl. Pommes de terre avec chou de Bruxelles (pOm dö tär awäk schu dö brüsäl).
T Ich möchte *Fisch*. Je voudrais **du poisson** (<u>sch</u>ö wudrä dü poas*o*). Seezunge mit *Reis*. Sole avec *du riz* (sOl awäk dü ri).
G Ich werde das Steak und einen gemischten Salat *nehmen*. Je vais *prendre* le steak et une salade composée (<u>sch</u>ö wä pr*a*dr lö stäk e ün salad k*o*po<u>se</u>).
K Das Steak blutig, halb gar oder durchgebraten? Le steak saignant, à point où bien cuit (lö stäk sänj*a* a po*e* u bj*e* küi)?
G Halb gar. À point (a po*e*).
K Welche Salatsoße? Quelle sauce pour la salade (käl sos pur la salad)?
G Französische Soße. Sauce française (sos fras<u>äs</u>).
Nach dem Hauptgericht. Après le plat principal.
K Wünschen Sie ein **Dessert**? Est-ce que vous voulez un dessert (äskö wu wule *e* dösär)?
T Welche Eissorten haben Sie? Quels parfums de glace avez-vous (käl parf*e* dö glas awewu)?
N Vanille, Himbeere, Erdbeere, Walnuss und Aprikose. Vanille, framboise, fraise, noix et abricot (wanij fr*a*boa<u>s</u> frä<u>s</u> noa e abriko).

T Ein gemischtes Eis und einen Milchkaffee. Une glace panachée et un crème (ün glas panasche e *e* kräm).
G Welche Kuchen haben Sie? Quels gâteaux avez-vous (käl gato awewu)?
K Früchtekuchen, Apfelkuchen, Käsekuchen. Tarte aux fruits, tarte aux pommes et gâteau au fromage blanc (tart o früi, tart o pOm e gato o frOma<u>sch</u> bl*a*).
G Einen Apfelkuchen *mit Sahne* und einen Kaffee. Une tarte aux pommes *avec de la crème Chantilly* et un café (ün tart o pOm awäk dö la kräm sch*a*tiji e *e* kafe).
N Birne Helene und einen Tee mit Zitrone. Poire Belle-Hélène et un thé au citron (poar bäl elän e *e* te o sitr*o*).
Nach einem guten Essen. Après un bon déjeuner.
K War es gut? C'était bon (setä b*o*)?
G Es war sehr gut. C'était très bon (setä trä b*o*). Richten Sie dem *Koch* unsere Komplimente aus. Faites nos compliments au *cuisinier* (fät no k*o*plim*a* o küisinje).
T Die Rechnung bitte. L'addition, s'il vous plait (ladisj*o* silwuplä). Alles zusammen. Une seule addition (ün sÖl adisj*o*). Der Rest ist für Sie. Gardez la monnaie (garde la mOnä).
K Vielen Dank. Merci beaucoup (märsi boku).

F22: pour moi Regel? A22: 108
F23: du poisson Regel? A23: 82

F <u>Räumliche Angaben</u>

durch das Haus	**à travers** (a trawär)
innerhalb des Hauses	**à l'intérieur** de (l*e*terjÖr)
außerhalb des Hauses	**hors de** (Or dö)
vor dem Haus	**devant** (döw*a*)
hinter dem Haus	**derrière** (därjär)
neben dem Haus	**à côté de** (a kote dö)
in der Nähe des Hauses	**près de** (prä dö)
gegenüber dem Haus	**en face de** (*a* fas dö)

F Die Ankunft

Ich bin angekommen ...	Je suis arrivé ...
vor sieben Tagen	il y a sept jours (ilja sät <u>sch</u>ur)
vorgestern	avant hier (aw*a* jär)
gestern	hier (jär)
heute	aujourd'hui (o<u>sch</u>urdüi)
Ich bin gerade angekommen.	Je viens d'arriver (<u>sch</u>ö wj*e* dariwe).

F Die Abreise

Ich werde gleich abreisen.	Je vais partir (<u>sch</u>ö wä partir).
Ich reise gerade ab.	Je suis en train de partir (<u>sch</u>ö süis*a* tre dö partir).

<u>Im Französischen gibt es eine eigene Form, um hervorzuheben, dass etwas gerade geschieht: être en train de + Infinitiv.</u>

Ich reise ab ...	je pars ...
sofort	tout de suite (tu dö süit)
in zwei Stunden	dans deux heures (d*a* dö<u>s</u>Ör)
heute Vormittag	ce matin (sö mat*e*)
heute Nachmittag	cet après-midi (sätaprämidi)
etwa um zwei Uhr	vers les deux heures (wär le dö<u>s</u>Ör)
heute Abend	ce soir (sö soar)
heute Nacht	cette nuit (sät nüi)
morgen	demain (döm*e*)
übermorgen	après-demain (aprä döm*e*)
vor Sonntag	avant de dimanche (aw*a* dö dim*a*sch)

F Häufigkeitsangaben

niemals	jamais (<u>sch</u>amä)
manchmal	parfois (parfoa)
oft	souvent (suw*a*)
meistens	pour la plupart (pur la plüpar)
immer	toujours (tu<u>sch</u>ur)

Bitte lernen Sie die Wörter von <u>Straße</u> bis <u>Umleitung</u>.

Zehnter Tag

Verhältniswörter (Präpositionen)

B Vor 4 Monaten kam mir die Idee des Buches, das ich seit 2 Monaten schreibe, das ich in 2 Monaten beenden muss und das der Verleger in 4 Monaten veröffentlicht.
Il y a 4 mois qu'il me vint l'idée du livre que j'écris **depuis** 2 mois que je dois achever **en** 2 mois et que l'éditeur publie **dans** 4 mois.

R il y a: Fester Zeitpunkt in der Vergangenheit.
depuis: Unvollendete Handlung mit Beginn in der Vergangenheit. **A6.**1
en: Notwendige Zeit zur Durchführung einer Handlung.
dans: Zeitpunkt in der Zukunft.

à

B Ich muss mit dem Fahrrad in die Jugendherberge fahren, weil ich um zwölf Uhr in der Jugendherberge sein muss. Das Fahrrad gehört mir.
Je dois aller **à** bicyclette (1) **à** l'auberge de jeunesse (2) parce que je dois être **à** neuf heures (3) **à** l'auberge de jeunesse (4). La bicyclette est **à** moi (5).

R **à** wird z. B: verwendet: zur Angabe des Verkehrsmittels (1), des Zieles (2), der Zeit (3), des Ortes (4) und des Besitzes (5). **A 4.**1

de

B Mein Vater kommt aus Brüssel, wo er gestern von 10 bis 11 Uhr über die Europäische Union gesprochen hat.

Mon père vient **de** Bruxelles (1) où hier **de** dix heures à onze heures (2) il a parlé **de** l'union européenne (3).

R **de** wird z. B. verwendet: in Verbindung mit einem Ausgangspunkt (1) oder einem Thema (3) und bei Zeitangaben (2). **A6**.2

en

B Meine Schwester lebt in Frankreich. Im Sommer fährt sie im Auto nach Italien, wo sie Kleider aus Seide kauft.
Ma soeur habite **en** France (1). **En** été (2) elle va **en** voiture (3) **en** Italie (4) où elle achète des vêtements **en** soie (5).

R **en** wird z. B. verwendet:
vor Namen von Ländern, die weiblich sind (1) oder mit einem Vokal beginnen (4).
vor Monaten und Jahreszeiten (2). <u>Ausnahme</u>: au printemps / im Frühling.
bei der Angabe eines Verkehrsmittel (3) oder eines Materials (5). **A6**.3

par und **pour**

B Einmal pro Woche reise ich aus Liebe nach Paris, um eine Freundin zu treffen. Letzte Woche bin ich mit dem Zug über Straßburg gefahren und habe ein von Victor Hugo geschriebenes Buch gelesen.
Une fois **par** semaine (1) je pars **pour** Paris (2) **par** amour (3) **pour** rencontrer une amie (4). La semaine passée j'ai voyagé **par** train (5) **par** Strasbourg (6) et j'ai lit un livre écrit **par** Victor Hugo (7).

R **par** wird z. B. für Folgendes verwendet:
Häufigkeit (1) Ursache (3) Verkehrsmittel (5) in der Bedeutung 'über' (6) und 'von' (7).
pour drückt z. B. aus: Richtung (2) Zweck (4). **A4**.2

F Fragen und Redewendungen

Wo befindet sich / où se trouve (u sö truw) eine Autovermietung / une location de voiture (lOkasjo dö woatür), die Tankstelle / la station-service (stasjo särwis), die Gepäckaufbewahrung / la consigne (kosinj), der Fahrkartenschalter le guichet des billets (gischä de bijä), der Chek-in Schalter / l'enregistrement (la<u>rö</u><u>sch</u>iströma), ein Geldautomat / un distributeur de billets (distribütÖr dö bijä), das Fremdenverkehrsamt / l'office du tourisme (lOfis dü turism), ein Briefkasten / une boite aux lettres (boat o lätr)?

Muss ich / est-ce que je dois (äskö <u>sch</u>ö doa), **muss man / est-ce qu'on doit** (äsko doa) reservieren / réserver (re<u>sä</u>rwe), umsteigen / changer (scha<u>sch</u>e), eine Kaution bezahlen laisser une caution (lese ün kosjo)?

Kann ich / je peux (<u>sch</u>ö pö) **kann man / on peut** (o pö) hier parken / me garer ici (mö gare isi), mein Gepäck hier lassen / laisser mes bagages ici (lese me baga<u>sch</u> isi), zu Fuß gehen / aller à pied (ale a pje), Fotos machen / prendre des photos (pradr de fOto), Sie einladen / vous inviter (wu<u>se</u>wite), Sie zurück begleiten / vous raccompagner (wu rakopanje)?

Können Sie mir / pouvez-vous (puwewu) erklären / m'expliquer (mäksplike), bestellen / me commander (kOmade) empfehlen / me recommander (rökOmade), besorgen / me procurer (prOküre), bringen / m'apporter (mapOrte), leihen / me prêter (präte), zeigen / me montrer (motre), helfen / m'aider (mede)?

Gibt es / est-ce qu'il y a (äskilja) oder **y-a-t-il** (jatil) in der Nähe ein Kaufhaus / un grand magasin près d'ici (e gra maga<u>se</u> prä disi), einen Parkplatz / un parking, jemand, der / quelqu'un qui (kälke ki), eine Führung / une visite guidée (vi<u>sit</u> gide), einen Preisnachlass für / une réduction pour (redüksjo pur), einen Anschluss nach / une correspondance pour (kOräspodas), eine Jugendherberge / une auberge de jeunesse (obär<u>sch</u> dö <u>sch</u>önäs)?

Ich möchte / je voudrais (<u>sch</u>ö wudrä) aussteigen / descendre (des*a*dr), mieten / louer (lue), zahlen / payer (peje), (eine Sache) mitnehmen / emporter (*a*pOrte), einen Diebstahl anzeigen / déclarer un vol (deklare *e* wOl), im Safe deponieren / déposer dans le coffre-fort (depo<u>s</u>e d*a* lö kOfrfOr), mir einen Termin geben lassen / prendre un rendez-vous (pr*a*dr *e* r*a*dewu), besichtigen / visiter (vi<u>s</u>ite).

Es gibt / il y a (ilja) einen Fehler in der Rechnung / une erreur dans l'addition (ilja ün ärÖr d*a* ladisj*o*).

Größe (Kleid): Ich trage die Größe 40. Je porte du quarante (<u>sch</u>ö pOrt dü kar*a*t), (Schuhe): Meine Schuhgröße ist 40. Ma pointure est quarante (ma po*e*tür ä kar*a*t). Ich brauche / j'ai besoin de (<u>sch</u>e bö<u>s</u>o*e* dö).

... funktioniert nicht / ist kaputt / ... ne fonctionne pas / est cassé/e (nö f*o*ksjOn pa ä kase). Kann man es reparieren / peut-on le réparer (pöt*o* lö repare)? Wann ist es fertig / ce sera prêt quand (sö sera prä k*a*)? Ist ... im Preis inbegriffen? ... est compris dans le prix (ä k*o*pri d*a* lö pri)? Stört es Sie, wenn ... / est-ce que ça vous dérange si ... (äskö sa wu der*a*sch si)?

Sich verständigen

Sprechen Sie deutsch? Est-ce que vous parlez allemand (äskö wu parle alm*a*)? Ich verstehe nicht. Je ne comprends pas (<u>sch</u>ö nö k*o*pr*a* pa). Könnten Sie es wiederholen und langsamer sprechen? Vous pourriez le répéter et parler plus lentement (wu purje lö repete e parle plü l*a*tm*a*)? Könnten Sie es buchstabieren? Est-ce que vous pourriez l'épeler (äskö wu purje leple)? Könnten Sie es aufschreiben? Est-ce que vous pourriez l'écrire (äskö wu purje lekrir)? Könnten Sie es übersetzen? Est-ce que vous pourriez le traduire (äskö wu purje lö tradüir)? Wie heißt das auf Französisch? Comment appelle-t-on cela en français (kOm*a* apält*o* söla *a* fras*a*)? Was bedeutet ... Que veut dire ... (kö wö dir)? Haben Sie verstanden / vous avez compris (wu<u>s</u>awe k*o*pri)?

F Im Kaufhaus

Kann ich Ihnen helfen? Je peux vous aider (<u>sch</u>ö pö wusede)? Nein, danke, ich schaue mich nur um. Non, merci, je ne fais que regarder (n*o* märsi <u>sch</u>ö nö fä kö rögarde). Das gefällt mir; ich nehme *es*. Ça me plait; je *le* prends (sa mö plä <u>sch</u>ö lö pr*a*). Kann ich mit dieser Kreditkarte bezahlen? Est-ce que je peux payer par cette carte (äskö <u>sch</u>ö pö peje par sät kart)? Kann ich den Kassenzettel haben? Est-ce que je peux avoir le ticket de caisse (äskö <u>sch</u>ö pö awoar lö tike dö käs)? Könnten Sie es als Geschenk einpacken? Vous pourriez me faire un paquet cadeau (wu purje mö fär *e* pakä kado)?

F Nach einem Unfall

Es hat einen Unfall gegeben. Il y a eu un accident (ilja ü *e*naksid*a*). Rufen Sie einen Krankenwagen und die Polizei. Appelez une ambulance et la police (aple ün *a*bül*a*s e la pOlis)! Geben Sie mir Ihren Namen, Ihre Adresse und Ihre Versicherungsnummer. Donnez moi votre nom, votre adresse et le numéro de votre assurance (done moa wOtr n*o* wOtr adräs e lö nümero dö wOtr asür*a*s).

F Falsche Freunde

omnibus m / Nahverkehrszug	*Omnibus* / bus m
porto m / Portwein	*Porto* / port m
veste f / Jacke	*Weste* / gilet m
clavier m / Tastatur	*Klavier* / piano m
infusion f / Kräutertee	*Infusion* / perfusion f
ordinaire / alltäglich	*ordinär* / vulgaire
parole f / Wort	*Parole* / le mot d'ordre
raquette f / Schläger (Tennis)	*Rakete* / fusée f
trésor m / Schatz	*Tresor* / coffre-fort m

F Beim Arzt

Gibt es in der Nähe eine Apotheke / einen Arzt? Est-ce qu'il y a une pharmacie / un médecin au voisinage (äskilja ün farmasi e medse o woa<u>sin</u>a<u>sch</u>)?

Ich bin ...	**Je suis ...**
allergisch gegen	allergique à (alär<u>sch</u>ik)
geimpft gegen	vacciné contre (waksine kotr)
gestürzt	tombé (tobe)
ohnmächtig geworden	je me suis évanoui (<u>sch</u>ö mö sü<u>i</u>sewanui)
im .. Monat schwanger	enceinte de .. mois (aset dö moa)
Diabetiker	diabétique (djabetik)

Ich habe ...	**J'ai ...**
Kopfschmerzen	mal à la tête (mal a la tät)
Ohrschmerzen	mal à l'oreille (lOräj)
Halsschmerzen	mal à la gorge (gOr<u>sch</u>)
Rückenschmerzen	mal au dos (do)
Magenschmerzen	les maux d'estomac (mo dästOma)
Bauchschmerzen	mal au ventre (watr)
eine Erkältung	un refroidissement (röfroadisma)
Fieber	de la fièvre (fjäwr)
Husten	la toux (tu)
eine Verdauungsstörung	une indigestion (edi<u>sch</u>ästjo)
Durchfall	la diarrhée (djare)
mich übergeben	eu des vomissements (ü de wOmisma)
einen hohen/niederen Blutdruck	une tension haute/basse (ün tasjo ot bas)
Brechreiz	la nausée (nose)
Kreislaufstörungen	troubles circulatoires (trubl sirkülatoar)

Es tut hier weh. J'ai mal ici (<u>sch</u>e mal isi). Ich nehme diese Medikamente regelmäßig. Je prends régulièrement ces médicaments (<u>sch</u>ö pra regüljärma se medikama).

Lernen Sie bitte noch die Wörter von <u>umsteigen</u> bis <u>Zug</u>.

Vokabular

Abend soir m soar
Abendessen dîner m dine
Abführmittel laxatif m laksatif
abheben (Geld) retirer rötire
Abreise départ w depar
abreisen partir
Abteil compartiment kopartima
Achtung! attention! atasjo!
Adapter adaptateur m ~tÖr
Adresse adresse f adräs
alkoholfrei sans alcool sasalkOl
allein seul(e) sÖl
Allergie allergie w alärschi
alles tout(e) tu(t)
als (Vergleich) que kö
Alter âge m asch
Altstadt vieille ville f wjäj wil
anbieten offrir Ofrir
andere(r) autre otr
Anfang début m debü
angeln pêcher päsche
angenehm agréable agreabl
anhalten arrêter aräte
ankommen arriver ariwe
Ankunft arrivée f ariwe
Anlegestelle embarcadère m
Anmeldung inscription f e sjo
annehmen accepter aksäpte
annullieren annuler anüle
anprobieren essayer eseje
Anschluss correspondance f
Antiquität antiquité f atikite
antworten répondre repodr
anzeigen dénoncer denose
Anzug complet m koplä
Aperitif apéritif m
Apfel pomme f pOm
Apotheke pharmacie f ~si
Aprikose abricot m abriko
April avril m awril
arbeiten travailler trawaje
Architektur architecture f
Arm bras m bra
Arzt docteur m dOktÖr
Ärztin femme médecin ~se
Aschenbecher cendrier m
atmen respirer respire
Attest attestation f atästasjo
auch aussi osi
Aufenthalt séjour m seschur
aufstehen se lever sö löwe
Aufzug ascenseur m asasÖr
Auge oeil m Öj
August août m u(t)
Ausdruck expression f ~sjo
ausfüllen remplir raplir
Ausgang sortie f sOrti
ausgeben dépenser depase
ausgehen sortir sOrtir
Auskunft renseignement m
Ausländer étranger etrasche
Aussicht vue f wü
aussprechen prononcer nose
aussteigen descendre desadr
Ausstellung exposition f sjo
Ausverkauf soldes mpl sold

ausverkauft épuisé(e) epüise benutzen utiliser ütili_se_
Auto voiture f woatür Benzin essence f es_as_
Autobahn autoroute f otorut Berg montagne f m_o_tanj
Autobus autocar m otokar ~führer guide de montagne
Autoverleih location d'auto Beruf profession f pr_O_fäsj_o_
B berühren toucher tusche
Bäckerei boulangerie f a_sch_ri beschäftigen occuper Oküpe
Bad bain m b_e_ beschreiben décrire dekrir
Bademantel peignoir pänjoar Besen balai m bal_ä_
Bademeister maître nageur besichtigen visiter wi_si_te
baden baigner benje Besichtigung visite f wi_si_t
Bahnhof station f stasj_o_ besorgen procurer pr_O_küre
bald bientôt bj_e_to bestätigen confirmer k_o_firme
Balkon balcon m balk_o_ bestellen commanderkOma_d_e
Bank banque f b_a_k betrachten regarder rögarde
Batterie pile f pil Betrag montant m m_o_ta
(Auto~) batterie f batri Bett lit m li
Baum arbre m arbr ~decke couverture f kuwertür
Baumwolle coton m kot_o_ ~laken drap de lit m dra dö li
Beanstandung réclamation m bewachen garder garde
bedauern regretter rögräte bewegen bouger bu_sch_e
bedeuten signifier sinjifie bezahlen payer pejer
bedienen servir särwir Bier bière f bjär
Bedienung service m särwis Bild (Gemälde) tableau tablo
beenden finir Bildhauer sculpteur m skültÖr
befinden, sich se trouver Bildhauerei sculpture f skültür
beginnen commencer kOma_s_ebillig bon marché b_o_ marsche
begleiten accompagner panje bitte s'il vous plait silwuplä
behandeln soigner soanje bitten prier prie
Beilage garniture f garnitür blau bleu(e) blö
Bein jambe f sch_a_b bleiben rester räste
beißen mordre mOrdr bleifrei sans plomb s_a_ pl_o_
Bekleidung habillement m Blick regard m rögar
bekommen recevoir rösöwoir Blume fleur m flÖr
benachrichtigen informer Bluse blouse f blu_s_

129

benötigen avoir besoin de
Blut sang m s*a*
bluten saigner senje
Boot bateau m bato
Botschaft ambassade *a*basad
Braten rôti m roti
brauchen avoir besoin de
(Zeit ~) occuper Oküpe
brechen rompre r*o*pr
Bremse frein m fr*e*
Brief lettre f lätr
~kasten boite f aux lettres
boat o lätr
~marke timbre m t*e*br
~tasche portefeuille pOrtöfÖj
~umschlag enveloppe f *a*wlOp
Brille lunettes f pl lünät
bringen (Dinge ~) apporter
Brot pain m p*e*
Brötchen petit pain m
Brücke pont m p*o*
Bruder frère m frär
Brunnen fontaine f f*o*tän
Buch livre m liwr
~handlung librairie f libräri
buchstabieren épeler epele
bügeln repasser röpase
Burg château m schato
Büro bureau m büro
Bushaltestelle
arrêt d'autobus arä dotobüs
Butter beurre m bÖr
C
Camping camping m
campen faire du camping

Creme crème f kräm
D
Dame dame f dam
~nbinde serviette hygiénique särwjät i<u>sch</u>jenik
danken remercier römärsje
dauern durer düre
dein(e) ton(ta) t*o*
denken penser p*a*se
deutsch allemand alm*a*
Deutschland l'Allemagne f
Dezember décembre des*a*br
Diafilm diapositive djapo<u>s</u>itiw
Diabetes diabète m djabät
Diät régime m re<u>sch</u>im
Diebstahl vol m wOl
Dienstag mardi m
Diesel gazole m ga<u>s</u>Ol
dieser ce,cet,cette pl ces
direkt direct(e) diräkt
Diskothek discothèque f
Dolmetscher interprète m/f
Dom cathédrale f katedral
Donnerstag jeudi m <u>sch</u>ödi
Doppelzimmer chambre f
double sch*a*br dubl
Dorf village m wila<u>sch</u>
dort là,
Dose boite f boat
~nöffner ouvre-boîte m uwr
dringend urgent(e) ür<u>sch</u>*a*(t)
Drittel tiers m tjär
drücken presser präse
dumm stupide stüpid
Durchfall diarrhée f djare

130

Durchgang passage m
dürfen pouvoir puwoar
Durst soif f soaf
Dusche douche f dusch
E
echt véritable weritabl
Ei œuf m Öf
eigen propre prOpr
Eigentum propriété f
Eilbote (durch ~) par exprès
Eile hâte f at
Eimer seau m so
Einbahnstraße sens unique
einchecken enregistrer a~
Eingang entrée f atre
einige(r,s) quelque kälkö
Einkaufszentrum centre m
commercial satr kOmärsjal
einladen inviter ewite
einsteigen monter mote
Eintrittskarte billet d'entrée
Eintrittspreis prix d'entrée
Einwohner habitant m abita
einzahlen verser wärse
Einzelzimmer chambre f
individuelle schabr ediwidüäl
Eis glace f glas
Eisbecher coupe glacée kup
Eisdiele glacier m glasie
Eislaufen patinage m ~nasch
elektrisch électrique eläktrik
Eltern parents m pl para
Empfang réception f resäpsjo
empfehlen recommander
Ende fin f fe

Energie énergie enärschi
eng étroit(e) etroa(t)
Entfernung distance f distas
enthalten contenir kotnir
Entscheidung décision f ~sjo
entschuldigen excuser äksküse
entwerten oblitérer Oblitere
Erdbeere fraise f fräs
erklären expliquer äksplike
erlauben permettre pärmätr
Ermäßigung réduction f ~sjo
erreichen atteindre atedr
essen manger masche
Essen (Mahlzeit) repas röpa
Essig vinaigre m winägr
etwas quelque chose kälkö
F
Fähre bac m große: ferry-boat
fahren aller ale
Fahrkarte billet m bijä
Fahrkartenschalter guichet m
des billets gischä de bijä
Fahrplan horaire m Orär
Fahrrad bicyclette f bisiklät
Familie famille f famij
Farbe couleur f kulÖr
Farbfilm pellicule couleurs
pälikül kulÖr
Februar février m fewrje
fehlen manquer make
Fehler erreur f ärÖr
Feiertag jour m férié schur
Fenster fenêtre f fönätr
Fensterladen volet m wOlä
Ferien vacances f pl wakas

Fernglas jumelles f pl
schümäl
Fernsehen télévision f ~wisjo
fertig prêt(e) prä(t)
Fett graisse f gräs
Feuer feu m fö
Feuerzeug briquet m brikä
Fieberthermometer
thermomètre m tärmomätr
Film (Foto) pellicule f pälikül
(Kino) film m
finden trouver truwe
Finger doigt m doa
Fisch poisson m poaso
Flasche bouteille f butäj
Flaschenöffner
ouvre-bouteille m uwrbutäj
Fleisch viande f wjad
Flohmarkt marché m aux
puces marsche o püs
Flug vol m wOl
Flughafen aéroport m ~pOr
Flugzeug avion m awjo
Fluss rivière f, fleuve m flÖw
Flüssigkeit liquide m likid
Flut flux m flü
folgen suivre süiwr
Form forme f fOrm
Foto photo f fOto
Fotoapparat appareil
photo aparäj fOto
Fotogeschäft magasin de
photographie magase
fotografieren photographier
Frage question f kästjo
fragen demander dömade

Frau femme f fam
Freiheit liberté f libärte
Freitag vendredi m wadrödi
Fremdenführer guide m gid
~verkehrsamt office m du
tourisme Ofis dü turism
Fresko fresque f fräsk
Freund ami m
Freundin amie f ami
freundlich aimable ämabl
Friedhof cimetière m simtjär
Friseur coiffeur m koafÖr
Fruchtsaft jus m de fruits
Frühling printemps m preta
Frühstück petit-déjeuner m
fühlen sentir satir
Führerschein permis de
conduire pärmi dö kodüir
Führung visite f guidée gide
Fundbüro bureau des objets
trouvés büro Obschä truwe
funktionieren fonctionner
Fuß pied m pje
Fußgänger piéton m pjeto
G
Gabel fourchette f furschät
ganz tout(e) tu(t)
Garderobe vestiaire m wästjär
Garten jardin m scharde
Gas gaz gas
~flasche bouteille de gaz
Gasthaus petit restaurant
Gatte époux m epu
geben donner dOne
geboren né
gebraten rôti(e) roti

Gebühr taxe m taks
gebührenfrei gratuit gratüi
Geburt naissance näsas
Geburtsdatum date f de
naissance dat dö näsas
Geburtstag anniversaire m
Gedeck couvert m kuwär
Geduld patience f pasjas
Gefahr danger m dasche
gefährlich dangereux(se)
gefallen plaire plär
Gegend région f reschio
gegenüber en face de a fas dö
gehen aller ale
gekocht cuit(e) küi(t)
Geld argent m arscha
Geldbeutel porte-monnaie m
Geldschein billet de banque
Geldwechsel change schasch
gemischt mêlé(e) mäle
Gemüse légume m legüm
genug assez ase
Gepäck bagages mpl bagasch
Gepäckaufbewahrung
consigne f kosinj
gern volontiers wOlotje
Geschäft magasin m magase
Geschenk cadeau m kado
Geschichte histoire f istoar
Geschwindigkeit vitesse f
Gesicht visage m wisasch
gestern hier jär
Gesundheit santé f sate
(Niesen) à vos souhaits
Getränk boisson f boaso

getrennt séparé(e) separe
Gewicht poids m poa
Gewinn gain m ge
gewinnen gagner ganje
Gewürz épice f epis
Glas verre m wär
glauben croire kroar
gleich même, égal
gleichgültig indifférent(e)
Gleis voie f woa
Gleitschirmfliegen
parapente m parapat
Glockenturm clocher klosche
Glück chance f schas
glücklich heureux örö
Glückwunsch félicitations f pl
Glühbirne ampoule f apul
Gold or m
Golfplatz terrain de golf täre
Gottesdienst kath. messe mäs
prot. culte kült
Gramm gramme m gram
Grenze frontière f frotjär
Grill gril m
Größe (Kleidung) taille f taj
grün vert(e) wär(t)
Gruppe groupe m grup
Gruß salut m salü
grüßen saluer salüe
gültig valable walabl
Gummi caoutchouc m
Gürtel ceinture f setür

H
Haar cheveux m schöwö
haben avoir awoar

Hafen port m pOr
Hähnchen poulet m pulä
Haken crochet m krOschä
halb demi(e) dömi
Halbpension
demi-pension dömipasjo
Hälfte moitié f moatje
halten tenir tönir
Haltestelle arrêt f arä
Hand main f me
Handschuh gant m ga
Handtasche sac à main m sak
Handtuch serviette f de
toilette särwjät dö toalät
Handy téléphone portable
Haus maison f mäso
Haut peau f po
heißen s'appeler saple
Heizung chauffage m ~asch
helfen aider ede
Hemd chemise f schömis
Herbst automne m otOn
Herr monsieur m mösjö
herrlich magnifique manjifik
Herz coeur m kÖr
heute aujourd'hui oschurdüi
Hilfe secours m, aide f äd
Himmel ciel m själ
hin und zurück aller et
retour ale e rötur
hinlegen, sich s'allonger
hinsetzen, sich s'asseoir
hinter derrière därjär
Hitze chaleur f schalÖr
Hochsaison pleine saison säso

Honig miel m mjäl
hören entendre atadr
(zuhören) écouter ekute
Hose pantalon m patalo
Hotel hôtel m otäl
Hubschrauber hélicoptère m
elikOptär
Hund chien m schje
Hunger faim f fe
Hut chapeau m schapo

I
immer toujours tuschur
inbegriffen
compris(e) kopri(s)
Infektion infection f efäksjo
informieren, informer eforme
innerhalb à l'intérieur de
Insekt insecte m esäkt
Insektenstich piqûre f
d'insecte pikür desäkt
Insel île f il
interessieren, sich s'intéresser
Italien l'Italie f litali
italienisch italien italje

J
Jacke veste f wäst
Jahreszeit saison f säso
Jahrhundert siècle m sjäkl
Januar janvier m schawje
jeder,jede,jedes chaque schak
jemand quelqu'un kälke
jener celui-là sölüila
jetzt maintenant metna
Jugendherberge auberge de
jeunesse obärsch dö schÖnäs

134

Juli juillet m schüijä
Junge garçon m garso
Juni juin m schüie
Juwelen bijoux m pl bischu
Juwelier bijoutier m bischutje
K
Kalbfleisch veau m wo
Kamm peigne m pänj
kaputt cassé(e) kase
Karte carte f kart
Kartenverkauf vente f
de billets wat dö bijä
Kartoffel pomme de terre f
Käse fromage m frOmasch
Kasse caisse f käs
Kauf achat m ascha
kaufen acheter aschte
Kaufhaus grand magasin ~se
Keks biscuit m bisküi
Kellner garçon m garso
kennen connaître kOnätr
Kerze bougie f buschi
Kilometer
kilomètre m kilomätr
Kind enfant m afa
Kinderarzt ärztin pédiatre m f
Kino cinéma m sinema
Kleid robe f rOb
Klimaanlage
climatisation f klimatisasjo
Klingel sonnette f sOnät
klingeln sonner sOne
klopfen (Tür) frapper frape
Kloster monastère m ~stär
Knie genou m schönu

Knopf bouton m buto
kochen (Speisen) cuire küir
(Flüssigkeit) bouillir bujir
koffeinfrei décaféiné
Koffer valise f walis
kohlensäurehaltig gazeux
Kollege collègue m kOläg
kommen venir wönir
Konditorei pâtisserie patisri
können pouvoir puwoar
Konto compte m kot
kontrollieren contrôler kotrole
Konzert concert m kosär
Kopf tête f tät
Kopfkissen oreiller m Oreje
Korkenzieher tire-bouchon m
Körper corps m kOr
kosten coûter kute
krank malade malad
Krankenhaus hôpital m Opital
Krankenkasse assurance f
maladie asüras maladi
~schwester infirmière efirmjär
~wagen ambulance f abülas
Krankheit maladie f maladi
Kreditkarte carte f de crédit
Kreuzfahrt croisière f kroasjär
Kreuzung croisement kroasma
Kuchen gâteau f gato
Küche cuisine f küisin
Küchenchef chef m schäf
Kunst art f ar
Künstler(in) artiste m f artist
Kurs cours m kur
Kurtaxe taxe de séjour

135

L
lachen rire rir
Lachs saumon m som*o*
Lage situation f sitüasj*o*
Lamm agneau m anjo
Lampe lampe f l*a*p
Land pays m pei
Langlauf ski m de fond f*o*
lassen laisser lese
laut bruyant(e) brüj*a*
Lautsprecher haut-parleur m
leben vivre wiwr
Ledergeschäft maroquinerie f
ledig célibataire selibatär
leider malheureusement
leihen (verleihen) prêter präte
(ausleihen) emprunter *a*prete
lesen lire lir
Leute gens m pl sch*a*
Licht lumière f lümjär
Lichtschutzfaktor indice de
protection *e*dis dö prOtäksj*o*
lieben aimer eme
Lied chanson f sch*aso*
Liegestuhl chaise longue
Liegewagen couchettes f pl
Likör liqueur f likÖr
links à gauche gosch
Lippe lèvre m läwr
Lippenstift rouge m à lèvres
Liste liste f list
Liter litre m litr
Löffel cuiller f küijär
Loipe piste de ski de fond
Luftpost poste aérienne
per ~ par avion awj*o*
lustig gai ge

M
machen faire fär
Magen estomac m ästOma
Mahlzeit repas röpa
Mal (zeitlich) fois foa
malen peindre p*e*dr
Maler peintre m p*e*tr
Malerei peinture f p*e*tür
man on *o*
Mann homme m Om
Mannschaft équipe f ekip
Mantel manteau m m*a*to
Markt marché m marsche
Marmelade confiture k*o*fitür
März mars m mars
Material matériel m materjel
Matratze matelas m matla
Mauer mur m mür
Maut péage m peasch
Mechaniker mécanicien ~sj*e*
Medikament médicament m*a*
Meer mer f mär
Meeresfrüchte fruits de mer
Mehl farine f farin
Menge quantité f k*a*tite
Messe (Handel) foire f foar
messen mesurer mesüre
Messer couteau m kuto
Meter mètre m mätr
Metzgerei boucherie f buschri
Miete (Whg) loyer m loaje
mieten louer lue
Mietwagen voiture de location

Milch lait m lä
mindestens au moins o mo*e*
Mineralwasser eau minérale
Minigolf golf miniature ~tür
Minigolfplatz terrain de golf
miniature tär*e* miniatür
minus moins mo*e*
Minute minute f minüt
mitnehmen emporter *a*pOrte
Mittag midi m
Mittagessen déjeuner schöne
Mitte milieu m miljö
mittel moyen moaj*e*
Mitternacht minuit m minüi
Mittwoch mercredi märkrödi
Mode mode f mOd
möglich possible pOsibl
Moment moment m mom*a*
Monat mois f moa
Mond lune m lün
Montag lundi m l*e*di
morgen demain döm*e*
Morgen matin m mat*e*
Motor moteur m mOtÖr
~boot canot à moteur
~rad motocyclette f ~siklät
Mücke moustique m mustik
müde fatigué(e) fatige
Müll ordures f Pl Ordür
Mülleimer poubelle f pubäl
Mund bouche f busch
Münze pièce de monnaie pjäs
Museum musée m müse
Musik musique f müsik
Muskel muscle m müskl

müssen devoir döwoar
N
Nachmittag après-midi
Nachricht message m mäsa*sch*
Nachsaison arrière-saison
nachsehen aller voir al*e* woar
nachsenden faire suivre süiwr
nächster prochain prosch*e*
Nacht nuit f nüi
Nachtisch dessert m desär
Nacken nuque f nük
Nagel (Finger~) ongle f *o*gl
Nagelschere ciseaux m pl
à ongles si*s*o a *o*gl
Name nom m n*o*
Nase nez m ne
Nationalität nationalité nasjO
Nebel brouillard m brujar
nehmen prendre pr*a*dr
Neujahr nouvel an m nuwäl *a*
nicht ne ... pas nö ... pa
nichts rien, ne ...rien nö ...rj*e*
nie jamais schamä
noch encore *a*kOr
Norden nord m nOr
Notausgang sortie f
de secours sOrti dö sökur
Notfall urgence f ür*sch*a*s*
nötig nécessaire nesäsär
November novembre now*a*br
Nummer numéro m nümero
nur seulement sÖlm*a*
Nuss noix f noa
O
Obst fruits m pl früi

137

Obstsalat salade de fruits
oft souvent suw*a*
öffnen ouvrir uwrir
Öffnungszeiten heures
d'ouverture Ör duwärtür
Ohr oreille f Oräj
Ohrring boucle d'oreille
Oktober octobre m OktObr
Öl huile f üil
Omelett omelette f Omelät
Onkel oncle m *o*kl
Oper opéra m Opera
Operation opération Operasj*o*
Optiker opticien m Optisj*e*
Orange orange f Or*a*sch
Ort lieu m ljö
Osten est m äst
Ostern Pâques f pl pak
P
Paar paire f pär
Papier papier m papje
Parfüm parfum m parf*e*
Park parc m park
parken garer gare
Parkplatz parking m
Parkhaus parking couvert
~uhr parcmètre m parkmätr
Party fête f fät
Pass passeport m paspOr
Patient patient pasj*a*
Pension pension f p*a*sj*o*
Person personne f pärsOn
Personalausweis carte f
d'identité kart dit*a*tite
Pfeffer poivre m poawr

Pferd cheval schöwal
Pfirsich pêche päsch
Pflanze plante pl*a*t
Pfund demi kilo m dömi kilo
Pille pilule pilül
Pilz champignon m sch*a*pinj*o*
Pistazie pistache f pistasch
Piste piste f pist
Plan plan m pl*a*
Platten pneu à plat pnö a pla
Platz place f plas
plötzlich tout à coup tutaku
Politik politique f pOlitik
Polizei police f pOlis
Portier concierge m k*o*sjär*sch*
Portion portion f pOrsj*o*
Postamt poste f pOst
Postkarte carte postale
prächtig splendide spl*a*did
Preis prix m pri
privat privé(e) priwe
Programm programme prO~
Prospekt dépliant m depli*a*
Prost à votre santé wOtr s*a*te
Prozent pour cent pur s*a*
pünktlich à l'heure a lÖr
Q
Quittung reçu m resü
R
Rabatt rabais m rabä
Radtour tour en vélo *a* welo
Rasierapparat rasoir m rasoar
Rat conseil m k*o*säj
Rathaus hôtel de ville otäl wil
rauchen fumer füme

Raucher fumeur m fümÖr
Rechnung addition m adisjo
Regen pluie f plüi
~mantel imperméable m e~
~schirm parapluie m paraplüi
regnen pleuvoir plöwoar
Reifen Kfz pneu m pnö
~panne pneu à plat pnö a pla
Reihe (Sitz~) rang m ra
rein pur(e) pür
reinigen nettoyer nätoaje
Reis riz m ri
Reise voyage m woajasch
Reiseführer guide m gid
reisen voyager woajasche
Reklamation réclamation m
Religion religion f rölischjo
Reparatur réparation f ~sjo
reparieren réparer repare
reservieren réserver resärwe
Reservierung réservation f
Restaurant restaurant m
Rettungsboot - ring
canot m de sauvetage
bouée de sauvetage sowtasch
Rezept ordonnance OrdOnas
Richtung direction f diräksjo
Rindfleisch boeuf m böf
Rock jupe f schüp
Rodelbahn piste f de luge
pist dö lüsch
roh (ungekocht) cru krü
Rolltreppe escalier roulant
äskalje rula
röntgen faire une radio fär

Rosine raisin sec räse säk
rot rouge rusch
Rücken dos m do
Rucksack sac à dos m sak do
Ruderboot canot m kano
rufen (herbei~) appeler aple
ruhig tranquille trakil
rund rond(e) ro(d)
Rundblick vue f panoramique
Rundfahrt circuit m sirküi
S
Safe coffre-fort m kOfröfOr
Saft jus m schü
sagen dire dir
Sahne crème f kräm
Saison saison f säso
Salat salade f salad
Salz sel m säl
Samstag samedi m samdi
Sand sable m sabl
sauber propre prOpr
Schachtel boite f boat
Schaden dommage dOmasch
Schal écharpe f escharp
scharf piquant(e) pika(t)
Schatten ombre f obr
Schaufenster vitrine f witrin
Scheibe tranche f trasch
Schere ciseaux m pl siso
schicken envoyer awoaje
Schiff bateau m bato
Schinken jambon m schabo
schlafen dormir dOrmir
Schlafwagen wagon-lit wago
schließen fermer färme

Schloss château m schato
Schlüssel clé f kle
Schlussverkauf soldes m pl
schmecken sentir le goût de
Schmerz douleur f dulÖr
schmutzig sale sal
Schnee neige f näsch
schneiden couper kupe
Schnellzug rapide m rapid
train m express tre ekspräs
Schnitzel escalope f äskalOp
Schokolade chocolat m
schon déjà descha
schreiben écrire ekrir
Schuh chaussure f schosür
schulden devoir döwoar
Schweinefleisch porc m pOr
Schwester soeur f sÖr
Schwierigkeit difficulté f
Schwimmbad piscine f pisin
schwimmen nager nasche
See lac m lak
Segelboot bateau à voiles
segeln faire de la voile woal
sehen voir woar
Seife savon m sawo
Seilbahn funiculaire m
sein être ätr
Semmel petit pain m pötit pe
Sessellift télésiège m ~sjäsch
September septembre säptabr
servieren servir särwir
Serviette serviette f särwjät
setzen, sich s'asseoir sasoar
sicher sûr(e) sür
Skikurs cours de ski kur ski

Ski fahren faire du ski fär ski
Skilift téléski teleski
Skulptur sculpture f skültür
Socke chaussette f schosät
Sohn fils m fis
sollen devoir döwoar
Sommer été m ete
Sonne soleil m sOläj
~ncreme crème f solaire sOlär
~nöl huile f solaire üil sOlär
~nschirm parasol m parasOl
Sonntag dimanche m dimasch
Soße sauce f sos
Speisekarte carte f kart
~wagen wagon-restaurant
Spiegel miroir m miroar
Spiel jeu m schö
Spielbank casino m kasino
spielen jouer schue
sprechen parler parle
Stadt ville f wil
Stadtplan plan m de ville pla
statt au lieu de o ljö dö
Steak steak m stäk
Steckdose prise pris
stehen être debout ätr döbu
stehlen voler wOle
stellen mettre mätr
Stil style m stil
Stockwerk étage m etasch
Stoff étoffe f etOf
stören déranger derasche
Strand plage f plasch
Straße rue f rü
Straßenbahn tram m
Streichholz allumette f alümät

Stromspannung voltage m Tier animal m animal
Strömung courant m kur*a* Tisch table f tabl
Strumpf (Damen~)bas m ba Tischtennis ping-pong m
Stück morceau m mOrso Toilette toilettes f Pl toalät
Stuhl chaise f schäs T-papier papier hygiénique
Stunde heure f Ör Tomate tomate f tOmate
suchen chercher schärsche tragen porter pOrte
Süden sud m süd Tragetüte sac m sak
Supermarkt Transport transport m traspOr
supermarché m süpermarsche Traube (Wein~) raisin m rä*se*
Suppe soupe f sup treffen rencontrer r*a*kotre
T Treppe escalier m äskalje
Tabakladen tabac m taba Tretboot pédalo m pedalo
Tag jour m schur trinken boire boar
Tankstelle station-service f Trinkwasser eau f potable
tanzen danser d*a*se Tropfen goutte f gut
Tarif tarif m Tür porte f pOrt
Tasche (Hose) poche f pOsch Turm tour f tur
Taschentuch mouchoir m U
Tasse tasse f tas U-bahn métro m metro
tauchen plonger pl*osche* überqueren traverser trawärse
Tee thé m te Überraschung surprise f ~pris
Teelöffel petite cuillère küijär Übersetzung traduction f ~sj*o*
Teigwaren pâtes alimentaires Uhr montre f m*o*tr
Teil partie f parti Uhrzeit heure f Ör
Telefon téléphone m telefOn Umleitung déviation f wiasj*o*
Telefonbuch annuaire anüär umsteigen changer scha*sche*
Telefonkarte télécarte f ~kart umtauschen échanger
~ zelle cabine téléphonique Unfall accident m aksid*a*
telefonieren téléphoner ~fOne ungefähr environ *a*wir*o*
Teller assiette f asjät unterschreiben signer sinje
Termin (Zeit) rendez-vous m Unterschrift signature sinjatür
Terrasse terrasse f täras Urlaub vacances f Pl wak*a*s
Theater théâtre teatr V
tief profond prOf*o* Vanille vanille f wanij

Vater père m pär
Ventilator ventilateur m wa~
veranlassen causer kose
verbieten interdire etärdir
vergessen oublier ublie
verheiratet marié(e) marie
Verkauf vente f wat
verkaufen vendre wadr
Verleih location f lOkasjo
verlieren perdre pärdr
vermeiden éviter ewite
vermieten (Whg) louer lue
verschieden différent difera
Versicherung assurance asüras
Verspätung retard m rötar
verstehen comprendre kopradr
Vertrag contrat m kotra
Verzeichnis liste f list
vielleicht peut-être pötätr
Viertel quart m kar
voll plein ple
Vorspeise hors d'œuvre m
vorstellen présenter presate
Vorwahl indicatif m edikatif
vorziehen préférer prefere
W
warten attendre atadr
Waschbecken lavabo lawabo
waschen laver lawe
Wasser eau f o
Wasserhahn robinet m rObinä
wechseln changer schasche
wecken réveiller reweje
Wein vin m we
Rotwein vin rouge we rusch

Weißwein vin blanc we bla
weniger moins moe
Werkstatt garage m garasch
Wetter temps m ta
wichtig important epOrta
wiederholen répéter repete
wieder sehen revoir röwoar
Wind vent m wa
Winter hiver m iwär
wissen savoir sawoar
wo où u
Woche semaine f sömän
wohnen habiter abite
Wohnung appartement m
Wohnwagen caravane f
Wolke nuage m nüasch
wollen vouloir wuloar
Wort mot m mo
wünschen désirer desire
Wurst saucisse f sosis
Z
Zahl nombre m nobr
zahlen payer peje
Zahn dent f da
Zahnarzt dentiste m datist
Zahnpasta dentifrice m dati~
zeigen montrer motre
Zeit temps m ta
Zeitung journal m schurnal
Zelt tente f tat
zelten camper kape
Zentrum centre m satr
Zimmer chambre f schabr
Zucker sucre m sükr
Zug train m tre

Spanisch in 10 Tagen

Die Zollkontrolle. Basiswissen.	145
Wo ist der Bahnhof? Artikel.	149
Der Streik. Hauptwörter.	154
Die Autopanne. Eigenschaftswörter.	158
Erste Begegnung. Umstandswörter.	163
Das Hochzeitskleid. Verben.	167
Die Hochzeitsreise. Fürwörter.	176
Ankunft im Hotel. Fragesätze.	184
Im Restaurant. Raum und Zeit.	191
Wichtige Fragen und Redewendungen.	196
Vokabular	202

Erster Tag

Lautschrift (LS) und Aussprache

	LS	Aussprache	Bp	LS	Übersetzung
b	w	s. Hinweis 1	escribir	eskri'wir	schreiben
	b	nach m und n wie b	cumbre	'kumbre	Gipfel
c	k	wie k	cama	'kama	Bett
	th	vor e und i stimmloses gelispeltes s	centro	'thentro	Mitte
			gracias	'grathias	danke
ch	tsch	wie tsch	mucho	'mutscho	viel
d	d	s. Hinweis 2	nada	'nada	nichts
		nach l und n wie d	donde	'donde	wo
g	g	weiches g	gusto	'gusto	Geschmack
	ch	vor e und i wie ch in Dach	gente	'chente	Leute
			giro	'chiro	Drehung
gue	ge	*u nicht ge-*	guerra	'gerra	Krieg
gui	gi	*sprochen (F)*	guía	'gia	Führer
güi	gui	ü zwischen g und e/i : u	pingüino	pin'guino	Pinguin
h		*stumm (R S)*	hotel	o'tel	Hotel
j	ch	wie in Dach	espejo	es'pecho	Spiegel
ll	j	*wie j (F)*	llegar	je'gar	ankommen
n	n	wie n	naranja	na'rancha	Orange
	m	vor b, f, p, v	informar	imfor'mar	informieren
ñ	nj	nj wie Tanja	España	es'panja	Spanien
qu	k	*wie k (F)*	que	ke	welche/r/s
r	r	einfach gerolltes r	puerta	'puerta	Tür

	rr	mehrfach ge-rolltes r	jarra	'charra	Krug
s	s	scharfes s	casa	'kasa	Haus
v	w	s. Hinweis 1	lavar	la'war	waschen
	b	nach m wie b	invitar	imbi'tar	einladen
w	w	nur in Fremd-wörtern	water	'water	Wasser
x	ks	wie ks	taxi	'taksi	Taxi
	s	vor Konsonanten	explicar	espli'kar	erklären
y	j	wie j	yo	jo	ich
	i	am Wortende	soy	soi	ich bin
z	th	stimmloses gelispeltes s	zapato	tha'pato	Schuh

<u>Hinweis 1</u> Für die Buchstaben **b** und **v** gelten folgende Ausspracheregeln: Am Satzbeginn wie ein deutsches b. Innerhalb von Wort und Satz wie ein w (mit leicht auf - einander liegenden Lippen).

<u>Hinweis 2</u> Für den Buchstaben **d** gilt folgende Ausspracheregel: Am Satzanfang wie ein deutsches d. Innerhalb von Wort und Satz wie ein stimmhaftes, gelispeltes s.

Die Betonung wird in der Lautschrift durch **Fettdruck** oder Apostroph vor dem betonten Wortteil angezeigt.

Wörter, die eng zusammen gesprochen werden, sind in der Lautschrift durch _ verbunden, z. Bp. la_ala / der Flügel.

<u>Vokalverbindungen</u>

Wenn zwei Vokale nebeneinander stehen, werden beide Vokale einzeln ausgesprochen, z. B. Europa: e-uropa.

<u>Betonung</u>

Bei Wörtern, die auf einen Vokal enden, wird die vorletzte Silbe betont, z. B. Mallorca. Bei Wörtern, die auf einen Konsonant enden, wird die letzte Silbe betont, z. Bp.

Madrid. Ausnahme: Bei Endung auf s und n wird die **vorletzte Silbe** betont, z. Bp. Figueres. Eine von den beiden Regeln abweichende Betonung wird durch einen Akzent auf dem betonten Vokal angezeigt, z. B. Málaga.
Der Akzent dient auch zur Unterscheidung gleich lautender Wörter, z. Bp. mas (aber) más (mehr), si (wenn, ob) sí (ja).

Aussprache des Alphabets

A a B be C the Ch tsche D de E e F 'efe G che H 'atsche I i J 'chota K ka L 'ele LL 'eje M 'eme N 'ene Ñ 'enje O o P **pe** Q ku R 'erre RR 'erre 'dowle S 'ese T te U u V 'uwe W 'uwe 'dowle X 'ekis Y i gri'ega Z 'theta

Abkürzungen

Beispiel	B
Regel	R
Femininum / weiblich	f / w
Maskulinum / männlich	m
Singular / Einzahl	Sg / EZ
Plural / Mehrzahl	Pl / MZ
freiwilliges Lernprogramm	F
Kurzgrammatik	KG

E Englisch *F* Französisch *S* Spanisch *I* Italienisch
RS Romanische Sprachen (*F S I*)

Lernen Sie bitte die <u>unterstrichenen</u> Wörter im Vokabular von <u>Abend</u> bis <u>Bett</u>.

<u>Lesen Sie bitte in jedem Kapitel zunächst den Grammatikteil und erst danach die Kurzgeschichte.</u>

Lesen Sie bitte die folgende Kurzgeschichte laut. Wichtig: **Simultanes** Lesen, Sprechen und Hören des Textes.

Die Zollkontrolle / El control aduanero

Ort: Flughafen Madrid - Barajas
Touristin T, Zöllner Z

Z Guten Tag. Buenos días (buenos dias). Ihren Pass bitte. Su pasaporte, por favor (su pasaporte por fawor). Der Pass ist abgelaufen. El pasaporte está caducado (el pasaporte_esta kadukado).

T Hier ist mein Personalausweis. He aquí mi tarjeta de identidad (e_aki mi tarcheta de_identida). In diesem Monat bin ich durch Deutschland *gereist*. Este mes he *viajado* por Alemania (este mes e wiachado por alemania). Gibt es etwas Neues in Spanien? Hay algo de nuevo en España (ai_algo de nuewo_en espanja)?

Z Ich weiß *nichts* Neues. *No* sé *nada* de nuevo (no se nada de nuewo). Haben Sie etwas zu verzollen? Tiene algo que declarar (tiene_algo ke deklarar)?

T Ich habe *nichts* zu verzollen. *No* tengo *nada* que declarar (no tengo nada ke deklarar).

Z Öffnen Sie diesen Koffer! Abrir (174) esta maleta (awrir esta maleta). Jetzt weiß ich etwas Neues für Sie. Ahora sé algo de nuevo para usted (aora se_algo de nuewo para_ uste). Sie müssen auf das hier Zoll *bezahlen*. Ha de *pagar* aduana sobre esto (a de pagar aduana sowre_esto).

T Aber das ist ein Geschenk. Pero esto es un regalo (pero_esto_es un regalo).

Z Für wen? Para quién (para kien)?

T Für Sie. Para usted (para_uste).

Z Vielen Dank! Muchas gracias (mutschas grathias)!

T Nichts zu danken. De nada (de nada).

Kursiver Text: gleiche Bedeutung. Textunterstreichung: Hinweis auf eine Grammatikregel (Seitenangabe).

Zweiter Tag

Wo ist der Bahnhof / Dónde está la estación?

Ort: Madrid
Tourist T, Passantin P

T Entschuldigen Sie, meine Dame. Perdone, señora (perdone senjora). Wo ist der Bahnhof 'Atocha'? Dónde está la estación 'Atocha' (donde_esta la_estathion atotscha)?
P Im Zentrum. **En** el centro (en el thentro).
T Kann man zu Fuß gehen? Se puede ir a pie (se puede_ ir a pie)?
P Es ist nicht möglich, zu Fuß zu gehen, da der Bahnhof 10 km entfernt ist. No es posible ir a pie porque la estación está a una distancia de diez kilómetros (no_es posible_ir a pie porke la_estathion esta a_una distanthia de dieth kilometros).
T Wie kommt man zum Bahnhof? Cómo se va a la estación de tren (komo se wa_a la_estathion de tren)?
P Um zur Bushaltestelle zu kommen müssen Sie immer geradeaus gehen bis zur Ampel, dann rechts abbiegen und die zweite Straße rechts nehmen. **Para** ir a la parada de autobús tiene que seguir todo recto hasta el semáforo después girar a la derecha y coger la segunda calle a la derecha (para_ir a la parada de_autowus tiene ke segir todo rekto_asta el semaforo despues chirar a la deretscha_i kocher la segunda kaje_a la deretscha). Um zur Metrostation zu kommen müssen Sie diesen Platz *überqueren*, dann geradeaus gehen bis zur Kreuzung und links abbiegen. Para ir a la estación de metro tiene que *atravesar* esta plaza después seguir todo recto hasta el cruce y girar a la izquierda (para_ir a la_estathion de metro tiene ke_atrawesar esta platha despues segir

todo recto_asta_el cruce_i chirar a la_iskierda).
T Welcher Bus fährt zum Bahnhof? Qué autobús va a la estación (ke_autowus wa_a la_estathion)?
P *Sie müssen* den Bus Nummer 6 *nehmen. Tiene que coger* el autobús número seis (tiene ke kocher el autowus numero seis).
T Wie viele Haltestellen sind es bis zum Bahnhof? Cuántas paradas quedan para la estación (kuantas paradas kedan para la_estathion)?
P Es tut mir leid, ich weiß es nicht. Lo siento, no lo sé (lo siento no lo se).
T Macht nichts. No importa (no_importa). Vielen Dank. Muchas gracias (mutschas grathias).

Frage 1 (F1): Wie verwendet man a, en, para?
Antwort (A1): 197, 198. **F2**: **no** lo sé Regel? **A2**: 195

Der bestimmte Artikel

B Der Junge liebt das Mädchen.
El chico quiere a **la** chica.
Pl **Los** chicos quieren a **las** chicas.
R Sg (m): **el** (w): **la**
Pl: (m): **los** (w): **las**
R *Geschlecht und Zahl des Artikels werden durch das zugehörige Hauptwort bestimmt.* **KG 286**

F

B Sind Sie Herr Schuhmacher?
Es usted **el** señor Zapatero? (1)
Nein, Herr Schuhmacher arbeitet am Samstag nicht.
No, **el** señor Zapatero (2) no trabaja **el** sabado (3).
R Man verwendet den Artikel beispielsweise, wenn man eine Person nach dem Namen fragt (1) oder über eine Person spricht (2) und bei Zeitangaben (3).

Bildung von del und al

B Das Mädchen ist die Freundin des Jungen.
La chica es la amiga (de el >) **del** chico.
Das Mädchen gibt dem Jungen ein Geschenk.
La chica da un regalo (a el >) **al** chico.

R Die Präposition **de** + **el** wird zu **del**. (A3)
Die Präposition **a** + **el** wird zu **al**. (A9)
KG 287

Der unbestimmte Artikel

B Ein Junge liebt ein Mädchen.
Un chico quiere a **una** chica.

Pl **Unos** chicos quieren a **unas** chicas.
Einige Jungen lieben einige Mädchen.

R Sg (m): **un** (w): **una**
Pl: **einige** (m): **unos** (w): **unas**

F Sara ist *ungefähr* 20 Jahre alt.
Sara tiene *unos* veinte años.

R Vor Zahlen bedeutet unos -as: ungefähr. (A6)

B Bitte noch *ein anderes* Bier aber nur *ein halber* Liter /
por favor, *otra* cerveza, pero sólo de *medio* litro.

R Otro/a und medio/a stehen immer ohne den unbestimmten Artikel.

F Begrüßung und Verabschiedung

Vor 12 Uhr: buenos días (buenos dias) / guten Morgen.
Von 12 - 21 Uhr: Buenas tardes (tardes) bedeutet bis 18 Uhr guten Tag, ab 18 Uhr guten Abend.
Von 21 - 6 Uhr: buenas noches (notsches) / gute Nacht.

Hallo, wie geht's?	Hola qué tal (ola ke tal)?
Auf Wiedersehen	adiós (adios), hasta la vista
bis nachher	hasta luego (luego)
bis morgen	hasta mañana (manjana)
bis bald	hasta pronto (pronto)

Die Grundzahlen (siehe S. 295)

0 cero thero
1 uno uno / una una
2 dos
3 tres
4 cuatro kuatro
5 cinco thinko
6 seis seis
7 siete siete
8 ocho otscho
9 nueve nuewe
10 diez dieth
11 once onthe
12 doce dothe
13 trece trethe
14 catorce katorthe
15 quince kinthe
16 dieciséis diethiseis
17 diecisiete diethisiete
18 dieciocho diethiotscho
19 diecinueve diethinuewe
20 veinte beinte
21 veintiuno beintiuno
22 veintidos beintidos
23 veintitres beintitres
29 veintinueve beintinuewe
30 treinta treinta
31 treinta y uno treinta_i_uno
32 treinta y dos treinta_i dos
40 cuarenta kuarenta
50 cincuenta thinkuenta
60 sesenta sesenta
70 setenta setenta
80 ochenta otschenta
90 noventa nowenta
100 ciento thiento
101 ciento uno thiento_uno
102 ciento dos thiento dos
200 doscientos dosthientos
300 trescientos tresthientos
500 quinientos kinientos
1000 mil
2000 dos mil
1000000 un millón mijon
ciento vor Hauptwörtern: cien.

F Die Ordnungszahlen und Bruchzahlen

(der, die, das) erste	primero/a (m / w)
zweite	segundo segundo
dritte	tercero terthero
vierte	cuarto kuarto
fünfte	quinto kinto
sechste	sexto sesto
siebte	sé(p)timo
achte	octavo oktawo
neunte	noveno noweno
zehnte	décimo dethimo

*Für die **Bruchzahlen** verwendet man die **Ordnungszahlen**.*
(*E* 15 *I* 229 *F* 85) **Ausnahmen: 1/2 un medio 1/3 un tercio** 1/4 un cuarto 1/5 un quinto 1/6 un sexto usw.
Ab 1 / 11: Grundzahl + Endung -avo > Bruchzahl, z. Bp. once (11) + -avo > un onceavo (1/11).

F Datumsangabe

Den Wievielten haben wir heute? A qué día estamos hoy? Heute ist der 1. April 2012 / hoy es primero de abril de dos mil doce (oi_es primero_de_awril de dos mil dothe). Am 3. April reisen wir ab. Nos marchamos el **tres** de abril (nos martschamos el tres de_awril). *Die **Datumsangabe** erfolgt durch die **Grundzahlen**.* (**A10**) **Ausnahme:** *Am 1.Tag des Monats wird die Ordnungszahl verwendet.* KG 286

F Wie viel Uhr ist es? Qué hora es?

R Bis 30 Minuten wird dazugezählt, danach von der nächsten Stunde mit weniger / **menos** *abgezogen.* **A15**.1 KG 286
Es ist / **es** 1.00 la una 1.10 la una y diez 1.15 la una y cuarto 1.30 la una y media 1.45 **son** las dos **menos** cuarto 2.00 **son** las dos. *Die Zeitangabe mit 'um' erfolgt durch die Präposition 'a'.* **A15**.2 (*I 229*)
Lernen Sie bitte noch die unterstrichenen Wörter von <u>bezahlen</u> bis <u>Eintrittskarte</u>.

Dritter Tag

Der Streik / La huelga

Bahnhof 'Puerta de Atocha' in Madrid
Tourist T, Angestellter A

T *vor dem Fahrkartenschalter / delante de la ventanilla*
Um wie viel Uhr fährt der Zug nach Granada? A qué hora sale el tren para Granada (a ke_ora sale_el tren para granada)?

A Ich weiß *es* nicht. No *lo* sé. Der Zug ist verspätet. El tren está retrasado. Seit kurzer Zeit *haben wir* an Stelle des Fahrplans einen Streik. Desde hace poco tiempo en lugar de horario *tenemos* una huelga (desde_ athe poko tiempo_en lugar de_ orario_tenemos una_ uelga).

T Was für ein Pech! Qué mala suerte (ke mala suerte)! Von welchem Bahnsteig fährt der Zug ab? **De** qué andén sale el tren (de ke anden sale_el tren)?

A Vom Bahnsteig Nummer eins, Gleis zwei. **Del** andén número uno, vía dos (del anden numero_uno via dos).

T *Muss ich* umsteigen? *Tengo que* cambiar de tren (tengo ke kambiar de tren)?

A Ja, *Sie müssen* in Toledo umsteigen. Sí, *tiene que* cambiar de tren en Toledo (si tiene ke kambiar de tren en toledo).

T Kann ich den Anschlusszug nach Granada *nehmen*? Puedo *tomar* el enlace para Granada (puedo tomar el enlathe para granada)?

A Ja, Sie haben Anschluss an den Zug nach Granada. Sí, usted enlaza con el tren para Granada (usted enlatha kon el tren para granada).

T Wie lange dauert die Fahrt? Cuánto tiempo dura el viaje (kuanto tiempo dura_el wiache)?

A Normalerweise nur drei Stunden aber heute wegen des Streikes *ungefähr* sechs Stunden. Normalmente (165) sólo tres horas pero hoy **por** la huelga *unas* seis horas (normalmente solo tres oras pero_oi por la_uelga_ unas seis oras).
T Gibt es einen Schlafwagen? **Hay un coche - cama** (ai_un kotsche kama)?
A Ja, aber wegen des Streikes nur bis Toledo. Sí, pero por la huelga sólo hasta Toledo (si pero por la_uelga solo_asta toledo).
T Ich möchte gern einen Fensterplatz im Schlafwagen. Quisiera un asiento de ventanilla en coche - cama (kisiera_un asiento de wentanija_en kotsche kama). Eine Fahrkarte hin und zurück, die Rückfahrt bitte ohne Streik. Un billete de ida y vuelta, la vuelta sin huelga, por favor (um bijete de_ida_i wuelta la wuelta sin uelga por fawor).
F3: del Regel? **A3:** 151 **F4:** Verwendung von **de, por**? **A4:** 197, 198 **F5: Hay un coche - cama?** Regel? **A5:** 189
F **F6: unas seis** Regel? **A6:** 151

Hauptwörter (Substantive)

B Der Junge liebt das Mädchen während der Nacht.
El chico quiere a la chica durante la noche.
R *Geschlecht: Wörter auf -o sind meistens **m**, Wörter auf -a meistens w. Wörter auf -e: m oder w.* **KG 287**
R *Im Spanischen gibt es **nur männliche und weibliche Hauptwörter**.* **KG 287**
B Der Autor hat ein Buch geschrieben. Das Thema ist eine Fabel: Der Löwe und die Maus. El autor ha escrito un libro. El tema es una fábula: el león y el ratón.
R Wörter auf **-or**, **-ma** und **-ón** sind **meistens männlich**.
B Das Mädchen besucht ein Mal die Ausstellung über die

Jugend in der Stadt. La chica visita una vez la exposición sobre la juventud en la ciudad.
R Wörter auf -ez, -ción, -ud und -ad sind meistens **weiblich.**
R Wörter auf -ista, -ante, -ente können **männlich** oder **weiblich** sein, z. Bp. turista / Tourist(in).
F Männliche Personenbezeichnungen bilden die weibliche Form, indem o durch a ersetzt wird (el chico > la chica). Endet die männliche Form auf einen Konsonant, wird a angefügt: español > española / Spanier(in).
Es gibt weibliche Wörter mit der männlichen Endung **-o**, z. Bp. la mano / die Hand, la fotografia > la foto / das Foto, la radiofonia > la radio / das Radio, la motocicleta > la moto / das Motorrad. Es gibt auch männliche Wörter mit der weiblichen Endung **-a**, z. Bp. el día / der Tag, el mapa / die Landkarte, el tranvía / die Tram.
Weibliche Wörter mit betontem -a am Wortanfang haben im Sg den männlichen Artikel, z. Bp. das Wasser: **el agua** / Pl las aguas.
R Berge, Flüsse, Wochentage und Monate sind **männlich.**

Die Mehrzahlbildung
B Das Mädchen besucht einmal die Ausstellung.
La chica visita una vez la exposición.
Pl Las chicas visitan unas veces las exposiciónes.
R Die **Mehrzahl** bilden Wörter auf Vokal mit **-s**, Wörter auf Konsonant mit **-es**. Die Wortendung **-z** > **-ces.**

F
Das Mädchen legt den Schirm in den Bus.
La chica pone el paraguas en el autobús.
Pl Las chicas ponen los paraguas (1) en los autobuses (2).
R Wenn ein Wort im Sg auf -s endet, gibt es zwei Möglichkeiten: bei unbetonter Endsilbe ist es im Pl gleich (1), bei betonter Endsilbe wird im Pl -es angehängt (2).

Manche Hauptwörter können im Pl eine andere Bedeutung haben, z. Bp. el padre / der Vater, los padres / die Eltern, el hijo / der Sohn, los hijos / die Kinder.

Bildung der Fälle des Hauptworts (Deklination)
Wesfall (Genitiv): del libro/des Buches de la mujer/der Frau
Wemfall (Dativ): al libro / dem Buch a la mujer/der Frau
Wenfall (Akkusativ): el libro / das Buch a la mujer/die Frau
R Bei Lebewesen steht **a** vor dem Wenfall!

Wochentage
Welcher Tag ist heute? Que día es hoy?
Montag	lunes	lunes
Dienstag	martes	martes
Mittwoch	miércoles	mierkoles
Donnerstag	jueves	chuewes
Freitag	viernes	biernes
Samstag	sábado	sawado
Sonntag	domingo	domingo

Monate
Januar enero enero Juli julio chulio
Februar febrero fewrero August agosto agosto
März marzo martho September septiembre septiembre
April abril awril Oktober octubre oktuwre
Mai mayo majo November noviembre nowiembre
Juni junio chunio Dezember diciembre dithiembre

Jahreszeiten
Frühling primavera f Sommer verano m berano
Herbst otoño m Winter invierno m imbierno

Lernen Sie bitte noch die unterstrichenen Wörter von Eintrittspreis bis Führung.

157

Vierter Tag

Die Panne / La avería

Ort: Madrid
Tourist T, Passantin P, Angestellter A, Mechaniker M

T Entschuldigen Sie, meine Dame, wo ist die nächste Autowerkstatt? Disculpe señora, dónde está **el** taller **más cercano** (diskulpe senjora donde_esta_el tajer mas therkano)?

P (*lachend / riendo*) Direkt hinter Ihnen. Justo detrás de usted (chusto detras de_uste).

A Hallo, was gibt's? Hola, qué hay (ola ke_ai)?

T Wie ärgerlich, mein Auto hat eine Panne. Qué rabia, mi coche tiene una avería (ke rrawia mi kotsche tiene una aweria). Können Sie einen Blick darauf werfen? Puede echarle un vistazo (puede_etscharle um bistatho)? Es hat angehalten und springt *nicht mehr* an. Se ha parado y *ya no* arranca (se_a parado_i jano_arranka).

A Wo hat es angehalten? Dónde se ha parado (donde se_a parado)?

T Direkt vor der Werkstatt. Justo delante del taller (chusto delante del tajer).

A Gut gemacht, ein gutes Auto. Bien (166) hecho, un **buen coche** (bien etscho um buen kotsche). Den Schlüssel des Autos bitte. La llave del coche por favor (la jawe del kotsche por fawor). Während mein Mechaniker das Auto kontrolliert, können Sie einen Kaffee trinken. Mientras mi mecánico controla el coche, usted puede beber un café (mientras mi mekaniko kontrola_el kotsche uste puede wewer un kafe).

Der Mechaniker kommt nach 3 Minuten zurück. El mecánico regresa después de 3 minutos.

T Warum springt das Auto nicht an? Por qué el coche no arranca (por ke_el kotsche no_arranka)?
M Raten Sie! Adivinar (adiwinar).
T Funktioniert die Zündung nicht? El contacto no funciona (el kontakto no funthiona)?
M Nein. No.
T Ist die Batterie leer? La batería está vacía (la wateria_esta wathia)?
M Nein, aber der Benzintank ist leer. No, pero el depósito de gasolina está vacío (no pero_el deposito de gasolina_ esta wathio).

F7: **buen coche**: Welche 2 Regeln? **A7.**1 **A7.**2: 160
F 8: **El** taller **mas cercano**: Regel? **A8**: 161

Das Eigenschaftswort (Adjektiv)

B Der nette Junge liebt das nette Mädchen.
   El chico simpático quiere a la chica simpática. (1)
Pl Los chicos simpáticos quieren a las chicas simpáticas. (2)
*R 1 Adjektive bilden den **Plural wie die Hauptwörter**. (2)*
B Der Junge und das Mädchen sind nett.
   El chico y la chica son simpáticos. (3)
*R 2 Bei Hauptwörtern mit **verschiedenem** Geschlecht verwendet man das **männliche** Adjektiv. (3)*
*R 3 **Geschlecht** und **Zahl** des Adjektivs werden **durch** das zugehörige **Hauptwort bestimmt**. KG 288*
R Männliche Adjektive auf -o bilden die weibliche Form auf -a. (1) KG 288

F Der deutsche Junge ist fleißig, der spanische Junge ist fröhlich und glücklich.
   El chico alemán (1) es trabajador (2), el chico español es alegre y feliz (3).
   La chica alemana es trabajadora, la chica española es alegre y feliz.

R Nationalitätsadjektive auf Konsonant (1) und Adjektive auf -or (2) bilden die weibliche Form durch Anhängen von -a. **Bei Adjektiven auf e oder Konsonant ist die männliche und weibliche Form gleich (3).** Gleich (spanisch: **igual**) ist sie auch bei Adjektiven, die auf -i, -u und -a enden.

Stellung des Adjektivs
R *Im **Regelfall** stehen die Adjektive **hinter dem Hauptwort.*** KG 288
Ausnahmen:
B Ich habe viel Durst und wenig Geld;
ein anderes Bier, aber nur ein halber Liter.
Tengo **mucha** sed y **poco** dinero;
otra cerveza pero sólo de **medio** litro.
Folgende Adjektive stehen meistens **vor** dem Hauptwort: mucho (viel) poco (wenig) otro (anderer) medio (halber). Außerdem **bueno** (gut) (A7.1) **mejor** (besser) **malo** (schlecht) **peor** (schlechter), **tanto** (so viel) sowie Adjektive in Wünschen (z. Bp. feliz navidad / frohe Weihnachten).

F Verkürzungen
B An irgendeinem Tag habe ich gesagt:
"Ein schlechter Tag ist kein Problem; ich trinke nicht irgendeinen Wein sondern einen guten Wein."
Algún día he dicho: "Un **mal** día no es **ningún** problema; no bebo cualquier vino sino un **buen** vino."
R Vor einem männlichen Hauptwort im Sg werden manche Adjektive verkürzt, z. Bp.
irgendein / alguno > **algún**   schlecht / malo > **mal**
kein / ninguno > **ningún**   gut / bueno > **buen**. (A7.2)
B Er ist ein **großer** Mann aber kein **bedeutender** Mann.
Él es un hombre **grande** pero no un **gran** hombre.
R **grande: Verkürzung zu gran** (*I* 237)

F Ausdruck der Gleichheit
B Anna verdient ebensoviel Geld wie David.
   Anna gana **tanto** dinero **como** David.
   Anna ist ebenso reich wie David.
   Anna es **tan** rica **como** David.
R **Tanto** wird vor Eigenschafts- und Umstandswörtern zu **tan** verkürzt.

Die Steigerung des Eigenschaftswortes
B A ist schön. A es guapa.
   B ist schöner als A. B es *más guapa* que A.
   C ist die Schönste. C es **la** *más guapa*.
   D ist weniger schön als A. D es *menos guapa* que A.
   D ist die am wenigsten Schöne. D es **la** *menos guapa*.
R *Komparativ: más / menos + Adjektiv.*
R *Superlativ: bestimmter Artikel + Komparativ.* (**A8**)
   KG 288
R Vor Zahlwörtern wird 'mehr als' mit más de übersetzt, z. Bp. mehr als 1000 Euro / más de mil Euros. (**A13**)

F Der absolute Superlativ
B E ist außerordentlich hübsch.
   E es **muy guapa**. E es guapísima.
R Der absolute Superlativ kann durch muy + Adjektiv gebildet werden oder indem man isimo/a an das Adjektiv anhängt. Bei Adjektiven, die auf einen Vokal enden, wird dieser durch isimo/a ersetzt. (**A22**)

F Stellung von muy und mucho
B Eva schminkt sich sehr gut. Eva se pinta muy bien. (1)
   Deshalb ist sie sehr hübsch. Por eso es muy guapa. (2)
R **Muy** steht vor Adverb (1) oder Adjektiv (2).
B Eva hat viele Verehrer. Eva tiene muchos admiradores. (1) Sie gefällt mir sehr. Ella me gusta mucho. (2)
   Gefällt dir Eva? Ja, sehr. Te gusta Eva? Sí, mucho. (3)

R **Mucho** steht vor dem Hauptwort, wenn es als Adjektiv verwendet wird (1) oder hinter dem Verb, wenn es als Adverb verwendet wird (2) oder allein (3).

F Unregelmäßige Steigerung

	Komparativ	Superlativ
viel / mucho	*más*	ohne Superlativ
wenig / poco	*menos*	ohne Superlativ
gut / bueno	*mejor*	**el / la / lo** *mejor*
schlecht / malo	*peor*	**el / la / lo** *peor*
groß / grande	*mayor*	**el / la / lo** *mayor*
klein / pequeño	*menor*	**el / la / lo** *menor*

Mayor und menor werden häufig für Altersangaben verwendet, z. Bp.
Laura ist jünger als David / Laura es menor que David.

F Verwendung des neutralen Artikels lo / das

Allein stehend: eso es lo que he buscado / das ist das, was ich gesucht habe.
Lo steht vor Eigenschafts- Für- und Zahlwörtern, z. Bp. lo bueno / das Gute, lo mío / das Meine, lo primero / das Erste.

F Fragen

Wie kommt man nach / cómo se va a …?
Wie weit ist es nach / a qué distancia está …?
Wie lange dauert / cuánto tiempo dura …?
wie viel kostet … pro Stunde: cuánto es / cuesta … por hora? Wie ist die Wettervorhersage / cuál es el pronóstico del tiempo?

Lernen Sie bitte noch die unterstrichenen Wörter von Fuß bis Hand.

Fünfter Tag

Erste Begegnung / Primer encuentro

Marktplatz in Las Palmas de Gran Canaria. Vor einem Hotel. Neben dem Eingang: zwei Koffer.
Touristin F Tourist M

M Gefällt es *Ihnen* hier? *Le* gusta aquí (le gusta_aki)?
F Ja, es gefällt *mir* sehr. Sí, *me* gusta mucho (si me gusta mutscho).
M Woher sind Sie und wo wohnen Sie? De dónde es y dónde vive (de donde_es i donde wiwe)?
F Ich bin aus Spanien und wohne in Madrid. Soy de España y vivo en Madrid (soi de_espanja_i wiwo_en madrid).
M Welche Überraschung, ich auch. Qué sorpresa yo también (ke sorpresa jo tambien). Was machen Sie beruflich? A qué se dedica (a ke se dedika)?
F Ich bin *noch* Studentin. *Todavía* soy estudiante (todavia soi_estudiante).
M Ich auch. Yo también. Ich heiße Diego. Me llamo Diego (me jamo diego). Und wie heißen *Sie*? Y *usted* cómo se llama (i_uste komo se jama)?
F Ich bin Carmen. Soy (soi) Carmen. Sehr erfreut. Encantada (enkantada).
M *Haben Sie* ein gutes Hotel *gefunden*? *Ha encontrado* un buen hotel (a_enkontrado_um buen otel)?
F Ja, *das dort* ist mein Hotel. Sí, *aquél* es mi hotel (akel es mi_otel).
M Ich bin auch in diesem Hotel. Estoy también en aquel hotel (estoi tambien en akel otel). Sind Sie mit der Familie *hier*? Está *aquí* con la familia (esta_aki kon la familia)?

F Nein, ich bin allein. No, estoy sola (no estoi sola).
M Ich auch. Yo también (jo tambien). Ich bin *heute* angekommen. He llegado *hoy* (e jegado_oi). Wann sind Sie angekommen? Cuándo ha llegado (kuando_a jegado)?
F Vor einer Woche. Hace una semana (athe_una semana).
M Bis wann bleiben Sie? Hasta cuándo se queda (asta kuando se keda)?
F Ich reise gerade ab. Estoy saliendo (estoi saliendo). Dort sind meine Koffer. Allí están mis maletas (ali_ estan mis maletas). Ich warte gerade auf den Taxifahrer, um zum Flughafen zu *fahren*. Estoy esperando al taxista para *ir al* aeropuerto (estoi_esperando_al taksista para_ ir al aeropuerto).
M Wie schade! Qué lástima (ke lastima)! Können wir *uns* in Madrid treffen? *Nos* podemos encontrar en Madrid (nos podemos enkontrar en madrid)? Würde es *Ihnen* gefallen, ins Kino zu gehen? *Le* gustaría ir al cine (le gustaria_ir al thine)?
F Das Kino interessiert mich nicht. No me interesa el cine (no me_interesa el thine).
M Haben Sie Lust, in eine Diskothek zu gehen? Le apetece ir a una discoteca (le_apetethe_ir a_una diskoteka)?
F Nein. No.
M Womit beschäftigen Sie sich in Ihrer Freizeit? Qué hace en su tiempo libre (ke_athe_en su tiempo liwre)?
F Mir gefällt die Musik. Me encanta la música.
M Welche Art von Musik bevorzugen Sie? Qué tipo de música prefiere (ke tipo de musika prefiere)?
F Ich habe eine Vorliebe für die Oper. Tengo afición por la ópera (tengo_afithion por la_opera).
M Ich auch. Yo también. Haben Sie *am 6. September* Zeit? Tiene tiempo *el seis septiembre* (tiene tiempo_el seis septiembre)?
F Einen Moment, bitte. Un momento, por favor (un momento por fawor). Ich muss einen Blick in meinen

Kalender *werfen*. Tengo que *echar* una mirada a mi agenda (tengo ke_etschar una mirada_a mi_achenda). Ja, der Abend ist frei. Sí, la tarde está libre (si la tarde esta liwre).

M *nimmt sein Handy und wählt eine Nummer / toma su móvil y marca un número de teléfono*
Hallo? Diga? Was wird *am 6. September* in der Oper gespielt? Qué ponen en la ópera *el seis septiembre* (ke ponen en la_opera_el seis septiembre)? Oh, eine Premiere. Oh, un estreno (un estreno). Wer spielt die Hauptrolle? Quién es el protagonista (kien es el protagonista)? Oh, Plácido Domingo. Ich möchte zwei Parkettplätze reservieren. Quisiera reservar dos butacas (kisiera reservar dos butakas).
F Was wird gespielt? Qué ponen (ke ponen)?
M 'Otello' de Verdi.

F9: al Regel? A9: 151
F **F10: el seis septiembre Regel? A10:** 153

Das Umstandswort (Adverb)

B Der schnelle Junge arbeitet schnell.
El chico rápido trabaja *rápidamente*.
R <u>Ableitung des Adverbs:</u>
<u>weibliche Form des Adjektivs</u> + **mente** > Adverb
rápido > *rápida* > *rápida*mente **KG 288**
Der Akzent des Adjektivs bleibt beim Adverb erhalten.
R *Das Adverb ist **unveränderlich**.* **KG 288**

F <u>Steigerung des Adverbs</u> KG 288

rápidamente	*más rápidamente*	**lo** *más rápidamente*
schnell	schneller	am schnellsten

R **Superlativ:** *bestimmter Artikel* **lo** + *Komparativ*

F Unregelmäßige Adverbbildung

Gut: bueno (Adjektiv), bien (Adverb)
Schlecht: malo (Adjektiv), mal (Adverb)

F Gegensätzliche Begriffe

alt / jung **viejo / joven**; billig / teuer **barato / caro**; draußen / drinnen **fuera / dentro**; erster / letzter **primer(o) / último**; frei / besetzt **libre / ocupado**; früh / spät **pronto / tarde**; groß / klein **gran(de) / pequeño**; hart / weich **duro / mullido**; hell / dunkel **claro / oscuro**; heiß / kalt **caliente / frío**; hier / dort **aquí / allá**; hoch / niedrig **alto / bajo**; hinten / vorne **detrás / delante**; leicht / schwierig **fácil / difícil**; leicht / schwer **ligero / pesado**; lang / kurz **largo / corto**; laut / leise **fuerte / silencioso**; nah / weit **cercano / lejos**; oben / unten **arriba / abajo**; offen / geschlossen **abierto / cerrado**; richtig / falsch **correcto / falso**; schön / hässlich **bello / feo**; schwarz / weiß **negro / blanco**; stark / schwach **fuerte / débil**; süß / sauer **dulce / ácido**; trocken / nass **seco / mojado**; über / unter **sobre / debajo de**; viel / wenig **mucho / poco**; voll / leer **lleno / vacío**; vorher / nachher **antes / después**.

F Fragen

wo ist (gibt es) / dónde está (hay) ... die Polizei / la policia
Wo ist der/die/das nächst gelegene ... / dónde está el/la ... más cercano/a? Wo findet ... statt / dónde tiene lugar ...?
Wo treffen wir uns / dónde quedamos?
Wo bekomme ich / dónde puedo encontrar?

Lernen Sie bitte noch die Wörter von <u>Handtuch</u> bis <u>Liegestuhl.</u>

Sechster Tag

Das Hochzeitskleid / El traje de novia

Kaufhaus in Madrid
Carmen C, Verkäuferin V

V Kann ich *Ihnen* helfen? *Le* puedo ayudar (le puedo_ ajudar)?
C Ich suche ein Hochzeitskleid. **Estoy buscando** un traje de novia (estoi wuskando_un trache de nowia).
V Welche Größe haben Sie? Qué talla tiene (ke **taja tiene**)?
C Ich habe die Größe vierzig. Tengo la talla cuarenta (tengo la taja kuarenta).
V Können Sie das Hochzeitskleid beschreiben, welches sie wünschen? Puede describir el traje de novia que desea (puede deskriwir el trache de nowia ke desea)?
C Ich wünsche ein elegantes und traditionelles Kleid. Deseo un vestido elegante y tradicional (deseo_um bestido_elegante_i tradithional).
V Welche Farbe? De qué color (de ke kolor)?
C Mir würde ein weißes Kleid gefallen. Me gustaría un vestido blanco (me gustaria um bestido wlanko).
V *Dieses hier* ist sehr elegant, nicht wahr? *Este es* muy elegante, no (este_es mui_elegante no)?
C Das ist wahr. Es verdad (es werdad). Kann ich *es* anprobieren. Puedo probar*lo* (puedo prowarlo).
V Sehr gern. Con mucho gusto (con mutscho gusto). Hier sind die Ankleidekabinen. Aquí están los probadores (aki_estan los prowadores).
C *steht vor dem Spiegel und betrachtet glücklich ihr Spiegelbild / **está** de pie delante del espejo y mira feliz su imagen reflejada*. Es steht mir gut. Me queda bien (me keda wien). Dieses Kleid ist ein Traum. Este vestido

es un sueño (este westido_es un suenjo). Wie viel kostet dieser Traum? Cuánto cuesta este sueño (kuanto kuesta este suenjo)?
V Zweitausend Euro. Son dos mil euros (son dos mil euros).
C Wie schade. Qué pena (ke pena). Ich kann nicht mehr als tausend Euro *ausgeben*. No puedo *gastar* **más de mil** euros (no puedo gastar mas de mil euros).
V Einen Moment bitte. Un momento por favor (un momento por fawor). *Ich werde* mit dem Abteilungsleiter *telefonieren*. **Voy a telefonear** con el jefe de sección (boi_a telefonear kon el chefe de segthion).
Nach dem Telefongespräch. Después de la llamada telefónica.
Sie können das Kleid für eintausend und fünfhundert Euro kaufen. Puede comprar el vestido por mil quinientos euros (puede comprar el westido por mil kinientos euros).
C OK, ich kaufe *es*. Vale, *lo* compro (bale lo kompro).
 F11: Konjugation / Gebrauch von **estar, ser**. **A11**: 175
 F12: **voy a telefonear** Regel? **A12**: 170
 F13: **más de mil**: Regel? **A13**: 161
F **F14**: **estoy buscando** Regel? **A14**: 173

Regelmäßige Verben
1. **Gruppe**: Endung -**ar**: am-**ar** / lieben
2. **Gruppe**: Endung -**er**: com-**er** / essen
3. **Gruppe**: Endung -**ir**: viv-**ir** / leben

<u>Der Verbstamm ist das, was übrig bleibt, wenn man die Endung des Verbs streicht.</u> Die Aussprache des Verbstamms ist unveränderlich. Deshalb muss die Schreibweise verändert werden, damit die gleiche Aussprache erhalten bleibt, z. Bp. fordern / exig-ir (eksichir); ich fordere: nicht exig-o (eksigo), da g vor o als g ausgesprochen wird sondern exi**j**-o (eksi**ch**o) da j wie ch ausgesprochen wird.

Gegenwart (Präsens)

Ich liebe ... am-*o*, am-**as**, am-**a**, am-**amos**, am-**áis**, am-**an**
<u>Von den Endungen der -ar Gruppe kann man die Endungen der -er Gruppe ableiten</u>, **indem man das a durch e ersetzt.**
Ich esse ... com-*o*, com-**es**, com-**e**, com-**emos**, com-**éis**, com-**en**
<u>Von den Endungen der -er Gruppe kann man die Endungen der -ir Gruppe ableiten</u>, **indem man in der 1. und 2. Pers. Pl das e durch i ersetzt.**
Ich lebe ... viv-*o*, viv-**es**, viv-**e**, viv-**imos**, viv-**ís**, viv-**en**
Alle 3 Gruppen haben in der 1. Pers. Sg die Endung -o und in der 2. Pers. Pl die Endung mit einem Akzent.
Mit dem Präsens kann man auch die Zukunft ausdrücken, z. B. Nächsten Monat fahre ich nach Madrid / el mes que viene voy a Madrid.

F Vergangenheit (Imperfekt)

Das Imperfekt wird so gebildet:
Endung **-ar**: <u>Verbstamm</u> + **ab** + Imperfekt Endungen.
Endung **-er** und **-ir**: <u>Verbstamm</u> + **í** + Imperfekt Endungen.
<u>Von den Präsens Endungen der -ar Gruppe kann man die Imperfekt Endungen ableiten</u>, **indem man in der 1. Pers. Sg das o durch a ersetzt und in der 2. Pers. Pl den Akzent streicht: -a, -as, -a, -amos, -ais, an**
ich liebte / am-**ab**-a, ich aß / com-**í**-a, ich lebte / viv-**í**-a
Unregelmäßige Imperfektformen:
sein / ser: er + Imperfekt Endungen   er-a ...éramos ...
gehen / ir: ib + Imperfekt Endungen   ib-a ...íbamos ...
sehen / ver: veí + Imperfekt Endungen   veí-a

F Verwendung des Imperfekts

1. Für sich wiederholende Handlungen, häufig nach folgenden Wörtern: siempre / immer, todos los días / jeden Tag, z. Bp. Früher spielte Laura jeden Tag Tennis. Antes Laura

todos los días jugaba al tenis.
2. Zur Beschreibung von Personen und Sachen, z. Bp. Sie war sehr sportlich. Era muy deportiva. Ihr Pokal war aus Gold. Su copa era de oro.
3. Für zeitlich parallel verlaufende Handlungen, z. Bp. Während Laura Tennis spielte, spielte ihr Bruder Carlos Fußball. Mientras Martina jugaba al tenis, su hermano Carlos jugaba al fútbol.
4. Für die Beschreibung einer Situation, die den Hintergrund für eine neu eintretende Situation bildet. Die neu eintretende Situation steht im Perfekt oder Indefinido (siehe S.173), häufig nach den Wörtern entonces / dann, de repente plötzlich, de pronto / auf einmal, enseguida / sofort, z. Bp. Während Carlos Fußball spielte, begann es plötzlich zu regnen. Mientras Carlos jugaba al fútbol, de repente ha empezado a llover.

F Bedingungsform (Konditionalform)

Die Bedingungsform wird so gebildet:
Infinitiv + í + Imperfekt Endungen.
ich würde lieben / amar-í-a , ich würde essen / comer-í-a
ich würde leben vivir-í-a, í-as, í-a, í-amos, í-ais, í-an
R *Man verwendet die Bedingungsform zum **Ausdruck einer Bitte oder eines Wunsches** (KG 289), z. Bp.*
Könnten Sie mir helfen? Podría ayudarme?
Ich würde gern Granada sehen. Me gustaría ver Granada.

Nahe Zukunft

Präsens von ir + a + Infinitiv, z. B.
Voy a viajar para Madrid. Ich werde nach Madrid reisen.
R Diese Futurform wird **für kurz bevorstehende Ereignisse** verwendet. (A12) KG 289

F Zukunft (Futur)

Die Zukunftsform wird so gebildet:
Infinitiv + Futur Endungen.
Von den Imperfekt Endungen kann man die Futur Endungen ableiten, **indem man in der 1. Pers. Sg sowie der 1. und 2. Pers. Pl das -a durch -e ersetzt.** Danach setzt man auf alle Endungen einen Akzent (außer 1. Pers. Pl):
-é, -ás, -á, -emos, -éis, -án
ich werde lieben / amar-é, ich werde essen / comer-é, ich werde leben / vivir-é

F Unpersönliche Verbformen

Es gibt, da ist, da sind / hay (die unpersönliche Verbform von haber / haben). Gibt es hier eine Bar / hay un bar aquí ? Wenn vor dem Hauptwort der bestimmte Artikel oder ein Demonstrativ- bzw. Possessivpronomen steht, wird estar statt hay verwendet (die Bar ist dort / el bar está allá).
Lust haben auf / apetecer: Ich habe Lust auf ein Bier. Me apetece una cerveza. **Gefallen / gustar:** Ich würde gern einige Tapas essen. Me gustaría comer unas tapas. **Scheinen / parecer:** Ich finde, dass die Tapas gut sind. Me parece que las tapas sean buenas.
Verben, die das Wetter beschreiben: Es ist schönes Wetter. Hace buen tiempo. Die Sonne scheint. Hace sol. Es ist warm. Hace calor. Es hat 30 Grad. Hace treinta grades. Es ist kalt. Hace frío. Es ist windig. Hace viento. Es regnet / llueve. Es schneit / nieva.

F Das Perfekt

B   Der Junge / das Mädchen hat telefoniert.
Sg El chico / la chica **ha** telefon**eado**.
Pl Los chicas / las chicas **han** telefon**eado**.

*R Bildung des Perfekts: Präsens des Hilfsverbs **haben** /*
*haber + **Partizip Perfekt** des Verbs.* (**A16**) KG 290
Haber und Partizip stehen immer direkt nebeneinander.
*R Die Endung des Partizip Perfekt ist **unveränderlich**.*
KG 290
Die Präsens Endungen von haber:
he, has, ha, hemos, habéis, han
Partizip Perfekt:
<u>Verbstamm</u> + -ado bei Verben auf -ar.
 + -ido bei Verben auf -er und -ir.
<u>Der folgende Satz enthält 8 wichtige Verben, die das</u>
<u>Partizip Perfekt unregelmäßig</u> <u>bilden</u>: Ich bin in der
Lesung <u>gewesen</u> und habe folgendes <u>gesehen</u>: Der Autor hat
das Buch <u>geöffnet</u> und <u>gesagt</u>: „Ich habe dieses Buch, das
ich <u>geschrieben</u> habe und nun <u>lese,</u> zu einem Bestseller
<u>gemacht</u>, damit man sich an mich erinnert, wenn ich
<u>gestorben</u> bin".
sein / ser **sido**, sehen / ver **visto**, öffnen / abrir **abierto**,
sagen / decir **dicho,** schreiben / escribir **escrito**, lesen / leer
leído, machen / hacer **hecho**, sterben / morir **muerto**

F <u>Verwendung des Perfekts</u>

1. für Ereignisse der Vergangenheit, deren Zeitpunkt nicht
   näher bestimmt wird, oft nach den Wörtern:
   nunca / nie, una vez / einmal, muchas veces / oft, todavía
   no / noch nicht, z. Bp. Ich bin nie in Spanien gewesen.
   Nunca he sido en España. Sind Sie einmal in Spanien
   gewesen? Ud. una vez ha sido en España?
2. für Handlungen und Ereignisse in einem Zeitraum, der
   sich bis zur Gegenwart erstreckt, oft nach den Wörtern:
   hoy / heute, esta semana / in dieser Woche, este mes / in
   diesem Monat, este año / in diesem Jahr, z. Bp. In diesem Jahr bin ich zwei Mal in Spanien gewesen. Este año
   he sido dos veces en España.

F Historische Vergangenheit (Indefinido)
am-é   com-í   viv-í   am-amos com-imos viv-**imos**
am-aste com-**iste** viv-iste am-asteis com-isteis viv-**isteis**
am-ó   com-ió   viv-ió   am-aron com-ieron viv-**ieron**
Bei den Verben auf -ar und -ir ist die 1.Pers. Pl identisch mit der 1. Pers. Pl Präsens.
Ir / gehen und ser / sein haben dieselben Formen:
fui, fuiste, fue, fuimos, fuisteis, fueron.
Bei **unregelmäßigen Verben** ändert sich der Verbstamm, die **Endungen** sind immer: **-e, -iste, -o, imos, -isteis, -ieron** z. Bp. haben / tener: tuv-**e**, tuv-**iste**, tuv-**o**, tuv-**imos**, tuv-**isteis**, tuv-**ieron**, kommen: venir > vine, können: poder > pude, legen: poner > puse, machen: hacer > hice, sein: estar > estuve, wollen: querer > quise, wissen: saber > supe, bringen: traer > traje, sagen: decir > dije.

F Verwendung des historischen Perfekts
Für Handlungen oder Ereignisse, die zu einem bestimmten Zeitpunkt oder innerhalb eines abgeschlossenen Zeitraums in der Vergangenheit statt gefunden haben.
B Im vergangenen Jahr reiste ich am 1. Mai nach Madrid; von Mai bis September lebte ich dort. El año pasado viajé el primero de majo para Madrid; desde majo hasta septiembre viví allá.

F Das Gerund
Endung -**ar**: Verbstamm + **ando**
Endung -**er** -**ir**: Verbstamm + **iendo**
Laura spricht **gerade** (ist sprechend) / Laura está habl**ando**.
David isst **gerade** (ist essend) / David está com**iendo**.
Laura und David gehen **gerade** aus (sind ausgehend) /
Laura y David están sal**iendo**.
R Mit **estar + Gerund** beschreibt man **Handlungen, die gerade geschehen.** (A14)
*R Das Gerund ist **unveränderlich**. KG 291*

F Die Befehlsform (Imperativ)

3. P. Sg Präsens	Imperativ	1. P. Sg Konjunktiv
habla er spricht	habla sprich!	hable
come er isst	come iß!	coma
vive er lebt	vive lebe!	viva

Im Spanischen gibt es nur 2 eigenständige Formen des Imperativs: die **Du-Form** und die **Ihr-Form**.
Die Du-Form ist identisch mit der 3. Pers. Sg Präsens: habla / er spricht und sprich!
Die Ihr-Form wird vom Infinitiv abgeleitet, indem man r durch d ersetzt: hablar > hablad / sprecht!
Von der 3. P. Sg. Präsens kann man die 1. P. Sg Konjunktiv ableiten, indem man die Endungen a und e vertauscht (siehe obige Tabelle). Wenn die 1. Pers. Sg Konjunktiv auf -e bzw. auf -a endet sind die Endungen ab der 2. Person identisch mit den Präsens Endungen der -er Gruppe: -es, -e ... bzw. der -ar Gruppe: -as, -a ...
Abgesehen von den 2 eigenständigen Formen des Imperativs sind alle übrigen Formen des bejahten Imperativs sowie alle Formen des verneinten Imperativs identisch mit dem Konjunktiv Präsens, z. Bp. Sprechen Sie! Hable Ud. Essen Sie! Coma Ud. Essen wir! Comamos. Sprich nicht! No hables. Sprecht nicht! No habléis (**Imperativ im Spanischen ohne Ausrufezeichen**).
Der Konjunktiv (spanisch: subjuntivo) drückt die subjektive Ansicht des Sprechers aus und wird meist in Nebensätzen nach que (dass) verwendet, z. Bp. Ich hoffe, dass das Wetter gut ist. Espero que haga (Konjunktiv von hacer / machen) buen tiempo.
R Das **Fürwort** steht beim verneinten Imperativ vor dem Imperativ: Hilf mir nicht! No **me** ayudes. Beim bejahten Imperativ wird es angehängt: Hilf mir! Ayúda**me**.
R *Die **Grundform** des Verbs wird als **Befehlsform** benutzt* (KG 290), z. Bp. *Lernen Sie jetzt! Ahora **estudiar**.*

Sein (ser, estar) und gehen (ir)
ser: Ich bin, du bist ... **Soy, eres, es, somos, sois, son**
estar: Ich bin ... **Estoy, estás, está, estamos, estáis, están**
ir: Ich gehe ... **voy, vas, va, vamos, vais, van**
R Estar und ir: ab 2. Pers. Sg abgesehen vom Akzent gleiche Endungen wie das Präsens der -ar Gruppe.

Gebrauch von estar und ser
B David ist im Hospital. Er fühlt sich sehr schlecht, weil er krank ist. David está en el hospital (1). Está muy mal (2) porque está enfermo (3).
R **Estar** verwendet man um anzuzeigen, wo sich jemand / etwas befindet (1), wie sich jemand fühlt (2) und bei vorübergehenden Zuständen (3). Außerdem bei der **Bewertung von Speisen und Getränken.** (A11.1)
B Das ist Placido. Er ist Sänger. Er ist groß und sehr musikalisch. Este es Plácido (1). Es cantante. (2) Es grande (3) y muy musical (4).
R **ser** verwendet man zur Angabe von Namen (1), Beruf (2), äußeren Merkmalen (3) und dauerhaften Eigenschaften (4). Ferner mit der Präposition **de** zur Angabe von Besitz, Material, Herkunft und Nationalität (s. S. 197) (A11.2)

F Fragen
Kann ich / puedo kann man / se puede hier parken / aparcar aquí, benutzen / usar, die Koffer hier lassen / dejar las maletas aquí, das Wasser trinken / beber el agua, Fotos machen / sacar fotos?
Könnten Sie mir / me podría bestellen / pedir, bringen / llevar, geben / dar, empfehlen recomendar, erklären / explicar, helfen / ayudar, leihen / prestar, sagen / decir, ein Taxi rufen / llamar un taxi?

Lernen Sie bitte noch die Wörter von Likör bis Party.

Siebter Tag

La luna de miel / Die Hochzeitsreise

Flughafen Madrid - Barajas
Carmen C, Diego D, Angestellter A

D A qué hora sale el vuelo chárter para París (a ke_ora sale_el wuelo tscharter para paris)? Um wie viel Uhr startet der Charterflug nach Paris?
A Tienen aún un poco de tiempo (tienen aun um poko de tiempo). Sie haben noch etwas Zeit. El avión sale **a las nueve y media** (el awion sale_a las nuewe i media). Das Flugzeug startet um neun Uhr dreißig.
C A qué hora *llega* el avión a París (a ke_ora jega_el awion a paris)? Um wie viel Uhr *kommt* das Flugzeug in Paris *an*?
A Si el avión sale puntual, la llegada es a las once (si_el awion sale puntual la jegada_es a las onthe). Wenn das Flugzeug pünktlich startet, ist die Ankunft um 11 Uhr. *Ustedes* viajan a París por primera vez (ustedes wiachan a paris por primera weth)? Reisen *Sie* zum ersten Mal nach Paris?
C Sí, es nuestra luna de miel (si es nuestra luna de miel). Ja, es ist unsere Hochzeitsreise.
A Felicidades (felithidades)! Herzlichen Glückwunsch! **Han encontrado** un buen hotel (an encontrado_um buen otel)? Haben Sie ein gutes Hotel gefunden?
D Sí, cerca de la catedral *Notre Dame* en el barrio *Quartier latin* (si therka de la katedral en el barrio). Ja, nahe bei der Kathedrale *Notre-Dame* im Viertel *Quartier latin*.
A Viví en aquel barrio de 1988 a 1996 (biwi_en akel barrio de 1988 a 1996). Ich lebte in diesem Viertel von 1988 - 1996. Cada vez que me acuerdo de París, tengo

una gran nostalgia (160) de aquella ciudad maravillosa (kada veth ke me_akuerdo de paris tengo una gran nostalchia de_akeja thiuda marawijosa). Jedes Mal, wenn ich mich an Paris erinnere, habe ich eine große Sehnsucht nach dieser wunderbaren Stadt.

C Qué le gustó *más* en París (ke le gusto mas en paris)? Was hat Ihnen in Paris *am meisten* gefallen?

A Esa es una pregunta difícil (esa_es una pregunta difithil). Das ist eine schwierige Frage. Tal vez las vistas al *Sena* debajo de los puentes de París (tal veth las wistas al sena debacho de los puentes de paris) o las vistas de mi apartamento al cielo azul sobre los techos de París (o las wistas de mi_apartamento_al thielo_athul sowre los tetschos de paris). Vielleicht der Blick auf die *Seine* unter den Brücken von Paris oder die Aussicht von meiner Wohnung auf den blauen Himmel über den Dächern von Paris. Quizá aquella tarde en la plaza *Concorde* mientras el sol rojo se ponía detrás de la torre Eiffel (kitha_akeja tarde_en la platha *Concorde* mientras el sol rocho se ponia detras de la torre Eiffel).Vielleicht jener Abend auf dem *Concorde* Platz, als die rote Sonne hinter dem Eiffelturm unterging. Quizá aquella noche cuando *miré* el océano de luz de la ciudad en el más alto restaurante de la torre Eiffel (kitha_akeja notsche kuando mire_el otheano de luth de la thiudad en el mas alto restaurante de la torre). Vielleicht jene Nacht, als ich das Lichtermeer der Stadt im höchsten Restaurant des Eiffelturms *betrachtete*. Quizá la belleza seductora de las bailarinas en el *Lido* y el *Moulin Rouge* (kitha la bejetha seduktora de las bailarinas). Vielleicht die verführerische Schönheit der Tänzerinnen im *Lido* und im *Moulin Rouge*. Quizá la mañana cuando vi delante de la iglesia *Sacré-Coeur* después de una noche en blanco la salida del sol rojizo (kitha la manjana kuando wi delante de la_iglesia despues de_una notsche en wlanko la salida del sol rochitho). Vielleicht jener Morgen, als ich vor der Kirche *Sacré-Coeur* nach einer schlaflosen Nacht den Aufgang der rötlichen Sonne sah. Qué me gustó más (ke me gusto mas)? Was hat mir am meisten gefallen? No *lo* sé (no lo se). Ich weiß *es* nicht. Pero sé que estaréis muy felices durante la luna de miel (pero se ke_estareis mui felithes durante la luna de miel) porque París es la ciudad perfecta para el amor y por eso el lugar ideal para una luna de miel (porke paris es la thiuda perfekta para el amor i por eso_el lugar ideal para una luna de miel). Aber ich weiß, dass Sie während der Hochzeitsreise sehr glücklich sein werden, weil Paris die perfekte Stadt für die Liebe ist und deshalb der ideale Ort für eine Hochzeitsreise.

D Cuál es la puerta de embarque (kual es la puerta de_embarke)? Wie lautet die Gatenummer?

A La seis efe (la seis efe). 6 F. Aquí tienen las tarjetas de embarque (aki tienen las tarchetas de_embarke). Hier haben Sie die Bordkarten. Pues buen vuelo y mucha suerte (pues buem buelo_i mutscha suerte). Dann einen guten Flug und viel Glück.

F **F15: a las nueve y media** Welche 2 Regeln? **A15**.1 **A15**.2: 153

F16: han encontrado Regel? **A16**: 172

F Redewendungen

Muss ich / tengo muss man / tiene que reservieren / reservar, umsteigen / cambiar.

Ich habe Lust / me apetece Ich habe Lust auf eine Fischsuppe. Me apetece una sopa de pescado.

Ich will / möchte: quiero / quisiera aussteigen / bajar, kaufen / comprar, mitnehmen / llevar, mieten / alquilar.

Subjektfürwörter und betonte Fürwörter

Subjektfürwörter		betonte Fürwörter
yo	ich	mí
tú	du	ti
él	er	él
ella	sie	ella
usted	Sie	usted
nosotros	wir (m)	nosotros
nosotras	wir (w)	nosotras
vosotros	ihr (m)	vosotros
vosotras	ihr (w)	vosotras
ellos	sie (m)	ellos
ellas	sie(w)	ellas
ustedes	Sie	ustedes

R *Von den Subjektfürwörtern kann man die **betonten Fürwörter** ableiten,* indem man yo und tú durch mí und ti ersetzt. KG 291

R Wenn man eine Person mit Sie anspricht, verwendet man usted (Abk. Ud.) mit der 3. Person Sg des Verbs, bei mehreren Personen ustedes (Abk. Uds.) mit der 3 Pers. Pl des Verbs, z. Bp. Sind Sie Spanier? Ud. es español? Sind Sie Spanierinnen? Uds. son españolas?

F Gebrauch des Subjektfürworts

Da das Subjekt des Satzes aus der Endung des Verbs ersichtlich ist, entfällt das Subjektpronomen im Regelfall. Man gebraucht es jedoch, **um eine Person hervorzuheben.**
B Meiner Meinung nach gibt es ein Problem. En mi opinión hay un problema:
   Er ist fünfzig Jahre alt, **sie** nur zwanzig.
   Él tiene cincuenta años, **ella** sólo veinte.
   Sie haben recht. **Usted** tiene razón.
   Ich sehe es auch so. **Yo** también lo veo así.

Das **rückbezügliche Fürwort** (Reflexivpronomen)

B Ich informiere mich, du informierst dich usw.
me informo, te informas, se informa,
nos informamos, os informáis, se informan
R Das Reflexivpronomen steht meistens vor dem Verb.
F Statt des Passivs wird oft das reflexive Verb gebraucht:
Die Orangen werden verkauft.
Las naranjas **se** venden.

Dativ und **Akkusativfürwort**

R *Von den rückbezüglichen Fürwörtern kann man die Akkusativ- und Dativfürwörter ableiten.*
R *Die Akkusativfürwörter (S I) sind im Sg gleich:*
lo, la. KG 292

Die **Akkusativfürwörter** leitet man ab, indem man se (Sg) durch **lo** (ihn) **la** (sie) und se (Pl) durch **los** (sie m) und **las** (sie w) ersetzt: me, te, **lo, la,** nos, os, **los, las** KG 292

B Ich informiere dich / yo te informo

Subjektpronomen	Akkusativfürwort	Verb
yo (ich)	te	informo
tú (du)	me	informas
él (er)	**la** sie, es	informa
ella (sie)	**lo** ihn, es	informa
usted (Sie)	lo, la Sie	informa
nosotros (wir)	os	informamos
vosotros (ihr)	nos	informáis
ellos (sie m)	**las** sie w	informan
ellas (sie w)	**los** sie m	informan
ustedes (Sie)	los, las Sie	informan

Ich grüße Sie (m) / Sie (w). Lo / la saludo.
Ich grüße Sie (Pl m) / (Pl w). Los / las saludo.

Die **Dativfürwörter** leitet man ab, indem man se (Sg) durch le (ihm, ihr) und se (Pl) durch les (ihnen) ersetzt: me, te, **le**, nos, os, **les** KG 292

B Ich gebe dir ein Geschenk / yo te doy un regalo.

Subjektfürwort	**Dativfürwrt**	Verb
yo (ich)	te (dir)	doy
tú (du)	me (mir)	das
él (er)	**le** (ihr)	da
ella (sie)	**le** (ihm)	da
usted (Sie)	**le** (Ihnen)	da
nosotros (wir)	os (euch)	damos
vosotros (ihr)	nos (uns)	dáis
ellos (as) (sie)	**les** (ihnen)	dan
ustedes (Sie)	**les** (Ihnen)	dan

Ich gebe Ihnen (Sg) ein Geschenk. Le doy un regalo.
Ich gebe Ihnen (Pl) ein Geschenk. Les doy un regalo.

F <u>Die Stellung des unbetonten Personalpronomens</u>
Im Deutschen steht das Pronomen meistens hinter dem konjugierten Verb, im Spanischen umgekehrt.
B Ich sage es > es ich sage. Lo digo. (1) Ich sage es dir > dir es ich sage. Te lo digo. (2) Ich sage es Ihnen > Ihnen es ich sage. Le lo digo > **se** lo digo. (3)
R Im Regelfall steht das Pronomen direkt vor dem gebeugten Verb. (1) Das Dativpronomen steht immer vor dem Akkusativpronomen. (2) Wenn zwei Pronomen zusammentreffen, die mit ‚l' beginnen, wird das erste Pronomen zu **se**. (3)
B *Ich habe dich* informiert > *dich ich habe* informiert. Te he informado.
R Beim Perfekt steht das Pronomen vor dem Verb haber.
R *Sätze mit gebeugtem Verb und Infinitiv* (KG 292): ***zwei Möglichkeiten für die Stellung des Fürworts:***
B1 Ich will mich informieren. **Me** quiero informar.

R Das Fürwort kann vor dem Verb stehen.
B2 Quiro informar**me**.
R Das Fürwort kann an den Infinitiv angehängt werden.
(A19)
Dieselben zwei Möglichkeiten gibt es auch, wenn der Satz ein **Gerund** enthält, z. Bp. Ich informiere dich gerade / **te** estoy informando oder estoy informándo**te**.

Gebrauch des betonten Fürworts

B Für wen ist diese Torte? Für mich.
   Para quién es esta tarta? **Para mí.**
R *Nach einer Präposition steht das betonte Fürwort.*
(A20) **KG 291**
F Mit der Präposition 'con' entstehen besondere
   Formen: con + mí > conmigo / mit mir
          con + ti > contigo / mit dir
          con + si > consigo / mit sich

F Die Stellung des betonten Fürworts

B Mir schmeckt die Torte. **A mí** me gusta la torta.
   Mir schmeckt die Torte nicht. La torta no me gusta **a mí**.
R Die **betonten Pronomen** können an verschiedenen Stellen des Satzes stehen.
   In Verbindung mit der Präposition a werden die betonten Pronomen zur Betonung der unbetonten Pronomen verwendet.

Unregelmäßige Verben

Bei einigen Verben wird im Singular und in der 3. Pers. Pl
e > ie, z. Bp. cerrar / schließen: cierro, cierras, cierra, cerramos, cerráis, cierran.
Im folgenden Merksatz sind 6 wichtige Verben dieser Gruppe enthalten:

Ich will anfangen zu verstehen: Das Denken ist dem Fühlen vorzuziehen.
wollen / querer: quiero, quieres ...
anfangen / empezar: empiezo, empiezas ...
verstehen / entender: entiendo, entiendes ...
denken / pensar: pienso, piensas ...
fühlen / sentir: siento, sientes ...
vorziehen / preferir: prefiero, prefieres ...

Bei einigen Verben wird im Sg und in der 3. Pers. Pl o > ue z. Bp. almorzar / zu Mittag essen: almuerzo, almuerzas, almuerza, almorzamos, almorzáis, almuerzan.

In den folgenden Merksätzen sind 9 wichtige Verben dieser Gruppe enthalten:

Ich gehe zu Bett, kann jedoch nicht schlafen, weil ich mich erinnere, dass man mir erzählte: mein Flug nach Buenos Aires kostet sehr viel.

zu Bett gehen / acostarse: acuesto, acuestas ...
können / poder: puedo, puedes ...
schlafen / dormir: duermo, duermes ...
erinnern / recordar: recuerdo, recuerdas ...
erzählen / contar: cuento, cuentas ...
fliegen / volar: vuelo, vuelas ...
kosten / costar: cuesto, cuestas ...

Ich spiele nicht, da mein Arm weh tut, wenn ich ihn bewege.

spielen / jugar (u > ue): juego, juegas ...
weh tun / doler: duelo, dueles ...
bewegen / mover: muevo, mueves ...

Lernen Sie bitte noch die unterstrichenen Wörter von Pfund bis Schweinefleisch.

Achter Tag

Die Ankunft im Hotel / La llegada en el hotel

Hotel in Palma de Mallorca
Carmen C, Diego D, ihre Tochter Lucia L, Señor Rodriguez R

D Guten Abend, ich heiße Diego Diaz. Buenas tardes, me llamo Diego Díaz (buenas tardes me jamo diego diath).
R Sehr erfreut. Encantado (enkantado)!
D Haben Sie ein Doppelzimmer und ein Einzelzimmer für unsere Tochter? Tienen una habitación doble y una habitación individual para **nuestra** hija (tienen una_awitathion dowle_i_una_awitathion indiwidual para nuestra icha)?
R Wie lange wollen Sie bleiben? Cuánto tiempo quieren quedarse (kuanto tiempo kieren kedarse)?
D Für eine Woche. Por una semana (por una semana).
R Sie haben Glück. Tienen suerte (tienen suerte). Trotz der Hochsaison habe ich *einige* freie Zimmer. A pesar de la temporada alta tengo *unas* habitaciónes libres (a pesar de la temporada_alta tengo_unas awitathiones liwres). Ich habe zwei Zimmer mit Bad, Balkon und Blick auf das Meer. Tengo dos habitaciónes con baño, balcón y vistas al mar (tengo dos awitathiones con banjo balkon i wistas al mar).
C Wie viel kosten sie mit Frühstück, Halbpension und Vollpension? Cuánto cuestan con desayuno, media pensión y pensión completa (kuanto kuestan kon desajuno media pension i pension kompleta)?
R Hier haben Sie die Preisliste. Aquí tiene la lista de precios (aki tiene la lista de prethios).
C Es ist sehr teuer. Es muy caro (es mui karo). Haben

Sie auch preisgünstigere Zimmer? Tienen también unas habitaciones más baratas (161) (tienen tambien unas awitathiones mas waratas)?

R Na klar. Claro que sí (klaro ke si). Ich habe zwei Zimmer mit Dusche und Blick auf die Berge. Tengo dos habitaciónes con ducha y vistas a las montañas (tengo dos awitathiones con dutscha_i wistas a las montanjas).

C Was für ein Glück. Qué suerte (ke suerte). Können wir *sie* sehen? **Podemos ver*las*** (podemos werlas)?

R Sehr gern. Con mucho gusto (kon mutscho gusto). Die Zimmer sind im vierten Stock. Las habitaciones están en el cuarto piso (las awitathiones estan en el kuarto piso). Hier ist der Aufzug. Aquí está el ascensor (akí_esta_el asthensor).

Nach der Besichtigung. Después de la visita.

D Die Zimmer *gefallen* uns sehr gut. Nos *gustan* las habitaciónes mucho (nos gustan las awitathiones mutscho). Wir nehmen sie. Nos quedamos con ellas (nos kedamos kon ejas).

R Dann füllen Sie bitte dieses Anmeldeformular aus. Entonces rellenar **este** formulario de ingreso, por favor (entonthes rejenar este formulario de_ingreso por fawor). Unterschreiben Sie bitte hier. Firmar aquí por favor (firmar aki por fawor).

D Gibt es jemand, der das Gepäck in das Zimmer bringen könnte? Hay alguien **que** podría llevar el equipaje a la habitación (ai algien ke podria jewar el ekipache_a la_ awitathion)?

R Der Hotelboy bringt die Koffer in das Zimmer. El botones lleva las maletas a la habitación (el botones jewa las maletas a la_awitathion). Hier haben Sie die Schlüssel. Aquí tienen las llaves (aki tienen las jawes).

C Um wie viel Uhr ist das Frühstück? A qué hora es el desayuno (a ke_ora_es el desajuno)?

R Von acht bis zehn. De ocho a diez (de_otscho_a dieth).

Das Restaurant ist am Flurend*e*. El restaurante está al fondo del pasillo (el restaurante_esta al fondo del pasijo).
D Morgen wollen wir *früh* aufstehen. Mañana queremos levantarnos *temprano* (manjana keremos lewantarnos temprano). Wecken Sie uns bitte um acht Uhr. Por favor despertar nos a las ocho (por fawor despertar nos a las otscho).
R Selbstverständlich. Por supuesto (por supuesto). Gute Nacht. Buenas noches (buenas notsches).
Nach einer sehr schönen Woche. Después de una semana muy bella.
D Wir reisen ab; bis wann muss das Zimmer frei sein? Salimos; a qué hora hay que dejar libre la habitación (salimos a ke_ora_ai ke dechar liwre la_awitathion)?
R Bis zehn Uhr. Hasta las diez (asta las dieth).
D Bereiten Sie bitte die Rechnung vor. Preparar la cuenta, por favor (preparar la kuenta por fawor).
C Auf Wiedersehen. Hasta la vista (asta la wista). Es hat mir hier sehr gut gefallen. Me ha gustado mucho estar aquí (me_a gustado mutscho_estar aki).
D Wir haben einen sehr angenehmen Aufenthalt gehabt. Hemos tenido una estancia muy agradable (emos tenido_una_estanthia mui_agradawle).
L Tschüss. Adiós. Es war toll! Ha sido estupendo!
R Gute Rückfahrt. Buen regreso (buen regreso).

F17: Zu welcher Wortgruppe gehören **nuestra, este**?
A17.1: 187 A17.2: 188
F **F18: que** Fürwortgruppe? Regeln? **A18: 188**
F19: Welche Regel kann man ableiten von podemos **verlas A19: 182**

Das besitzanzeigende Fürwort

B adjektivisch: meine Garage   substantivisch
mi garaje / el garaje **mío**   el **mío** (meine)
tu garaje / el garaje **tuyo**   el **tuyo** (deine)
su garaje / el garaje **suyo**   el **suyo** (seine)
nuestro garaje / el garaje **nuestro**   el **nuestro** (unsere)
vuestro garaje / el garaje **vuestro**   el **vuestro** (euere)
su garaje / el garaje **suyo**   el **suyo** (ihre)

R *Vor dem substantivischen Fürwort steht immer der bestimmte Artikel.* **KG 293**

F
Es gibt zwei Arten von Possessivpronomen:
1. **Adjektivisch** verwendete Pronomen, die ein Hauptwort begleiten. Die unbetonte Form steht vor dem Hauptwort (z. Bp. mi garaje), die **betonte Form** steht hinter dem Hauptwort, z. Bp. el garaje mío.
2. **Substantivisch** verwendete Pronomen, die ein Hauptwort ersetzen. Man kann sie von den betonten Formen ableiten, indem man diesen den **bestimmten Artikel** voranstellt, z. Bp.
Meine Garage el garaje mío > el mío / meine
Eine **weibliche Form** gibt es:
1. bei den unbetonten Pronomen nur in der 1. und 2. Person Plural, z. Bp. Unser Haus ist in unserem Dorf. Nuestra casa está en nuestro pueblo. Euer Haus ist in eurem Dorf. Vuestra casa está en vuestro pueblo.
2. bei den betonten und substantivisch verwendeten Possessivpronomen in allen Formen. Man leitet die weibliche Form von der männlichen Form ab, indem man o durch a ersetzt, z. Bp. mío>mía, el mío>la mía.
Die Pluralbildung erfolgt bei allen Possessivpronomen durch **Anfügen von -s**, z. Bp. mi > mis, mío > míos, el mío > los míos.

Das hinweisende Fürwort (Demonstrativpronomen)

B Welches Mädchen gefällt dir am meisten, diese **hier** oder diese **da** oder diese **dort**? Qué chica te gusta más, **ésta** o **ésa** o **aquélla**? (1)

R Die Demonstrativpronomen haben, wenn sie ein Hauptwort ersetzen, einen Akzent. (1)

B Was gefällt dir am meisten, das **hier** oder das **da** oder das **dort**? Qué te gusta más, **esto** o **eso** o **aquello**? (2)

R Die neutralen Formen esto, eso und aquello stehen immer ohne Akzent. (2)

dieser **hier**	dieser **da**	dieser **dort**, jener
este	**ese**	**aquel**
Pl **estos, -as**	**esos, -as**	**aquellos, -as**

R *Die **Verwendung** des hinweisenden Fürworts wird von der **Entfernung bestimmt**.* **KG 293**
Das Objekt befindet sich
beim Sprechenden: este (oft mit aquí / hier gebraucht)
beim Angesprochenen: ese (oft mit ahí / da)
weiter entfernt: aquel (oft mit allí /dort).

R ***Geschlecht** und **Zahl** des hinweisenden Fürworts werden **durch** das zugehörige **Hauptwort bestimmt**.* **KG 294**

F Bezügliches Fürwort (Relativpronomen)

B Hermann Hesse, der ein Nobelpreisträger ist, den viele Leute kennen, liest zwei Gedichte, die ich kenne und die meine Lieblingsgedichte sind.
Hermann Hesse **que** (1) es un premio nobel **que** (2) mucha gente conoce lee dos poesias **que** (3) conozco y
que (4) son mis poesias preferidas.

R *Das Relativpronomen **que** (der, die, das, welche /r /s) kann für Personen (1, 2) und Sachen (3, 4), im Sg (1, 2)*

und Pl (3, 4), *im Werfall* (1, 4) *und Wenfall* (2, 3) *stehen.*
(**A 18**) **KG 293**
B Dort ist Sofia, mit der ich spanisch lerne. Allí está Sofia con la que (1) / con quien (2) aprendo español.
R Nach einer Präposition steht **der bestimmte Artikel** vor que (1).
Quien / quienes (welche/r) wird nur bei Personen verwendet, steht jedoch immer ohne Artikel. (2)

F Fragewörter

woher / de dónde   Woher kommst du? De dónde vienes?
wohin / adónde   Wohin gehen wir? Adónde vamos?
R Die **Fragewörter** tragen im Spanischen immer einen **Akzent.** (A21)

Fragesätze

R *Aussagesätze werden durch* **Betonung am Satzende** *zu Fragesätzen.* (**A5**) **KG 294**
B Anna habla alemán. Anna spricht deutsch.
Anna habla **alemán**? Spricht Anna deutsch?
R **Im Spanischen steht vor jeder Frage ein umgekehrtes Fragezeichen. Auch das Ausrufezeichen am Satzende wird durch ein umgekehrtes Ausrufezeichen vor dem Satz ergänzt.**

Unregelmäßige Verben

Bei einigen Verben wird im Sg und in der 3. Pers. Pl **e > i**
z. Bp. impedir / hindern: impido, impides, impide, impedimos, impedís, impiden.
Im folgenden Merksatz sind 7 wichtige Verben dieser Gruppe enthalten:
Der gut gekleidete Kellner wiederholt, was ich ausgewählt und bestellt habe, bedient mich, verabschiedet sich und geht weiter.

kleiden / vestir: visto, vistes, wiederholen / repetir: repito, repites, auswählen / elegir: elijo, elijes, bestellen / pedir: pido, pides, bedienen / servir: sirvo, sirves, verabschieden despedir: despido, despides, weiter gehen / seguir: sigo, sigues

F Fragen und Redewendungen

Wer / quién Wer ist der Reiseleiter (die Reiseleiterin)? Quién es el guía turístico (la guía turistica)? An wen kann ich mich wenden? A quién me puedo dirigir?

Was / qué Was ist das / qué es eso? Was machst du beruflich / en qué trabajas? Was gibt's / qué hay?

Welche/r/s / cuál es Welche Adresse / cuál es la dirección, Gebühr / la tarifa, ist die Spezialität des Hauses / la specialidad de la casa, Telefonnummer / el número de teléfono, ist die Vorwahl von ... / el prefijo de ... Welches Alter hast du / qué edad tienes?

Gibt es / hay jemand der / hay alguien que, einen Parkplatz / aparcamiento, Rabatt für ... / descuento para ... Wie lange *muss man* warten / cuánto tiempo *hay que* esperar?

Es gibt / hay einen Fehler in der Rechnung / un error en la cuenta.

Es ist **kaputt / funktioniert nicht.** Es defectuoso / no funciona. Können Sie es reparieren / puede repararlo? Wann wird es fertig sein / quándo estará listo? Ist ... inbegriffen / está incluido ...?

Man hat mir ... gestohlen / me han robado ... Ich habe ... verloren / he perdido ...

Eine Fahrkarte nach ... / un billete a ... einfach / sencillo, hin und zurück / de ida e vuelta, erster (zweiter) Klasse / de primera (segunda) clase.

Stört es Sie, wenn ich ... / le molesta que ... ?

Guten Appetit / que aproveche! Zum Wohl / salud!

Lernen Sie bitte noch die Wörter von <u>See</u> bis <u>Strand</u>.

Neunter Tag

Im Restaurant / En el restaurante

Restaurant in Palma de Mallorca
Carmen C, Diego D, Lucia L, Kellner K

D Guten Tag. Buenos días (buenos dias). Ich bedauere die Verspätung. Siento llegar tarde (siento jegar tarde).
K Macht nichts. No importa (no_importa).
D Ich heiße Diego Díaz. Me llamo Diego Díaz (me jamo diego diath). Ich habe *für* drei Personen reserviert. Tengo una reserva *para* tres personas (tengo_una reserwa para tres personas).
K Sie können *sich* an diesen Tisch setzen. En esta mesa pueden sentar*se* (en esta mesa pueden sentarse). Hier haben Sie die Speisekarte und die Getränkekarte. Aquí tienen la carta y la lista de bebidas (akí tienen la karta_i la lista de wewidas). Wünschen Sie einen **Aperitif**? Desean un aperitivo (desean un aperitiwo)?
C Einen Orangensaft. Un zumo de naranja (un thumo de narancha).
L Einen Aperitif ohne Alkohol. Un aperitivo sin alcohol (un aperitiwo sin alkool).
D Einen Champagner. Un champán (un tschampan).
Nach dem Aperitif. Después del aperitivo.
K Was wollen sie trinken? **Qué** quieren para beber (ke kieren para wewer)?
C Ich möchte ein Glas Weißwein. Yo quiero una copa de vino blanco (jo kiero_una kopa de wino wlanko).
L Für mich roten Hauswein. **Para mí** vino tinto de la casa (para mi wino tinto de la kasa).
D Ein Bier vom Fass. Una cerveza de barril (una therwetha de barril).

K Was möchten Sie als **Vorspeise?** Qué quieren de primero (ke kieren de primero)?
D Ich möchte Garnelen mit Knoblauch. Yo quiero gambas al ajillo (jo kiero gambas al achijo).
C Ich eine kalte Gemüsesuppe. Yo gazpacho (jo gathpatscho).
L *Ich habe Lust auf* eine Fischsuppe. *Me apetece* una sopa de pescado (me_apetethe_una sopa de peskado).
K Was möchten Sie als **Hauptgericht?** Qué quieren de segundo (ke kieren de segundo)?
L Für mich ein vegetarisches Gericht. Para mí una comida vegetariana (para mi_una komida wechetariana). Was empfehlen Sie mir? Qué me recomienda (ke me rekomienda)?
K Ich empfehle *Ihnen* gratinierte Seezunge mit Reis. *Le* recomiendo lenguado gratinado con arroz (le rekomiendo lenguado gratinado con arroth).
D Für mich Beefsteak mit Pommes frites und gemischten Salat. Para mí bistec con patatas fritas y ensalada mixta (para mi bistek kom patatas fritas i_ensalada mista).
K Welche Soße für den Salat? Qué salsa para la ensalada (ke salsa para la_ensalada)?
D Joghurtsoße. Salsa de yogur (salsa de jogur).
K Wie möchten Sie das Steak, blutig, medium, gut durchgebraten? Cómo quiere el bistec, poco hecho, medio hecho, muy hecho (komo kiere_el bistek poko_etscho medio_etscho mui_etscho)?
D Gut durchgebraten. Muy hecho.
C Bitte das Tagesgericht. El plato del día por favor (el plato del dia).
Nach dem Hauptgericht. Después del plato principal.
K Was möchten Sie als **Nachtisch?** Qué desean de postre (ke desean de postre)?
D Welche Eissorten gibt es? Qué sabores de helado hay (ke sawores de_elado_ai)?

K Himbeer, Schokolade, Zitrone, Vanille, Aprikose, Erdbeer, Walnuss. Frambuesa, chocolate, limón, vainilla, albaricoque, fresa, nuez (frambuesa tschokolate limon wainija alwarikoke fresa nueth).
D Ein gemischtes Eis und einen Kaffee mit Milch. Un helado variado y un cortado (un elado variado_ i_un kortado).
C Erdbeeren mit Sahne und einen schwarzen Kaffee. Fresas con nata y un café solo (fresas kon nata_i_un kafe solo).
L Obstsalat. Macedonia de frutas (mathedonia de frutas).
Nach einem sehr guten Mittagessen. Después de una comida muy buena.
K Hat es *Ihnen* geschmeckt? *Les* ha gustado (a gustado)?
C Es war *sehr gut*. Estaba **buenísimo** (estawa buenisimo). Ich gratuliere dem Koch. Doy la enhorabuena al cocinero (doi la_enorabuena al kothinero).
D Die Rechnung bitte. La cuenta, por favor (la kuenta por fawor). Alles zusammen. Todo junto (todo chunto).
K Hier haben Sie die Rechnung. Aquí tiene la cuenta (aki tiene la kuenta).
D Es stimmt so. Está bien así (esta wien asi).
K Vielen Dank. Muchas gracias (mutschas grathias).
F20: para mí Regel? **A20:** 182
F **F21: qué** Regel? **A21:** 189 **F22: buenísimo** Regel? **A22:** 161

F Räumliche Angaben

im Haus	**en** la casa
durch das Haus	**por** la casa
innerhalb des Hauses	**dentro de** la casa
außerhalb des Hauses	**fuera de** la casa
vor dem Haus	**delante de** la casa
hinter dem Haus	**detrás de** la casa
neben dem Haus	**junto a** la casa

unter dem Haus	**debajo de** la casa
gegenüber dem Haus	**enfrente de** la casa
in der Nähe des Hauses	**cerca de** la casa

F Die Ankunft

Ich bin angekommen ...	**he llegado ...**
vor acht Tagen	hace ocho días
vorgestern	anteayer
gestern	ayer
heute	hoy
ich bin gerade angekommen	acabo de llegar
ich komme gerade an	**estoy llegando**

F Die Abreise

ich werde abreisen	voy a salir
ich reise ab ...	**salgo ...**
jetzt	ahora
sofort	inmediatamente
in einer halben Stunde	dentro de media hora
heute vor 10 Uhr	hoy antes de las diez
heute Vormittag	hoy por la mañana
heute Nachmittag	esta tarde
heute Nacht	esta noche
morgen	mañana
übermorgen	pasado mañana
bald	pronto
in acht Tagen	dentro de ocho días
innerhalb von 2 Wochen	en el plazo de dos semanas

F Häufigkeitsangaben

niemals	nunca
manchmal	a veces
oft	muchas veces
meistens	las más veces
immer	siempre

Verneinung

R 1 Die Verneinung wird mit dem Wort **no** (nein, nicht, kein/e) ausgedrückt. No steht vor dem Verb / *Fürwort* / Hilfsverb. (**A2**)
B Ich sehe R nicht. **No** veo a R.
   Ich sehe ihn nicht. **No** *lo* veo.
   Ich habe R nicht gesehen. **No** he visto a R.
*R 2 Die Verneinung kann auch durch **zwei** **Verneinungs-**
   teile ausgedrückt werden* (**doppelte Verneinung**).
   KG 294
B Ich sehe R nie. No veo **nunca** a R.
   Ich sehe **weder** R **noch** S. No veo **ni** a R **ni** a S.
   Ich sehe **niemand**. No veo a **nadie**.
   Wer Granada nicht gesehen hat, hat **nichts** gesehen.
   Quien no ha visto Granada, **no** ha visto **nada**.
R *Bei **Betonung** steht der starke Verneinungsteil am Satzanfang, der schwache Verneinungsteil entfällt.* (*I* 244)
   Niemand ist gekommen. **Nadie** ha venido.
R In Verneinungssätzen ist die Wortstellung im Spanischen umgekehrt wie im Deutschen, z. Bp.
   Ich sage nicht > nicht ich sage. No digo.
   Ich sage es nicht > nicht es ich sage. No lo digo.
   Ich sage es dir nicht > nicht dir es ich sage. No te lo digo.

F Das Passiv

Für Passivsätze verwendet man:
das Hilfsverb ser + Partizip Perfekt (das sich in Geschlecht und Zahl dem Hauptwort anpasst), z. B.
Die Orangen werden verkauft / las naranjas son vendidas.
Verben in der 3. Person Plural: Hier wird Wein verkauft / Aquí venden vino.

Lernen Sie die Wörter von Straße bis Umleitung.

Zehnter Tag

Sich verständigen

Ich bin aus Deutschland. Soy de Alemania (soi de_alemania). Ich spreche nicht spanisch. No hablo español (no_ awlo_ espanjol). Ich spreche ein wenig spanisch. Hablo un poco de español (awlo_um poko de_espanjol). Gibt es jemand, der deutsch spricht? Hay alguien que hable alemán (ai_algien ke_awle_aleman)? Sprechen Sie deutsch? Habla usted alemán (awla_usted aleman)? Ich verstehe nicht. No entiendo (no_entiendo). Können Sie es wiederholen und langsamer sprechen? Puede repetirlo y hablar más despacio (puede repetirlo_i_awlar mas despathio)? Können Sie *es* aufschreiben? Puede escribir*lo* (puede_eskriwirlo)? Wie heißt das auf Spanisch? Cómo se dice esto en español (komo se dithe_esto_en espanjol)? Wie spricht man dieses Wort aus? Cómo se pronuncia esta palabra (komo se pronunthia_esta palawra)? Was bedeutet / qué significa (ke signifika) ...?

F Im Kaufhaus

Le puedo ayudar? Kann ich Ihnen helfen? Danke, ich möchte mich nur umsehen. Gracias, sólo estoy mirando (grathias solo_estoi mirando). Wieviel kostet das? Cuánto es (kuanto_es)? Es ist zu teuer. Es demasiado caro (es demasiado karo). Haben Sie etwas Billigeres? Tiene algo más barato (tiene_algo mas warato)? Ich möchte eine Quittung. Quiero un recibo (kiero_un rethiwo). Könnten Sie *mir* eine Tüte geben? Podría dar*me* una bolsa (prodria darme_una wolsa)?

F Nach einem Unfall

Ein Unfall ist passiert. Ha habido un accidente (a_awido_un agthidente). Es ist ein Notfall. Es una emergencia (es una_ emerchenthia). Rufen Sie sofort einen Krankenwagen und die Polizei. Llame enseguida una ambulancia y a la policía (jame_ensegida_una_ambulanthia_i_a la polithia). Könnten Sie mir Ihren Vornamen und Nachnamen, Ihre Adresse und Ihre Versicherung geben? Podría darme su nombre y apellido, su dirección y su seguro (podria darme su nombre_i_ apejido su diregthion i su seguro)?

Verhältniswörter (Präpositionen)

a (an, auf, im, in, um, zu, nach)

B Einmal pro Woche besuche ich meine Freundin. Ich fahre nach Madrid, komme um 3 Uhr nachmittags an und gebe meiner Freundin einen Kuss. Wir gehen zu Fuß zur Metrostation.
Una vez **a** la semana (1) visito **a** mi novia (2). Voy **a** Madrid (3), llego **a** las tres de la tarde (4) y le doy un beso **a** mi novia (5). Vamos **a** pie (6) a la estación de metro.

R Die Präposition **a** hat z. Bp. folgende Verwendung: Häufigkeit (1), vor dem Akkusativobjekt bei Personen (2), Richtung und Ziel (3), bei Uhrzeit (4), vor dem Dativobjekt (5), Art und Weise (6). **A1**.1

de (von, aus)

B Von der Metrostation gehen wir zu einem Geschäft, das einem Italiener gehört. Ich kaufe als Geschenk ein Kleid, das aus Seide ist. Das Kleid ist aus Italien.
De la estación de metro vamos (1) a una tienda que es **de** un italiano (2). Compro como regalo un vestido que es **de** seda (3). El vestido es **de** Italia (4).

R Die Präposition **de** hat z. Bp. folgende Verwendung: Ausgangspunkt bei Bewegungsverben (1), mit 'ser': Angabe von Besitz (2), Material (3) und Herkunft (4).**A4**.1

R Was gemessen oder gewogen wird: immer mit **de**, z.B. un medio kilo **de** tomates / ein halbes Kilo Tomaten.

en (in, auf, an)

B Im Sommer fahren wir immer mit der Metro in Madrid, weil es viel Verkehr auf den Straßen und Plätzen gibt.

En verano (1) vamos siempre **en** metro (2) **en** Madrid (3), porque hay mucho tráfico **en** las calles (3) y **en** las plazas (3).

R Die Präposition **en** wird z. Bp. verwendet:
Bei der Angabe von Zeit und Dauer (1), bei Fortbewegungsmitteln (2) und bei Ortsangaben (3). **A1.2**

para (für, nach, um zu)

B Ich plane eine Reise für dieses Wochenende. Ich fahre nach Madrid, um meine Freundin zu besuchen. Als Geschenk habe ich ein Parfüm für sie.

Planeo un viaje **para** este fin de semana (1). Voy **para** Madrid (2) **para** visitar a mi novia (3). Como regalo tengo un perfume **para** ella (4).

R Die Präposition **para** hat z. Bp. folgende Verwendung:
Sie drückt aus, für wann etwas gedacht ist (1), sie dient der Angabe eines Zieles (2), sie hat die Bedeutung 'um zu' (3). Sie drückt aus, für wen etwas bestimmt ist (4). **A1.3**

por (durch, wegen, für, aus, von, nach)

B Am Nachmittag kämpft meine Freundin irgendwo im Zentrum von Madrid für vegetarische Nahrungsmittel. Sie tut es wegen der Liebe, die sie für die Tiere empfindet.

Por la tarde (1) mi novia lucha **por** el centro de Madrid (2) **por** alimentos vegetarianos.(3) Lo hace **por** el amor (4) que tiene **por** los animales. (5)

R **por** wird z. Bp. verwendet: Bei ungenauen Zeitangaben (1), bei ungenauen Ortsangaben (2), zur Angabe eines Zweckes (3), zur Angabe von Grund oder Ursache (4), in der Bedeutung 'für' (5). **A4.2**

Unregelmäßige Verben
1. Einige Verben haben ein **g in der Ich-Form** z. Bp.
salir / ausgehen: salgo, sales, sale, salimos, salís, salen.
Im folgenden Merksatz sind 5 wichtige Verben dieser Gruppe enthalten:
Ich bringe das von mir hergestellte Geschenk, das viel wert ist, und stelle es an einen sicheren Platz, damit es nicht herunter fällt.
bringen / traer: traigo, traes ... herstellen / hacer: hago, haces ... wert sein / valer: valgo, vales ... stellen / poner: pongo, pones ... fallen / caer: caigo, caes ...
2. Einige Verben haben ein **g in der Ich-Form und eine Stammvokaländerung** im Sg und der 3. Pers. Pl von **e > i** oder **e > ie**.
Der folgende Satz enthält 3 Verben dieser Gruppe:
Sage ihm, dass ich komme, wenn ich Zeit habe.
sagen / decir: digo, dices, kommen / venir: vengo, vienes, haben / tener: tengo, tienes, tiene, tenemos, tenéis, tienen

F
Die **Futur- / Konditionalform** kann man bei einigen Verben ableiten, indem man den Vokal der Infinitiv Endung streicht und die Futur / Konditionalendung anhängt.
Der folgende Satz enthält 4 Verben dieser Gruppe:
Ich will wissen, ob ich Geld haben kann.
wollen / querer > querr > querré / ich werde wollen / querría / ich würde wollen, wissen / saber > sabr > sabré / ía haben / haber > habr > habré / ía, können / poder > podr > podré / ía.
Die **Futur- / Konditionalform** kann man bei einigen Verben ableiten, indem man den Vokal der Infinitiv Endung durch d ersetzt.
Der folgende Satz Nr. 2 enthält 4 Verben dieser Gruppe:
Komme zu mir; ich werde ausgehen, aber ich lege das Geld, as ich habe, auf den Tisch.

kommen / venir > vendr > vendré / ía
ausgehen / salir > saldr > saldré / ía
legen / poner > pondr > pondré / ía
haben / tener > tendr > tendré / ía
Ferner: wert sein / valer > valdr > valdré / ía
Sehr unregelmäßig: sagen / decir > diré / ía, machen / hacer > haré / ía
<u>Bei den Verben von Satz Nr 2 kann man den Imperativ ableiten, indem man die Infinitiv Endung streicht:</u>
Venir > ven / komme! Salir > sal / gehe aus! Poner > pon / lege! Tener > ten / habe!
Unregelmäßige Imperative:
sage / di, mache / haz, sei / sé, gehe / ve.
Unregelmäßige Konjunktive: gehen / ir: vaya, haben / haber: haya, sehen / ver: vea, sein / ser: sea, wissen / saber: sepa.
Bei Verben auf -acer, -ecer, -ocer, -ucir wird in der Ich-Form ein **z vor dem c** eingefügt, z. B. kennen / conocer (konother): ich kenne / conozco (konosko), conoces ...
Bei einigen Verben ist im Präsens **nur die Ich-Form unregelmäßig**: geben / dar: **doy**, das ... , wissen / saber : **sé**, sabes ... , sehen / ver: **veo**, ves ...

F <u>Bedeutungen von querer</u>

Wenn das Akkusativobjekt eine Sache ist: querer / wollen
Willst du einen Tee? Quieres un té?
Wenn das Akkusativobjekt eine Person ist: querer / lieben
Ich liebe meine Frau. Quiero a mi esposa.

F <u>Fragen</u>

wann ist der/die/das nächste: cuándo es el/la proximo/a ...
wann fährt ab / kommt an: cuándo sale / llega ...
wann wird geöffnet / geschlossen: cuándo abren / cierran ...

F Beim Arzt

Ich bin ...
erkältet / estoy resfriado/a (estoi rresfriado/a)
allergisch gegen / soy alérgico/a a (soi_alerchiko/a_a)
gegen ... geimpft / estoy vacunado/a contra ...
gestürzt / me he caído (me_e kaido)
Diabetiker / soy diabético/a (soi diawetiko/a)
Ich bin im ... Monat schwanger / estoy embarazada de ... meses (estoi_embarathada de ... meses).
Ich habe / tengo ...
Durchfall / diarrea (diarrea)
Kopfschmerzen / dolor de cabeza (dolor de kawetha)
Ohrenschmerzen / dolor de oído (dolor de_oido)
Halsschmerzen / dolor de garganta (dolor de garganta)
Rückenschmerzen / dolor de espalda (de_espalda)
eine Verdauungsstörung / una indigestión (indichestion)
Bauchschmerzen / dolor de vientre (dolor de wientre)
Fieber / fiebre (fiewre)
mich übergeben / he vomitado (e womitado)
einen hohen (niedrigen) Blutdruck / la tensión alta / baja (la tension alta / wacha)
hier Schmerzen / dolores aquí (dolores aki)
Kreislaufstörungen / los trastornos circulatorios (los trastornos thirkulatorios)
Dieses Medikament nehme ich gewöhnlich. Este es mi medicamento habitual (este_es mi medicamento_awitual).
Vor kurzem hatte ich / hace poco he tenido (athe poko_e tenido) ... Ich habe einen Herzschrittmacher. Llevo un marcapasos (jewo_un markapasos).
Könnten Sie mir eine Quittung für meine Versicherung geben. Podría darme un recibo para mi seguro (podria darme un rethiwo para mi seguro).

Lernen Sie bitte noch die Wörter von <u>umsteigen</u> bis <u>Zug</u>.

Vokabular

Abend tarde f tarde
Abendessen cena f thena
Abführmittel laxante m
abheben (Geld) retirar retirar
Abreise salida f salida
abreisen salir, partir
Abteil compartimento m
Achtung! atención atenthion!
Adapter adaptador m
Adresse dirección f diregthion
alkoholfrei sin alcohol alkool
allein solo(a)
Allergie alergia f alerchia
alles todo/a
als (Vergleich) que ke
Alter edad f eda
Altstadt casco m antiguo
anbieten ofrecer ofrether
andere/r/s otro/a
Anfang inicio m inithio
angeln pescar peskar
angenehm agradable ~dawle
anhalten parar
ankommen llegar jegar
Ankunft llegada f jegada
Anlegestelle embarcadero m
Anmeldung inscripción f
annehmen aceptar atheptar
annullieren anular
anprobieren probar prowar
Anschluss correspondencia f
Antiquität antigüedad ~gueda
antworten responder
anzeigen denunciar ~thiar
Anzug traje m trache
Aperitif aperitivo ~tiwo m
Apfel manzana ~thana f
Apotheke farmacia ~thia f
Aprikose albaricoque ~koke
April abril m awril
arbeiten trabajar trawachar
Architektur arquitectura f
Arm brazo m bratho
Arzt médico m mediko
Ärztin médica f medika
Aschenbecher cenicero m
atmen respirar rrespirar
Attest certificado m
auch también
Aufenthalt estancia ~thia f
aufstehen levantarse lewan~
Aufzug ascensor m asthen~
Auge ojo m ocho
August agosto m
Ausdruck expresión es~ f
ausfüllen llenar jenar
Ausgang salida f
ausgeben gastar
ausgehen salir
Auskunft información f
Ausland extranjero m es~
Aussicht vista f
aussprechen pronunciar
aussteigen bajar bachar
Ausstellung exposición f
Ausverkauf liquidación f

ausverkauft agotado/a
Auto coche m kotsche
Autobahn autopista f
Autobus autobús m autowus
Autoverleih alquiler de coches
B
Bäckerei panadería f
Bad baño m banjo
Bademantel albornoz ~noth m
Bademeister bañero m banjero
baden bañarse banjarse
Bahnhof estación f estathion
bald pronto
Balkon balcón m balkon
Bank banco m banko
Batterie pila f
(Auto) batería f
Baum árbol m arwol
Baumwolle algodón m
Beanstandung reclamación f
bedauern sentir
bedeuten significar signifikar
bedienen servir serwir
Bedienung servicio m servithio
beenden terminar
befinden, sich encontrarse
beginnen empezar empethar
begleiten acompañar ~panjar
behandeln tratar
Beilage guarnición ~thion f
Bein pierna f
beißen morder
Bekleidung ropa f
bekommen recibir rethiwir
benachrichtigen informar im~

benutzen usar
Benzin gasolina f
Berg montaña f montanja
Bergführer guía de montaña
Beruf profesión f
berühren tocar tokar
beschäftigen, sich ocuparse
beschreiben describir ~wir
Besen escoba m eskowa
besichtigen visitar
Besichtigung visita f
besorgen procurar
bestätigen confirmar
bestellen pedir
betrachten contemplar
Betrag importe m
Bett cama f kama
Bettdecke manta f
Bettlaken sábana f sawana
bewachen guardar
bewegen mover mower
bezahlen pagar
Bier cerveza f therwetha
Bild cuadro m kuadro
Bildhauer escultor m
Bildhauerei escultura f
billig barato
bitte por favor fawor
bitten pedir
blau azul athul
bleiben quedarse kedarse
bleifrei sin plomo
Blick mirada f
Blume flor f
Bluse blusa f

Blut sangre f
bluten sangrar
Boot barca f
Botschaft embajada ~chada f
Braten asado m
Bratspieß asador m
brauchen necesitar nethesitar
Zeit brauchen tardar
brechen romper
Bremse freno m
Brief carta f karta
Briefkasten buzón m buthon
Briefmarke sello m sejo
Brieftasche cartera f kartera
Briefumschlag sobre m sowre
Brille gafas fPl
bringen traer, llevar jewar
Brot pan m
Brötchen panecillo panethijo
Brücke puente m
Bruder hermano m ermano
Brunnen fuente f
Buch libro m liwro
Buchhandlung libreria liw~ f
buchstabieren deletrear
bügeln planchar plantschar
Burg castillo m kastijo
Büro oficina f ofithina
Bushaltestelle parada f de autobús autowus
Butter mantequilla ~kija f

C
Camping camping m
Cousin(e) primo(a)

D
Dame señora f senjora
Damenbinde compresa f kompresa
danken agradecer ~dether
Datum fecha f fetscha
dauern durar
Decke (Bett) manta f
denken pensar
Deutsche (r) alemán,-ana m, f
Deutschland Alemania f
Dezember diciembre m dithi~
Diafilm pelicula f para diapositivas
Diät dieta f
Diebstahl robo m rowo
Dienstag martes m
Diesel (Benzin) gasóleo m
diese/r/s esta, este, esto
direkt directo direkto
Diskothek discoteca f disko~
Dolmetscher intérprete mf
Dom catedral f
Donnerstag jueves m chuewes
Doppelzimmer habitación doble awitathion dowle
Dorf pueblo m puewlo
dort allá, allí
Dose (Konserven) lata f
~nöffner abrelatas m awre~
dringend urgente urchente
Drittel tercio m terthio
drücken apretar
dumm tonto
Durchfall diarrea f

204

dürfen poder
Durst sed f
Dusche ducha f dutscha
E
echt auténtico
Ei huevo m uewo
hartes / weiches ~: huevo
duro / huevo pasado por aqua
Eilbote (durch) por expreso
Eile prisa f
Eimer cubo m kuwo
Einbahnstraße calle f de
sentido único kaje
Eingang entrada f
einige algunos m, algunas f
Einkaufszentrum centro m
commercial komerthial
einladen invitar imbitar
einsteigen subir suwir
Eintrittskarte entrada f
Eintrittspreis entrada f
Einwohner habitante mf
einzahlen pagar
Einzelzimmer habitación f
individual awitathion
Eis hielo m ielo
(Speiseeis) helado m elado
Eisdiele heladería f eladeria
Eislauf patinaje m patinache
elektrisch eléctrico elektriko
Eltern padres mPl
Empfang (Hotel) recepción f
empfehlen recomendar
Ende fin m
Endstation estación terminal

eng estrecho estretscho
Entfernung distancia f
enthalten contener kontener
Entscheidung decisión dethi~f
entschuldigen perdonar
entwerten cancelar kanthelar
Erdbeere fresa f
erklären explicar esplikar
erlauben permitir
Ermäßigung descuento m
erreichen (Bus) llegar jegar
essen comer komer
Essen comida f komida
Essig vinagre m
etwas algo
F
Fähre ferry m
fahren ir
Fahrkarte billete m bijete
Fahrkartenschalter
ventanilla f
Fahrplan horario m orario
Fahrrad bicicleta f bithikleta
Familie familia f
Farbe color m kolor
Farbfilm película f en color
fast casi kasi
Februar febrero m
fehlen faltar
Fehler error m
Feiertag día de fiesta f
Fenster ventana f
Fensterladen postigo m
Ferien vacaciones f Pl
Fernglas prismáticos mPl

Fernsehen televisión f
fertig (bereit) listo/a
Fett grasa f
Feuer fuego m
~zeug mechero m metschero
Fieberthermometer
termómetro m
Film película f
(Kino) cine m thine
finden encontrar enkontrar
Finger dedo m
Fisch pescado m peskado
Flasche botella f boteja
~nöffner abrebotellas m awrebotejas
Fleisch carne f karne
Flohmarkt mercadillo m merkadijo
Flug vuelo m
Flughafen aeropuerto m
Flugzeug avión m
Fluss río m rio
Flüssigkeit líquido m likido
Flut marea f alta
folgen seguir segir
Form forma f
Foto foto(grafia) f
~apparat cámara f de fotos
~geschäft tienda de fotografía
fotografieren sacar fotos
Frage pregunta f
fragen preguntar
Frau mujer f mucher
(Ehefrau) esposa f

Freitag viertes m biernes
Fremdenführer guía turístico
Fremdenverkehrsamt
oficina f de turismo
Fresko fresco m
Freund amigo m
(Geliebter) novio m nowio
freundlich amable amawle
Friedhof cementerio m
Friseur peluquero m pelukero
Fruchtsaft zumo m de fruta
Frühling primavera f
Frühstück desayuno desajuno
fühlen sentir
Führerschein carnéde conducir
Führung visita f guiada giada
Fundbüro oficina f de objetos perdidos obchetos perdidos
funktionieren funcionar
Fuß pie m
Fußgänger peatón, -ona m f
Fußpfad sendero m

G

Gabel tenedor m
Galerie galería f
ganz todo/a
Garderobe guardarropa m
Garten jardín m chardin
Gasflasche bombona de gas
Gasthaus hostería f osteria
Gatte esposo m
geben dar
geboren nacido nathido
gebraten frito, asido
Gebühr tarifa f

Geburtsdatum fecha f de nacimiento fetscha
Geburtstag cumpleaños m
Gedeck cubierto m kuwierto
geeignet apropiado
Gefahr peligro m
gefährlich peligroso
gefallen gustar
Gegend región f rechion
Gegenstand objeto owcheto
gegenüber enfrente de
gehen ir ~nach/zu ir a
gehören pertenecer ~ther
Geld dinero m
Geldbörse monedero m
Geldschein billete m bijete
Geldwechsel cambio m
gemischt mixto misto/a
Gemüse verdura f werdura
genug suficiente sufithiente
Gepäck equipaje m ekipache
Gepäckaufbewahrung consigna f
geradeaus derecho deretscho
Gericht (Essen) plato m
Geschäft (Laden) tienda f
geschehen pasar
Geschenk regalo m
Geschichte historia f istoria
Geschwindigkeit velocidad f
Gesicht cara f kara
gestern ayer ajer
Gesundheit salud f
Getränk bebida f bewida
getrennt separado/a

gewinnen ganar
Gewürz especia f espethia
Glas cristal m kristal
(Trinkglas) vaso m baso
gleich igual
gleichfalls igualmente
Gleis vía f
Gleitschirmfliegen parapente m
Glockenturm campanario m
Glück suerte f
glücklich feliz felith
Glückwunsch felicitación f
Glühbirne bombilla f bombija
Gold oro m
Golfplatz campo de golf
Gottesdienst servicio m religioso serwithio relichioso
Gramm gramo m
Grenze frontera f
Grill barbacoa barwakoa f
Größe (Kleid) talla taja f
Großvater/mutter abuelo/a
grüßen saludar
Grund razón f rathon
Gruppe grupo m
Gruß saludo m
gültig válido/a
Gummi goma f
Gürtel cinturón m thinturon

H

Haar pelo m
haben tener, haber awer
Hafen puerto m
Hähnchen pollo m pojo

halb medio/a
Halbpension
media pensión
Hälfte mitad f
halten tener
Haltestelle parada f
Hand mano f
Handschuh guante m
Handtasche bolso m
Handtuch toalla f toaja
Handwerker artesano m
Handy móvil m
Haus casa f kasa
Haut piel f
heißen llamarse jamarse
Heizung calefacción ~gthion
helfen ayudar ajudar
Hemd camisa f kamisa
Herbst otoño m otonjo
Herr señor m senjor
herrlich magnífico/a
Herz corazón korathon m
heute hoy oi
Hilfe ayuda f ajuda, socorro!
Himmel cielo m thielo
hin und zurück ida y vuelta
ida _i wuelta
hinlegen poner
hinsetzen, sich sentarse
hinter detrás de
Hitze calor m
Hochsaison temporada alta
holen (Arzt) llamar jamar
Honig miel f
hören oír

Hose pantalón m
Hotel hotel otel m
Hubschrauber helicóptero elikoptero m
Hund perro m
Hunger hambre f ambre
Hut sombrero m
I
immer siempre
inbegriffen incluido
Infektion infección imfegthion f
informieren, sich informarse
innerhalb dentro de
Insekt insecto m
Insektenstich picadura f de insecto
Insel isla f
interessieren, sich interesarse
irgendetwas algo
irgendwo en alguna parte
J
Jacke chaqueta tschaketa f
Jahreszeit estación del año
Jahrhundert siglo m
Januar enero m
jede/r/s cada
jemand alguien, alguno
jener aquél
jetzt ahora aora
Jugendherberge albergue juvenil alberge chuwenil
Juli julio chulio m
Junge chico tschiko m
Juni junior chunio m

Juwelier joyero m chojero
K
Kalbfleisch ternera f
Kamm peine m
kaputt roto/a
Karte Land~ mapa m
Kartenvorverkauf venta f de entradas
Kartoffel patata f
Käse queso m keso
Kasse caja f kacha
Kauf compra f kompra
kaufen comprar komprar
Kaufhaus grandes almacenes almathenes mPl
Keks galleta f gajeta
Kellner camarero kamarero
kennen conocer konother
Kerze candela f
Kilometer kilómetro m
Kind niño(a) m f
Kinderarzt pediatra m f
Kino cine m thine
Kleid vestido m
Klimaanlage aire m acondicionado
Klingel Tür~ timbre m
klingeln (Telefon) sonar
klopfen (Tür) llamar jamar
Kloster convento konwento
Kneipe tasca f taska
Knochen hueso m ueso
Knopf botón m
kochen cocinar kothinar
Koffer maleta f
Kofferkuli carrito m
kohlensäurehaltig con gas
Kollege(in) colega mf kolega
kommen venir
Konditorei pastelería f
können poder
Konto cuenta f kuenta
kontrollieren controlar
Konzert concierto m
Kopf cabeza f kawetha
Kopfkissen almohada f
Korkenzieher sacacorchos m
Körper cuerpo m kuerpo
kosten costar
krank enfermo(a)
Krankenhaus hospital m
Krankenkasse caja f kacha de enfermedad
Krankenwagen ambulancia f
Krankheit enfermedad f
Kreditkarte tarjeta f de crédito
Kreuzfahrt crucero kruthero
Kreuzung cruce kruthe m
Küche cocina f kothina
Kuchen pastel m
Küchenchef jefe m de cocina
Kunst arte m (Pl f)
Künstler(in) artista m f
künstlich artificial artifithial
Kurs curso m kurso
Küste costa f kosta
L
lachen reir
Lachs salmón m
Lamm cordero m kordero

Lampe lámpara f
Land (politisch) país m
Langlauf esquí m de fondo
lassen dejar dechar
laut ruidoso
Lautsprecher altavoz m
leben vivir
Lederwaren marroquinería f
ledig soltero/a
leider por desgracia
leihen ver~ prestar
lesen leer
Leute gente f chente
Licht luz f luth
Lichtschutzfaktor factor de protección solar
lieben amar, querer
Lied canción f kanthion
Liegestuhl tumbona f
Liegewagen coche m de literas
Likör licor m likor
Limonade limonada f
Lippe labio m lawio
Lippenstift barra f de labios
Liste lista f
Liter litro m
Löffel cuchara f kutschara
Loipe pista f de fondo
Luftmatratze colchoneta f
Luftpost correo m aéreo
Lust (Neigung) ganas f Pl
M
machen hacer ather
Magen estómago m

Mai mayo majo m
Mal vez f
malen pintar
Maler pintor m
Malerei pintura f
man se, uno
Mann hombre m ombre
Mannschaft equipo m ekipo
Mantel abrigo m
Markt mercado m
Marmelade mermelada f
März marzo m martho
Material material m
Matratze colchón m koltschon
Mauer muro m
Maut peaje m peache
Mechaniker mecánico m
Medikament medicamento m
Meer mar m
Meeresfrüchte marisco m
mehr más
Menge cantidad f kantidad
Messe (Handel) feria f
messen medir
Messer cuchillo m kutschijo
Meter metro m
Metzgerei carniceria f
Miete alquiler alkiler m
mieten alquilar alkilar
ver~ alquilar
Milch leche f letsche
mindestens al menos
Mineralwasser agua f mineral
minus menos
Minimum mínimo m

mitbringen traer
mitnehmen llevar jewar
Mittag mediodía m
Mittagessen comida f komida
Mitte medio m, centro m
Mitternacht medianoche f
mittlere/r/s central thentral
Mittwoch miércoles m
Mode moda f
möglich posible posiwle
Moment momento m
Monat mes m
Mond luna f
Montag lunes m
morgen mañana manjana
Morgen mañana f manjana
Motor motor m
Motorboot lancha f motora
Motorrad moto f
Mücke mosquito m moskito
müde cansado kansado
Mülleimer cubo m de basura kuwo de wasura
Mund boca f
Münze moneda f
Museum museo m
Musik música f
Muskel músculo m
müssen tener que (+Infinitiv)
Mutter madre f

N

Nachmittag tarde f
Nachricht mensaje m ~sache
Nachsaison temporada f baja temporada wacha
nächster próximo proksimo
Nacht noche f notsche
Nachtisch postre m
nachts por la noche
Nagel (Finger~) uña f unja
nah cercano therkano
nahe bei cerca de therka de
Name nombre m
Nase nariz f
Nationalität nacionalidad f
Nebel niebla f niewla
nehmen tomar, coger kocher
Neujahr año m nuevo
nicht no
nichts nada
nie nunca
noch todavía todawia
Norden norte m
Notausgang salida f de emergencia emerchenthia
~fall caso m de emergencia
nötig necesario nethesario
November noviembre m
Nummer número m
nur sólo
Nuss (Wal~) nuez f nueth

O

Obst fruta f
Obstsalat ensalada de frutas
öffnen abrir awrir
Öffnungszeiten horas f Pl de apertura oras de_apertura
oft con frecuencia frekuenthia
ohne sin
Oktober octubre m oktuwre

211

Öl aceite m atheite
Omelett tortilla f tortija
Onkel tío m
Oper ópera f
Operation operación f
Optiker óptico m
Orange naranja f narancha
Ort lugar m
Osten este m
Ostern Pascua f paskua
P
paar ein~ un par um par
Palast palacio m palathio
Papier papel m
Parfüm perfume m
Park parque m parke
parken aparcar aparkar
Parkplatz aparcamiento m
~haus aparcamiento m
Parkuhr parquimetro m
Party fiesta f
Pass pasaporte m
Patient paciente mf pathiente
Pension pensión f
Person persona f
Personalausweis carné f
de_identidad
Pfeffer pimienta f
Pferd caballo m kawajo
Pfirsich melocotón m
Pflanze planta f
Pflaster esparadrapo m
Pfund medio kilo m
Pille píldora f
Pilz hongo m ongo

Plan plan m
planen planear
Platz plaza f platha
(Sitzplatz) asiento m
plus más
Polizei policia f polithia
Portier portero m
Portion ración f rathion
Postamt oficina de correos
Postkarte postal f
prächtig estupendo
Preis precio m prethio
privat privado/a
probieren probar prowar
Programm programa m
Prospekt prospecto m
prost! salud!
Prozent por ciento m thiento
pünktlich puntual
Q
Quittung recibo m rethiwo
R
Rabatt descuento m deskuento
Radtour excursión en bicicleta
Rasierapparat maquinilla f de afeitar makinija de afeitar
Rathaus ayuntamiento m
rauchen fumar
Raucher fumador m
Rechnung cuenta f kuenta
Regen lluvia f juwia
~mantel impermeable m
Regenschirm paraguas m
regnen llover jower
Reifen neumático m

rein puro/a
reinigen limpiar
Reis arroz m arroth
Reise viaje m
R-führer guía m turístico
reisen viajar
Reklamation reclamación f
reklamieren reclamar
Reparatur reparación f
reparieren reparar
reservieren reservar reserwar
Reservierung reserva f
Restaurant restaurante m
Rettungsboot bote salvavidas
Rettungsring salvavidas m
Rezept receta f retheta
Richtung dirección f ~thion
Rindfleisch carne de vacuno
Rock falda f
Rollbraten asado m enrollado
Rollschinken jamón en rollo
roh crudo/a
Rolltreppe escalera mecánica
Roman novela f nowela
röntgen hacer una radiografía
Rose rosa f
rot rojo/-a /-os/-as rocho
Rücken espalda f
Rückkehr vuelta f
Rucksack mochila motschila
Ruderboot bote m de remos
rufen herbei~ llamar jamar
ruhig tranquilo/a trankilo
rund redondo/a
Rundfahrt circuito m thirkuito

Rundgang vuelta f
S
Safe caja f fuerte kacha fuerte
Saft zumo m thumo
sagen decir dethir
Sahne crema f krema
Saison temporada f
Salat ensalada f
Salz sal f
Samstag sábado m sawado
Sand arena f
sauber limpio/a
Schachtel caja f kacha
Schaden daño m danjo
scharf (Speise) picante
Schatten sombra f
Schaufenster escaparate m
Scheibe(Wurst) rodaja f
Schere tijeras fPl ticheras
schicken enviar embiar
Schiff barco m barko
Schinken jamón m chamon
schlafen dormir
Schlafwagen coche m cama
schließen cerrar therrar
Schloss castillo m kastijo
Schlüssel llave f jawe
schmal estrecho estretscho
schmecken gustar
Schmerz dolor m
schmutzig sucio suthio
Schnee nieve f
schneiden cortar
Schnellzug tren m expreso
Schnitzel escalope m

Schokolade chocolate m
schon ya ja
schreiben escribir eskriwir
Schuh zapato m thapato
schulden deber dewer
Schweinefleisch cerdo therdo
Schwester hermana f ermana
schwierig difícil difithil
Schwimmbad piscina f ~thina
schwimmen nadar
See lago m
Segelboot barco m de vela
segeln navegar a vela
sehen ver
Seife jabón m chawon
Seilbahn funicular m
sein ser, estar
Semmel panecillo m panethijo
September septiembre m
servieren servir serwir
Serviette servilleta f serwijeta
Sessellift telesilla f telethija
setzen poner
sicher seguro/a
Sicht vista f
sitzen estar sentado
so así
Skulptur escultura f
Socke calcetín m kalthetin
sofort en seguida en segida
Sohn hijo m icho
Sommer verano m
Sonne sol m
Sonnencreme crema f solar
Sonnenschirm parasol m

Sonntag domingo m
Soße salsa f
Speisekarte carta f karta
~saal comedor m komedor
Spiegel espejo m especho
Spiel juego m chuego
Spielbank casino m
spielen jugar chugar
sprechen hablar awlar
Stadt ciudad f
~plan plano m de la ciudad
statt en lugar de, en vez de
stattfinden tener lugar
Steckdose enchufe entschufe
stehen estar en pie
stehlen robar rowar
stellen poner
Stil estilo m
Stockwerk piso m
Stoff (Tuch) tela f
stören (belästigen) molestar
Strand playa f plaja
Straße calle f kaje
Straßenbahn tranvía m
Streichholz cerilla therija f
Stromspannung voltaje m
Strömung corriente f
Strumpf media f
Stück trozo m trotho
Stuhl silla f sija
Stunde hora f ora
suchen buscar buskar
Süden Sur m
Supermarkt supermercado m
Suppe sopa f

T
Tabakladen estanco m estanko
Tag día m
Tankstelle gasolinera f
tanzen bailar
Tanzlokal salón m de baile
Tasche (Hand~) bolso m
Taschentuch pañuelo
Tasse taza f tatha
tauchen sumergir sumerchir
tauschen cambiar kambiar
Teelöffel cucharita f de té
Teigwaren pastas f Pl
Teil parte f
Telefon teléfono m
~buch guía de teléfonos
~karte tarjeta f telefónica
~zelle cabina f telefónica
telefonieren telefonear
Teller plato m
Termin cita f thita
Terrasse terrazza f terratha
Theater teatro m
tief profundo/a
Tier animal m
Tisch mesa f
Tischtennis ping-pong m
Tochter hija f icha
Toilette servicio m serwithio
~papier papel m higiénico
Tour vuelta f
tragen llevar jewar
Tragetüte bolsa f
transportieren transportar
treffen encontrar

Treppe escalera f eskalera
Tretboot patín m acuático
trinken beber, tomar
Trinkwasser agua f potable
Tropfen gota f
Tür puerta f
Turm torre f

U
U-bahn metro m
überqueren atravesar
Überraschung sorpresa f
übersetzen traducir
Uhr reloj m reloch
Uhrzeit hora ora f
Umleitung desviación f
umsteigen cambiar
umtauschen cambiar
Unfall accidente m agthidente
ungefähr aproximadamente
unterschreiben firmar
Unterschrift firma f
Urlaub vacaciones f Pl

V
Vanille vainilla f ~ija
Vater padre m
Ventilator ventilador m
verabschieden despedir
verbieten prohibir proiwir
verbringen pasar
vergessen olvidar olwidar
Verkauf venta f
verkaufen vender
Verleih alquiler m
verlieren perder
vermieten alquilar

verschieden diferente
Versicherung seguro m
Verspätung retraso m
verstehen entender
Vertrag contrato m
Verzeichnis lista f
vielleicht quizás, tal vez
Viertel cuarto m
voll lleno jeno
Vorspeise entrada f
vorstellen presentar
Vorwahl (Tel) prefijo m
vorziehen preferir
W
warten esperar
Waschbecken lavabo lawawo
waschen lavar lawar
Wasser agua f
Wasserhahn grifo m
wechseln (Geld) cambiar
wecken despertar
Wein vino m
(Rotwein vino tinto)
(Weißwein vino blanco)
wenig poco poko
Werkstatt taller m tajer
Werktag día f laborable
Wetter tiempo m
wichtig importante
wiederholen repetir
wiedersehen volver a ver
Wind viento m
Winter invierno m
wissen saber
wo dónde?

Woche semana f
wohnen vivir
Wohnwagen caravana f
Wolke nuve f nuwe
wollen querer kerer
Wort palabra palawra f
wünschen desear
Wurst salchicha saltschitscha
Z
Zahl número m
zahlen pagar
Zahn diente f
Zahnarzt dentista m f
Zahnpasta dentifrico m
zeigen mostrar
Zeit tiempo m
Zeitschrift revista f rewista
Zeitung periódico periodiko
~kiosk kiosco m kiosko
Zelt tienda f de campaña
zelten hacer camping
Zentrum centro m thentro
zerbrechen romper
ziehen tirar
Zigarette cigarrillo m thigarijo
Zigarre puro m
Zimmer habitación awitathion
~mädchen camarera f
Zitrone limón m
Zucker azúcar m f
Zug tren m
zurückkehren volver, regresar
zu viel demasiado
zwischen entre
Zwischenfall incidente m

216

Italienisch in 10 Tagen

Die Zollkontrolle. Basiswissen.	219
Wo ist der Bahnhof? Artikel.	223
Der Streik. Hauptwörter.	230
Die Autopanne. Eigenschaftswörter.	235
Erste Begegnung. Umstandswörter.	240
Das Hochzeitskleid. Verben.	246
Die Hochzeitsreise. Fürwörter.	253
Ankunft im Hotel. Weitere Fürwörter.	258
Im Restaurant. Raum und Zeit.	264
Wichtige Redewendungen.	269
Vokabular	271

Erster Tag

Die Aussprache des Italienischen

Vokale	Aussprache	Beispiel
a, u	wie im Deutschen	
e	in betonten Silben und Vokalverbindungen meist offen (wie in ändern)	senza ohne igienico hygienisch
	geschlossene Aussprache: unbetont oder in der Endung -mente	forse vielleicht brevemente
i	kurz	si man, sich
	in betonten Silben lang vor mehreren Konsonanten kurz	isola Insel birra Bier
	vor und zwischen Vokalen wie j	fiore Blume
o	betont und in Vokalverbindungen: offen	però aber chiosco Kiosk
	geschlossene Aussprache: unbetont	collare Halsband

Konsonanten	Aussprache	Beispiel
b	stimmhaft wie in Leben	bere trinken
c	vor e oder i wie tsch	cena Abendessen città Stadt
	sonst wie k	casa Haus
ch, cch	wie k	chiesa Kirche
cia	ci wie	ciao hallo
cio	**tsch**	cioccolato Schokolade
	vor a, o, u	
ciu		ciuco Esel

d	stimmhaft wie in du	domani morgen
g	vor e und i stimmhaft wie dsch in Dschungel sonst wie g	gelato Eis gita Fahrt grazie danke
gh	wie g	ghiaccio Eis
gia	gi wie	giallo gelb
gio	**dsch**	gioco Spiel
giu	vor a, o, u	giusto richtig
gl	wie lj	famiglia Familie
gn	*wie nj in Sonja (F)*	bagno Bad
h	*wird nicht ausgesprochen (R S)*	hotel
qu	wie k, gefolgt von schwachem u	questo dieser
r	mit der Zungenspitze gerollt	rosso rot
s	stimmlos: vor f, p, q, t nach l, n, r am Wortanfang stimmhaft: vor b, d, g, l, m, n, r zwischen Vokalen	salsa Soße sole Sonne sbaglio Fehler uso Gebrauch
sca	sc wie	scarpa Schuh
sco	**sk**	sconto Rabatt
scu	vor a, o, u	scuola Schule
sche	sch wie	scherzo Scherz
schi	**sk** vor e, i	schiena Rücken
sce	sc wie **sch** vor e, i	scendere aussteigen
sci		sci Ski
scia	sci wie **sch**	sciarpa Schal
scio	vor a, o, u	sciopero Streik
sciu		asciugamano Handtuch
v	*wie w (F)*	vino Wein

z, zz	stimmlos: vor Vokalen	zucchero
	nach l, n	senza
	vor den Endungen -ione	stazione
		Bahnhof
	stimmhaft: zwischen Vokalen	azzuro blau

Betonung und Akzente

Im Italienischen wird normalerweise die vorletzte Silbe betont. Die Betonung wird durch **Fettdruck** oder Unterstreichung angezeigt.
1. L'accento grave: offene Aussprache, z. B. caffè
2. L'accento acuto: geschlossene Aussprache, z. B. rosé

Aussprache des Alphabets

A a B bi C tschi D di E ee F effee G dschi H akka I i
J i lunga K kappa L ellee M emme N enne O o P pi Q ku
R erree S essee T ti U u V wi, wu W wi, wu doppia X ix
Y ipssilon Z dseta

Abkürzungen

Beispiel	B
Regel	R
Femininum, weiblich	f / w
Maskulinum, männlich	m
Singular / Einzahl	Sg / EZ
Plural / Mehrzahl	Pl / MZ
freiwilliges Lernprogramm	F
Perfekt	Pf
Kurzgrammatik	KG

E Englisch *F* Französisch *S* Spanisch *I* Italienisch
R S Romanische Sprachen (*F S I*)
Lernen Sie bitte die unterstrichenen Wörter im Vokabular von Abend bis Bett.
Lesen Sie bitte die folgende Kurzgeschichte laut. Wichtig: **Simultanes** Lesen, Sprechen und Hören des Textes.

Die Zollkontrolle / Il controllo doganale

Ort: Flughafen Leonardo da Vinci in Rom.
Luogo: L'aeroporto Leonardo da Vinci a Roma.
Touristin T, Zöllner Z

Z Den Pass bitte. Il passaporto per favore. Der Pass ist abgelaufen. Il passaporto è scaduto
T Hier ist der Personalausweis. Ecco la carta d'identità. *Ich bin* lange Zeit durch ganz Deutschland *gereist. Ho viaggiato* molto tempo per tutta la Germania. Gibt es etwas Neues in Italien? <u>C'è qualcosa di nuovo in **Italia**</u>? (263)
Z Ich weiß *nichts* Neues. *Non* so *niente* di nuovo. Haben Sie etwas zu verzollen? Ha qualcosa da dichiarare?
T Ich habe *nichts* zu verzollen. *Non* ho *niente* da dichiarare.
Z *Öffnen Sie* diesen Koffer! *Apra* questa valigia! Jetzt weiß ich etwas Neues für Sie. Ora so qualcosa di nuovo per Lei. Sie müssen für das hier Zoll *bezahlen*! Deve *pagare* il dazio per questo!
T Aber das ist ein Geschenk. Ma questo è un regalo.
Z Für wen? Per chi?
T Für Sie. Per Lei.
Z Oh, ich danke Ihnen. Oh, La ringrazio.

Beachten Sie folgende Regeln: Qualcosa / niente + di + Adjektiv: qualcosa / niente di nuovo; qualcosa / niente + da + Infinitiv: qualcosa / niente da dichiarare.

Kursiver Text: gleiche Bedeutung. <u>Textunterstreichung</u>: Hinweis auf Grammatikregel (Seitenangabe).

<u>**Lesen Sie bitte in jedem Kapitel zunächst den Grammatikteil und erst danach die Kurzgeschichte.**</u>

Zweiter Tag

Wo ist der Bahnhof / Dov'è la stazione?

Ort: Mailand Luogo: Milano
ein Tourist un turista T, eine Passantin una passante P

T Wo befindet *sich* der Bahnhof? Dove *si* trova la stazione?
P *Im* Stadtzentrum. *Nel* centro città.
T Kann ich zu Fuß *dorthin* gehen? *Ci* posso andare a piedi?
P Das ist nicht möglich, weil es zu weit ist. Non è possibile perché è troppo lontano. Der Bahnhof *ist* 10 km von hier *entfernt*. La stazione *dista* 10 km da qui.
T Können Sie *mir* erklären, wie ich dorthin fahren kann? *Mi* può spiegare come ci posso andare?
P Bevorzugen Sie den Bus, die Straßenbahn oder die U-Bahn? Preferisce l'autobus, il tram o la metro? Alle drei fahren zum Bahnhof. **Tutti e tre** vanno alla stazione.
T Wo ist eine Bus- oder Straßenbahnhaltestelle oder eine U-Bahnstation? Dove sono una fermata **dell'**autobus o **del** tram o una stazione **della** metro?
P Dort sehen Sie die Bushaltestelle. Lì vede la fermata dell'autobus.
P In welche Richtung fährt der Bus und welcher Bus fährt zum Bahnhof? In che direzione va il bus e quale autobus va **alla** stazione?
P Nach links und ich denke, dass es die Nummer 5 ist. A sinistra e penso che sia il numero 5.
T Wie viele Haltestellen sind es bis zum Bahnhof? Quante fermate ci sono fino alla stazione?
P Es tut mir leid, ich weiß es nicht. Mi dispiace, **non** lo so.
T Vielen Dank, meine Dame. Molte grazie, Signora.

Frage 1 (F1): Welche Regeln kann man ableiten von:
alla, del, della, dell', nel ? **Antwort (A1):** Seite 226
F2: non lo so. Welche Regel? **A2:** 244
F **F3: tutti e tre.** Welche Regel? **A3:** 225
F4: Verwendung von **ci**? **A4:** 234

Der bestimmte Artikel

B   Der Junge und die Freundin besuchen
die Aufführung und den Zoo.
Il rag<u>a</u>zzo e l'am<u>i</u>ca (1) vis<u>i</u>tano **lo** spett<u>a</u>colo e **lo zoo** (2).
R   Sg (m): **il** (w): **la**
il und la werden vor **Vokal** zu **l'**. (1) **A12**
il wird vor **s + Konsonant** und **z** zu **lo**. (2) **A5**
Pl I rag<u>a</u>zzi e le am<u>i</u>che (3) vis<u>i</u>tano **gli** spett<u>a</u>coli e **gli** zoo (4).
R   Pl (m): **i** (w): **le**
In der Mehrzahl werden: **l'** (w) zu **le** (3), **l'** (m) zu **gli** und **lo** zu **gli** (4).

R *Die Artikelform wird durch den Anfangslaut des Hauptworts bestimmt.* **KG 286**
R *Geschlecht und Zahl des Artikels werden durch das zugehörige Hauptwort bestimmt.* **KG 286**

Bildung von del und al

B   Das Mädchen ist die Freundin des Jungen.
La ragazza è l'amica (di il >) **del** ragazzo.
Das Mädchen gibt dem Jungen ein Geschenk.
La ragazzo da un regalo (a il >) **al** ragazzo.
R Die Präposition di + il wird zu **del**.
Die Präposition a + il wird zu **al**.
KG 287

F Die Verwendung des bestimmten Artikels

Der bestimmte Artikel wird in folgenden Fällen verwendet:
1. *Vor geographischen Bezeichnungen* (l'Italia / Italien, La Calabria / Kalabrien). **F 82**
2. Beim besitzanzeigenden Fürwort (La mia casa / mein Haus).
3. Bei Besitzangaben mit avere / haben (avere l'auto / ein Auto besitzen).
4. Bei Krankheitsangaben mit avere (avere la febbre / Fieber haben).
5. Bei Berufsangaben mit fare / machen (faccio il dottore/ ich bin Arzt).
6. Bei Angabe einer Sprache (studiare il francese / Französisch lernen).

F Bestimmter Artikel bei Familienbezeichnungen

B   Mein Bruder, meine Schwestern und meine liebe Mutter.
Mio fratello, **le** mie sorelle e **la** mia cara mamma.

R   Familienmitglieder in der Einzahl: kein Artikel
Familienbezeichnung in der Mehrzahl: Artikel
Familienbezeichnung mit Adjektiv: Artikel

F Einfügungen

B   Alle drei trinken alle Tage ein wenig Wein.
Tutti **e** tre bevono tutti **i** giorni un po' **di** vino.

R 1 Folgt nach tutto eine Zahl, wird dazwischen **e** eingefügt. (**A3**)

R2   Folgt nach tutto ein Hauptwort, wird dazwischen **der bestimmte Artikel** eingefügt.

R3   Folgt nach un po' (Abkürzung für un poco/ein wenig) ein Hauptwort, wird dazwischen **di** eingefügt. (**A25**)

Der Teilungsartikel

B Wünschen Sie Bier? Desidera (di+la >) della birra? (1)
Ich wünsche kein Bier. Non desidero di birra. (2)
Ich wünsche ein Glas Wein. Desidero un bicchiere di vino. (3)

R *Menge unbestimmt* (1): **di + bestimmter Artikel** (so genannter *Teilungsartikel*). **A38** (*F* 82)
Nach einer Verneinung (2) und bei einer genauen Mengenangabe (3): nur **di**.

Präpositionen und bestimmte Artikel

	il	lo	la	l'	i	gli	le
di / von	del	dello	della	dell'	dei	degli	delle
da / aus	dal	dallo	dalla	dall'	dai	dagli	dalle
a / zu	al	allo	alla	all'	ai	agli	alle
in / in	nel	nello	nella	nell'	nei	negli	nelle
su / auf	sul	sullo	sulla	sull'	sui	sugli	sulle

Der unbestimmte Artikel

B Ein Junge und eine Freundin besuchen eine Vorstellung und einen Zoo.
Un ragazzo e **un'**amica (1) visitano
uno spettacolo e **uno** zoo (2).

R Sg (m): **un** (w): **una**
una wird vor **Vokal** zu **un'**. (1)
un wird vor **s + Konsonant** und **z** zu **uno**. (2) **A6**

Pl Jungen und Freundinnen besuchen Vorstellungen und Zoos.
Dei ragazzi e **delle** amiche visitano
degli spettacoli e **degli** zoo. (3)

R Pl (m): **dei** (w): **delle**
dei wird vor **s + Konsonant** und **z** zu **degli**. (3)

R *Die **Artikelform** wird **durch den Anfangslaut des Hauptworts** bestimmt.* **KG 287**

R *Die **Pluralform** wird **nicht übersetzt**.* **KG 287**

Konjugation der Hilfsverben av**e**re / haben und **e**ssere / sein

Präsens	ho	ich habe	sono	ich bin
	hai	du hast	sei	du bist
	ha	er hat	è	er ist
	abbiamo	wir haben	siamo	wir sind
	avete	ihr habt	siete	ihr seid
	hanno	sie haben	sono	sie sind
PP	avuto / gehabt		stato / gewesen	

F

Imperfekt	av**e**v-o ich hatte		er-o ich war
	-i		-i
	-a		-a
	-**a**mo		erav-**a**mo
	-**a**te		erav-**a**te
	av**e**v-ano		**e**r-ano

Futur	av-rò ich werde haben	sa-rò ich werde sein
	-rai	-rai
	- rà	-rà
	- remo	-remo
	-rete	-rete
	-ranno	-ranno

Kondi-tionalform	av-**rei** ich würde haben	sa-**rei** ich würde sein
	-resti	-resti
	-rebbe	-rebbe
	-remmo	-remmo
	-reste	-reste
	-rebbero	-rebbero

Die Grundzahlen (siehe S. 295)

0 zero
1 uno
2 due
3 tre
4 quattro
5 cinque
6 sei
7 sette
8 otto
9 nove
10 dieci

11 undici
12 dodici
13 tredici
14 quattordici
15 quindici
16 sedici
17 diciasette
18 diciotto
19 dicianove
20 venti

Von 20 bis 100 werden die Grundzahlen immer nach dem gleichen Muster gebildet: Die Zehnerzahl wird durch die Zahlen 1 - 9 ergänzt, wobei die Zehnerzahl ihren Endvokal verliert, wenn die nachfolgende Zahl mit einem Vokal beginnt, z.B.

20 venti
21 venti-uno > ventuno
22 ventidue
28 venti-otto > ventotto
29 ventinove
30 trenta
40 quaranta
50 cinquanta
60 sessanta
70 settanta
80 ottanta
90 novanta
100 cento
200 due cento
1 000 mille
2 000 due mila
10 000 dieci mila

100 000 cento mila
1 000 000 un milione

F Die Ordnungszahlen und Bruchzahlen

(der, die, das)

erste	il primo (m), la prima (w)
zweite	secondo
dritte	terzo
vierte	quarto
fünfte	quinto
sechste	sesto
siebte	settimo
achte	ottavo
neunte	nono
zehnte	decimo

Ab 11. werden die Ordnungszahlen so gebildet:
Grundzahlen + -esimo. Dabei verlieren die Grundzahlen ihren Endvokal, da die Endung -esimo mit einem Vokal beginnt.
11. undici + -esimo > undicesimo
12. dodici + -esimo > dodicesimo usw.

*Für die **Bruchzahlen** verwendet man die **Ordnungszahlen**.*
(*E* 15 *S* 153 *F* 85) **Ausnahme: 1/2 un mezzo**
1/3 un terzo 1/4 un quarto 1/5 un quinto usw.

F Wie viel Uhr ist es? Che ore sono?

R Bei der Uhrzeit wird in der Umgangssprache bis 39 Minuten dazu gezählt, danach von der nächsten Stunde mit weniger / **meno** *abgezogen.* **A26**.1 (KG 286)
Bei offiziellen Zeitangaben wird immer dazu gezählt.
Es ist / è 1.00 l'una 1.10 l'una e dieci 1.15 l'una e un quarto 1.30 l'una e mezza 1.39 l'una e trentanove 1.40 **sono** le due **meno** venti 1.45 **sono** le due **meno** un quarto, 2.00 **sono** le due. *Die Zeitangabe mit 'um' erfolgt durch die Präposition 'a'.* **A26**.2 (*S 153*)
Lernen Sie bitte noch die unterstrichenen Wörter von bezahlen bis Eintrittskarte.

Dritter Tag

Der Streik / Lo sciopero

Ort: Der Hauptbahnhof von Mailand
Luogo: La stazione centrale di Milano
Tourist T, Angestellter A

T (vor dem Schalter / davanti allo sportello) Wann fährt der nächste Zug nach Rom? Quando parte il prossimo treno **per** Roma.?

A Ich weiß *es* nicht. Non *lo* so. Der Zug aus Rom hat Verspätung. Il treno **di** Roma è in ritardo. An Stelle des Fahrplans haben wir seit gestern einen Streik. Invece dell' orario abbiamo da ieri **uno sci<u>o</u>pero**.

T Von welchem Gleis fährt der Zug ab? Da quale binario parte il treno?

A Von Gleis 6. **Dal binario sei.**

T Ist es nötig umzusteigen? È necessario cambiare?

A Ja, Sie müssen wegen des Streikes in Florenz umsteigen. Sì, deve cambiare **a** Firenze a causa **dello** sciopero.

T Wie lange dauert die Fahrt? Quanto tempo dura il viaggio?

A <u>Normalerweise</u> dreieinhalb Stunden, aber heute wegen des Streikes sieben Stunden. <u>Normalmente</u> (242) tre ore e mezza, ma oggi per **lo sci<u>o</u>pero** sette ore.

T Gibt es einen Liegewagen? **C'è una carrozza cuccette?**

A Ja, aber *wegen* des Streikes nur bis Florenz. Sì, ma *per* lo sci<u>o</u>pero solo fino a Firenze.

T Ich möchte einen Liege- und Fensterplatz *reservieren*, zweite Klasse, hin und zurück, die Rückfahrt ohne Streik. Vorrei *prenotare* una cuccetta e un posto **al** finestrino di seconda classe, andata e ritorno, il ritorno senza sciopero.

F5: lo sciopero Regel? A5: 224

F6: uno sciopero Regel? A6: 226 F7: al, dal, dello Regeln? A7: 226 F8: Verwendung von a, da, di, per? A8: 269, 270 F9: C'è una carozza? Regel? A9: 263

Hauptwörter (Substantive)

Mehrzahlbildung und Geschlecht

B Der Junge liebt das Mädchen während der Nacht.
   Il ragazzo ama la ragazza durante la notte.
MZ I ragazzi amano le ragazze durante le notti.
R In der Mehrzahl wird -o zu -i, -a zu -e und -e zu -i.
R *Substantive mit der Endung o sind meistens männlich.*
   Substantive mit der Endung a sind meistens weiblich.
   Substantive mit der Endung e sind männlich oder weiblich. **KG 287**
R Substantive mit der Endung -ione sind meistens weiblich (z. B. la pensione / die Pension).
R Substantive mit der Endung -ista sind meistens weiblich und männlich (il, la turista / der Tourist, die Touristin).
R *Im Italienischen gibt es **nur männliche und weibliche Hauptwörter**.* **KG 287**

F Substantive mit unveränderter Form im Plural
B Auf dem Foto sieht man die Straßenbahn in der Stadt.
   Sulla **foto** si vede il **tram** nella **città**.
PL Sulle **foto** si vedono i **tram** nelle **città**.
R Im Plural bleiben unverändert:
   1. Abkürzungen: la **foto**(grafia) > le **foto**
   2. Substantive, die mit einem Konsonant enden:
      il **tram** > i **tram**
   3. Substantive mit betonter Endung:
      la **città** > le **città**
   4. Substantive mit den Endungen **-i** und **-ie**, z.B.
      die Krise la **crisi** > le **crisi,** Reihe la **serie** > le **serie**

F Unregelmäßige Pluralbildungen

B Der Sohn isst die Orange und trägt den Koffer.
Il figlio mangia l'arancia e porta la valigia .
Pl I figli mangiano le arance e portano le valige.
R Die Endung -io mit unbetontem i wird im Plural zu -i.
Die Endung -cia mit unbetontem i wird im Plural zu -ce.
Die Endung -gia mit unbetontem i wird im Plural zu -ge. (A18)

B Der betrunkene Pilot ist ein Problem für den Touristen.
Il pilota ubriaco è un problema per il turista.
Pl I piloti ubriachi sono un problema per i turisti.
R Männliche Substantive mit der Endung -a bilden die Mehrzahl auf -i. Substantive mit der Endung -ista bilden die Mehrzahl auf -isti, wenn sie männlich sind und auf -iste, wenn sie weiblich sind.

F Einfügung von h zur Bewahrung der Aussprache

B Die Deutsche und die Kollegin betrachten den Wald und den See.
La tedesca e la collega guardano il bosco e il lago.
Pl Le tedesche e le colleghe guardano i boschi e i laghi.
R Substantive mit den Endungen ca, ga, co, go bewahren im Plural die harte Aussprache der Endungen durch Einfügen eines h.
Ausnahmen:
z. B. l'amico / der Freund Pl gli amici
Für Wörter mit der Endung co, go gilt:
Bei Betonung auf der drittletzten Silbe wird im Plural kein h eingefügt, z. B. i medici / die Ärzte
i psicologi / die Psychologen.

Wochentage

Welcher Tag ist heute? Che giorno è oggi?
Montag lunedì
Dienstag martedì
Mittwoch mercoledì
Donnerstag giovedì
Freitag venerdì
Samstag sabato
Sonntag domenica

Monate

Januar gennaio
Februar febbraio
März marzo
April aprile
Mai maggio
Juni giugno
Juli luglio
Augus agosto
September settembre
Oktober ottobre
November novembre
Dezember dicembre

Jahreszeiten

Frühling primavera f
Herbst autunno m
Sommer estate f
Winter inverno m

F Datumsangabe

Den Wievielten haben wir heute? Quanti ne abbiamo oggi? Heute ist der 1. April 2010. Oggi è il primo aprile del duemila e dieci. Am 3. April reisen wir ab. Partiamo il **tre** aprile.

*R Die **Datumsangabe** erfolgt durch die **Grundzahlen**.* **A19**
Ausnahme: *Am 1.Tag des Monats wird die Ordnungszahl verwendet.* KG 286

F Falsche Freunde

Als falsche Freunde bezeichnet man Wörter, die im **Italienischen** und *Deutschen* sehr ähnlich klingen, jedoch eine unterschiedliche Bedeutung haben.

caldo warm   *kalt* / freddo
alto groß   *alt* / vecchio

F Beispiele für den Gebrauch von ci

Ci ersetzt Satzteile mit **in** und **a** (**A 4**):
Bist du je in Italien gewesen? Sei stato mai in Italia?
Non **ci** sono mai stato. **Dort** bin ich niemals gewesen.
Denkst du oft an Rom? Pensi spesso **a** Roma?
Sì, **ci** penso spesso. Ja, **daran** denke ich oft.
Wie fährst du nach Rom? Come vai **a** Roma?
Ci vado in macchina. **Dorthin** fahre ich mit dem Auto.
Weshalb fährst du nach Rom? Perché vai **a** Roma?
C'è qualche amico. (1) **Dort** sind einige Freunde.
R **Qualche** heißt einige, wird jedoch immer in Verbindung **mit dem Singular** verwendet. (1)
R Das Wort pensare wird in Verbindung mit **ci** verwendet: Pensa**ci** bene / überlege es dir gut.

F Gebrauch des Prominaladverbs ne

Ne ersetzt Satzteile mit **di**:
Hast du Lust zu tanzen? Hai voglia **di** ballare?
Ne ho voglia. **Dazu** habe ich Lust.
Wie viele Zeitungen nimmst du? Quanti giornali prendi?
Ne prendo due. **Davon** nehme ich zwei.
R Vor einem Verb wird der Teil einer Menge immer mit **ne** ausgedrückt. (**A39**)

Unregelmäßiges Verb

bleiben, sein, stehen, sich befinden: stare
Präsens: sto, stai, sta, stiamo state, stanno
Pf: stato

Lernen Sie bitte noch die unterstrichenen Wörter von Eintrittspreis bis Führung.

Vierter Tag

Die Autopanne / Il guasto all'automobile

Tourist T, Passant P, Angestellter A, Mechaniker M

T Wo ist die nächste Werkstatt? Dov'è l'officina *più vicina*?
P (lachend / ridendo) Fünf Meter hinter Ihnen. Cinque metri dietro di Lei.
T Guten Tag, können Sie mein Auto kontrollieren? Buon giorno, può controllare la mia macchina? (261) Es hat angehalten und fährt *nicht mehr*. Si è fermata e *non* va *più*.
A Wo hat es angehalten? Dove si è fermata?
T Genau vor der Werkstatt. Esattamente davanti **all'** officina.
A Bravo, es ist ein gutes Auto. Bravo, è una **brava** macchina! Bitte den Schlüssel des Autos. Per favore la chiave della macchina. Während mein Mechaniker das Auto kontrolliert, können Sie einen Kaffee trinken. Mentre il mio (260) meccanico controlla la macchina, Lei può bere un caffè.

Der Mechaniker kehrt nach 3 Minuten zurück. Il meccanico ritorna dopo 3 minuti.

T *Wieso* fährt das Auto nicht mehr? *Come mai* la macchina non va più?
M Raten Sie ein wenig. Indovini un po'.
T Funktioniert die Zündung nicht? **L'accensione** non funziona?
M No.
T Ist die Batterie leer? La batteria è scarica?
M Nein, aber der Benzintank ist leer. No, ma il serbatoio della benzina è vuoto.

F10: una brava macchina Regel? A10: 236 F11: l'officina più vicina Regel? A11: 238 F12: l'accensione Regel? A12: 224 F13: All' Regel? A13: 226 F14: non va più Regel? A14: 244

Das Eigenschaftswort (Adjektiv)

B   Der nette Junge liebt das nette Mädchen.
Il ragazzo simpatico ama la ragazza simpatica. (1)
Pl I ragazzi simpatici amano le ragazze simpatiche. (2)
R 1 *Adjektive bilden den **Plural** wie die **Hauptwörter.*** (2)
B   Der Junge und das Mädchen sind nett.
Il ragazzo e la ragazza sono simpatici. (3)
R 2 *Bei Hauptwörtern mit **verschiedenem** Geschlecht verwendet man das **männliche** Adjektiv.* (3)
R 3 **Geschlecht und Zahl** *des Adjektivs werden **durch** das zugehörige **Hauptwort bestimmt.*** KG 288
R   *Männliche Adjektive auf -o bilden die weibliche Form auf -a.* (1) KG 288

Stellung des Adjektivs

R   *Im **Regelfall** stehen die Adjektive **hinter dem Hauptwort.*** KG 288
B   In einer italienischen Stadt habe ich eine liebe Kusine mit schwarzen Haaren. Diese Kusine ist ein schönes Mädchen, sogar ein sehr schönes Mädchen.
In una città **italiana** ho una **cara** cugina coi capelli **neri. Quella** cugina è una **bella** ragazza, perfino una ragazza **molto bella**.
R   città **italiana**: Nationalität hinter dem Hauptwort.
cara cugina: Kurze, häufig gebrauchte Adjektive vor dem Hauptwort. (**A10**)
capelli **neri**: Farben hinter dem Hauptwort.
quello(a) und bello(a): vor dem Hauptwort.
ragazza **molto bella**: Adjektiv mit einer Beifügung: hinter dem Hauptwort.

F Bello, quello und buono vor Substantiven

B   Der Junge und das Mädchen sind zufrieden
nach einem schönen Film oder einem guten Konzert.
Il ragazzo e la ragazza sono contenti
dopo un **bel** film o un **buon** concerto.

bel film:
Vor einem Substantiv wird die Endung von bello von der Endung des bestimmten Artikels abgeleitet. (**A16**.1)
il film > bel film, lo spettacolo > bello spettacolo
Analog zu bello gilt für quello:
Vor einem Substantiv wird die Endung von quello von der Endung des bestimmten Artikels abgeleitet. (**A16**.2)
il ragazzo > quel ragazzo, i ragazzi > quei ragazzi, l'albergo > quell' albergo

buon concerto:
Vor einem Substantiv (im Singular) wird die Endung von buono von der Endung des unbestimmten Artikels abgeleitet. (**A17**)
un concerto > buon concerto

F Verkürzungen des Adjektivs

B   Die Besichtigung von Sankt Peter macht mir eine
große Freude.
La visita di **San** Pietro mi fa una **gran** gioia.
R   **San** Pietro:
Santo / heilig kann zu **San** verkürzt werden, vor Vokalen zu Sant' (Sant'Antonio).
gran gioia:
*Grande / groß kann zu **gran** verkürzt werden (S 160),*
vor Vokalen zu grand' (grand'amore).

Die Steigerung des Eigenschaftswortes
A ist schön. A è bella. B ist schöner als A. B è *più bella* di A. C ist die Schönste. C è **la** *più bella*. D ist weniger schön als A. D è *meno bella* di A. D ist die am wenigsten Schöne. D è **la** *meno bella*.

R <u>*Komparativ*: *più / meno + Adjektiv.*</u>

R **Superlativ**: *bestimmter Artikel* + *Komparativ.* (**A11**)
KG 288

Eva è bell<u>i</u>ssima. Eva ist sehr schön.

<u>Stamm des Adjektivs</u> (bell) + <u>i</u>ssimo(a) > bell<u>i</u>ssimo(a) / sehr schön.

Vor Zahlwörtern wird 'mehr als' mit 'più di' übersetzt, z. B. mehr als tausend Euro / più di mille Euro. (**A23**)

F <u>Komparativ in Verbindung mit di / als</u>

B Anna è **più** intellig<u>e</u>nte **di** Eva,
ma Eva ha il viso più bello.
Anna ist intelligenter als Eva,
aber Eva hat das schönere Gesicht.

R Nach dem Komparativ (**più** intellig<u>e</u>nte) wird für 'als' das Wort **di** verwendet.
Wenn der bestimmte Artikel vor dem Substantiv steht, gibt es in der italienischen Sprache keinen Unterschied zwischen dem Komparativ und dem Superlativ.
Il viso più bello kann mit 'das schönere Gesicht' oder 'das schönste Gesicht' übersetzt werden.

F <u>Komparativ in Verbindung mit che / als</u>

B Eva ist mehr schön als intelligent.
Das Kleid von Eva ist mehr lila als blau.
Eva è **più** bella **che** intellig<u>e</u>nte.
Il vest<u>i</u>to di Eva è **più** lilla **che** blu.

R Wenn man zwei Eigenschaften derselben Person oder Sache vergleicht, wird nach dem Komparativ für 'als' das Wort **che** verwendet.

F Unregelmäßige Steigerung

buono	*migliore*	il *migliore*
gut	besser	der Beste
cattivo	*peggiore*	il *peggiore*
schlecht	schlechter	der Schlechteste
grande	*maggiore*	il *maggiore*
groß	größer	der Größte
piccolo	*minore*	il *minore*
klein	kleiner	der Kleinste

F Gegensätzliche Begriffe

alt / jung **anzi̱ano / gi̱ovane**; alt / neu **ve̱cchio / nuo̱vo**; billig / teuer **a buon merca̱to / caro**; breit / schmal **largo / stretto**; draußen / drinnen **fuo̱ri / dentro**; erster / letzter **primo / u̱ltimo**; frei / besetzt **li̱bero / occupa̱to**; früh / spät **presto / tardi**; gut / schlecht **buo̱no / catti̱vo**; groß / klein **grande / pi̱ccolo**; hart / weich **duro / molle**; hell / dunkel **chi̱aro / scuro**; heiß / kalt **caldo / freddo**; hier / dort **qui / lì**; hoch / niedrig **alto / basso**; hinauf / hinunter **su / giù**; hinten / vorne **di̱etro / dava̱nti**; leicht / schwierig **fa̱cile / diffi̱cile**; leicht / schwer **legge̱ro / pesa̱nte**; lang / kurz **lungo / corto**; links / rechts **a sini̱stra / a destra**; laut / leise **rumoro̱so / silenzi̱oso**; nah / weit **vici̱no / lonta̱no**; oben / unten **di sopra / di sotto**; offen / geschlossen **ape̱rto / chi̱uso**; richtig / falsch **giusto / sbaglia̱to**; schnell / langsam **ra̱pido / lento**; schön / hässlich **bello / brutto**; stark / schwach **forte / de̱bole**; süß / sauer **dolce / agro**; trocken / nass **secco / bagna̱to**; über / unter **sopra / sotto**; viel / wenig **molto / poco**; voll / leer **pi̱eno / vuo̱to**; vor / zurück **ava̱nti / indi̱etro**; vorher / nachher **prima / dopo**.

Lernen Sie bitte noch die unterstrichenen Wörter von Fuß bis Hand.

Fünfter Tag

Erste Begegnung / Primo incontro

Marktplatz in Capri. Piazza del mercato a Capri.
Vor einem Hotel. Davanti a un albergo. Neben dem
Eingang zwei Koffer. Accanto all'entrata due valige.
Touristin F, Tourist M

M Das Wetter ist schön. Il tempo è bello.
F Ja, es ist schönes Wetter. Sì, fa **bel** tempo.
M Woher sind *Sie,* meine Dame? *Lei* di dov'è, signora?
F Ich bin aus Rom. Sono di Roma.
M Was für eine Überraschung, ich auch. Che sorpresa, anch'io. *Mein* Name ist Tino Baci. *Il mio* nome è Tino Baci.
F (lächelnd / sorridendo) Sehr erfreut. Piacere.
M Welcher ist Ihr Name? Qual è il Suo nome?
F Gina Borelli.
M Was machen Sie beruflich? Che lavoro fa?
F Ich bin Studentin. Sono studentessa.
M Ich bin auch Student. Anch'io sono studente. *Haben Sie* ein gutes Hotel *gefunden*? *Ha trovato* un **buon** albergo?
F Ja, das Hotel dort. Sì, **quell'** albergo là.
M Was für eine Überraschung, auch ich bin in diesem Hotel. Che sorpresa, anch'io sono in quest'albergo. Sind Sie zum ersten Mal in Capri? È la prima volta a Capri?
F Nein, es ist das dritte Mal. No, è la terza volta.
M Sind Sie mit der Familie *hier*? È *qui* con la famiglia?
F Nein, ich bin allein. No, sono sola.
M Ich auch. Anch'io. Ich bin *heute Vormittag* angekommen. Sono arrivato *stamattina*. Wann sind Sie angekommen? Quando è arrivata?
F *Vor* acht Tagen. Otto giorni *fa*.

M Bis wann bleiben Sie? Fino a quando resta Lei?
F Ich werde gleich abreisen. **Sto per partire**. Dort stehen meine Koffer. Ecco là le mie **valige**. Ich erwarte den Taxifahrer, um zum Hafen zu fahren. Aspetto il taxista per andare al porto.
M Wie schade! Che peccato! Können wir *uns* in Rom treffen? *Ci* possiamo incontrare a Roma? Gehen wir ins Kino? Andiamo al cinema?
F Ich interessiere mich nicht für das Kino. Non mi interesso di cinema.
M Gehen wir in eine Diskothek? Andiamo in una discoteca?
F Ich habe keine Lust, in die Diskothek zu gehen. Non ho voglia di andare in discoteca.
M Womit beschäftigen Sie sich in Ihrer Freizeit? Di che cosa si occupa nel Suo tempo libero?
F Mein Hobby ist die Oper. Il mio hobby è l'opera.
M Das ist auch mein Hobby. È anche il mio hobby. Haben Sie am Sonntag, dem sechsten September, abends Zeit? Ha tempo domenica sei settembre di sera?
F Einen Moment, ich muss im Taschenkalender nachsehen. Un momento, devo vedere ***nell'***agenda. Der Abend ist frei. La sera è libera.
M (wählt eine Telefonnummer / compone un numero di telefono)   Was gibt es *am 6. September* im Programm? Cosa c'è in programma **il sei settembre**? Oh, eine Premiere. Oh, una première. Wer singt die Hauptrolle? Chi canta la parte principale? Oh, Plácido Domingo. Gibt es noch zwei Karten? Ci sono ancora due biglietti? Was für ein Glück, ich möchte zwei Plätze auf dem Rang vorbestellen. Che fortuna, vorrei prenotare due posti in galleria.
F Was geben sie in der Oper? Cosa danno all'opera?
M 'Otello' di Verdi.
   F15: nell' Regel? **A15**: 226

F **F16: bel** tempo, **quell'**albergo Regel? **A16**: 237
  F17 buon albergo Regel? **A17**: 237
  F18 valige Regel? **A18**: 232
  F19: il şei settembre Regel? **A19**: 233
  F20: Sto per partire. Regel? **A20**: 266

Das Umstandswort (Adverb)

B Der schnelle Junge arbeitet schnell.
  Il ragazzo rapido lavora *rapida*mente.
R Adjektive mit Endung -o:
  Weibliche Form des Adjektivs (rapida) + **mente** >
  *Adverb (rapida***mente***).* **KG 288**
B Das glückliche Mädchen lächelt glücklich.
  La ragazza felice ride *feli*cemente.
R Adjektive mit Endung -e:
  Adjektiv *(feli̲ce)* + **mente** > Adverb *(felice***mente***)*
B Das freundliche Mädchen grüßt freundlich.
  La ragazza gentile saluta *genti*lmente.
R Adjektive mit Endung -le und -re:
  Adjektiv ohne e *(gentil)* + **mente** > Adverb *(genti***lmente***)*
R *Das Adverb ist **unveränderlich***. **KG 288**

F Steigerung des Adverbs

Komparativ: *più / meno + Adverb*. **KG 288**
Superlativ: *Komparativ* + di tutti/e.
schnell / rapidamente, schneller / *più rapidamente*, am schnellsten / *più rapidamente* di tutti/e.

F Unregelmäßige Adverbbildung

B Nach einem guten Abendessen fühle ich mich gut.
  Dopo una buona cena mi sento bene.
  buono(a) gut (Adjektiv) bene gut (Adverb)
  Unregelmäßige Steigerung von bene: *meglio* / besser
B Nach einem schlechten Abendessen fühle ich mich schlecht.

Dopo una cena cattiva mi sento male.
cattivo(a) schlecht (Adjektiv)
male schlecht (Adverb)
Unregelmäßige Steigerung von male:
peggio / schlechter

F Gebrauch von si / man

B Wenn man krank ist, kann man verschiedene Medikamente nehmen.
   Quando si è malati, si possono assumere diverse medicine.
R In der Kombination von si + essere + Adjektiv hat das Adjektiv immer die Endung -i.
   Nach si steht das Verb in der Mehrzahl (si possono), wenn das substantivische Bezugswort (medicine) in der Mehrzahl steht.
B Man sieht sich oft. Ci si vede spesso.
R si / man wird vor dem gleich lautenden si / sich zu **ci**.

F Sich und andere vorstellen

Guten Tag, meine Dame. Buon giorno, signora. Ich heiße (nenne mich) Carlo Visconti. Mi chiamo Carlo Visconti. Sehr erfreut, mein Name ist Eva Bianco. Piacere, il mio nome è Eva Bianco. Guten Abend, Herr Visconti. Buona sera, signor Visconti. Darf ich *Ihnen* Frau Celli und Herr Rossi *vorstellen*. *Le* Posso *presentare* la signora Celli e il signor Rossi.
R Der bestimmte Artikel wird verwendet, wenn man über eine Person spricht. Er wird weggelassen, wenn man eine Person anspricht.
   Titel für Herren verlieren oft den Endvokal vor Eigennamen: il signor Rossi, il dottor Manconi, il Professor Celli. (**A35**)

F Das Wort andare / gehen, fahren mit Präpositionen

B   Ich gehe zu Claudia; wir fahren im Auto in die Schweiz und dann nach Rom, wo wir in eine Pizzeria gehen und danach gehen wir schlafen.
Vado da Claudia; andiamo in macchina in Svizzera e dopo a Roma, dove andiamo in pizzeria e poi andiamo a dormire.

R da Claudia: bei Angabe einer Person andare **da**
in macchina: bei Angabe eines Verkehrsmittels andare **in**
in Svizzera: bei einem Land andare **in**
a Roma: bei einem Ort andare **a**
in pizzeria: bei Geschäften mit der Endung -ia andare **in**
andiamo a dormire: Folgt nach andare ein Infinitiv, wird **a** eingeschoben.

Die Verneinung KG 294

R1 Die Verneinung wird mit den Wörtern **no** (nein, nicht) und **non** (nicht, kein/e) ausgedrückt. (**A2**) Non steht vor dem Verb / *Fürwort* / Hilfsverb, z. B. Ich sehe R nicht. **Non** vedo R. Ich sehe ihn nicht. **Non** *lo* vedo. Ich habe R nicht gesehen. **Non** ho visto R.

R2 *Die Verneinung kann auch durch zwei Verneinungsteile ausgedrückt werden (**doppelte Verneinung**) (**A 14**)*

Ich sehe R **nicht mehr**.	**Non** vedo **più** R.
Ich sehe R **nie**.	**Non** vedo **mai** R.
Ich sehe **weder** R **noch** S.	**Non** vedo **né** R **né** S.
Ich sehe **niemand**.	**Non** vedo **nessuno**.
Ich sehe **nichts**.	**Non** vedo **niente**.

R *Bei **Betonung** steht der starke Verneinungsteil am Satzanfang. Der schwache Verneinungsteil entfällt. (S 195)*
Niemand ist gekommen. **Nessuno** è venuto.

F

Quando si è malati ... — Wenn man krank ist ...
Gibt es hier in der Nähe eine Apotheke/einen Arzt? C'è una farmacia / un dottore qui vicino?

Ich bin ...	Sono ...
allergisch gegen	allergico a
geimpft gegen	vaccinato contro
ohnmächtig geworden	svenuto
gestürzt	caduto
im ... Monat schwanger	incinta di ... mesi
Diabetiker(in)	diabetico(a)
Ich habe ...	Ho ...
Kopfschmerzen	il mal di testa
Ohrenschmerzen	il mal d'orecchie
Halsschmerzen	il mal di gola
Rückenschmerzen	il mal di schiena
Magenschmerzen	il mal di stomaco
Bauchschmerzen	il mal di pancia
eine Erkältung	un raffreddore
Fieber	la febbre
Husten	la tosse
Atembeschwerden	difficoltà a respirare
eine Verdauungsstörung	un'indigestione
Durchfall	la diarrea
mich übergeben	vomitato
einen hohen / niedrigen Blutdruck	la pressione alta / bassa
einen steifen Nacken	il torcicollo
Schmerzen an dieser Stelle	dei dolori qui
Brechreiz	la nausea
Kreislaufstörungen	i disturbi circolatori
Schwindel	le vertigini
Verstopfung	sono costipato

Lernen Sie bitte noch die Wörter von Handtuch bis Liegestuhl.

Sechster Tag

Das Hochzeitskleid / L'abito da sposa

Ein Bekleidungsgeschäft in Rom.
Gina G Verkäuferin V

V (**sorridendo** / lächelnd) Kann ich <u>Ihnen</u> helfen? <u>La</u> posso aiutare? (255)
G Können Sie mir ein Hochzeitskleid *zeigen*? Mi può *mostrare* un abito da sposa?
V Welche Größe? Che taglia?
G *Meine* deutsche Größe ist 40. *La mia* taglia tedesca è la quaranta.
V Welche Farbe? Di che colore?
G Ich möchte etwas in weiß. Vorrei qualcosa di bianco.
V Dieses ist elegant. Questo è elegante.
G Darf ich *es* probieren? Posso provar*lo*?
V Hier ist die Ankleidekabine. Ecco la cabina di prova.
G (*steht vor dem Spiegel und betrachtet glücklich ihr Spiegelbild / sta davanti* **allo** *specchio e guarda felice la sua immagine riflessa*) Was für ein schönes Hochzeitskleid! *Che* bell' abito da sposa! Es ist ein Traum. È un sogno. Wie viel kostet es? Quanto costa?
V Zweitausend Euro. Due mila Euro.
G Es bleibt ein schöner Traum, da ich nicht *mehr als tausend* Euro ausgeben möchte. Resta un bel sogno perché non voglio spendere ***più di mille*** Euro.
V Einen Moment, ich telefoniere mit dem Abteilungsleiter. Un momento, telefono al caporeparto.
Nach dem Telefongespräch. Dopo la telefonata.
Sie können den Traum mit 1500 Euro verwirklichen. Può realizzare il sogno con mille cinque cento Euro.
G Dann kaufe ich *es*. Allora *lo* compro.

F21: allo Regel? **A21**: 226
F **F22: sorridendo** Grammatikalische Form? **A22**: 251
F23: più di mille Euro Regel? **A23**: 238

Regelmäßige Konjugation (Gegenwartsform)

Wort	Wortstamm	Konjugation	
am-are	am-	am-o	ich liebe
		-i	
		-a	
		-iamo	
		-ate	
		am- ano	
vend-ere	vend-	vend- o	ich verkaufe
		-i	
		-e	
		-iamo	
		-ete	
		vend -ono	
part-ire	part-	part-o	ich reise ab
		-i	
		-e	
		-iamo	
		-ite	
		part -ono	

R Die Endungen der 1. und 2. P. Sg bzw. 1. P. Pl sind bei allen 3 Verbgruppen gleich: *-o, -i, -iamo*
Der erste Vokal der Wortendung bestimmt den ersten Vokal der 2. Person Pl: are > **ate**, ere > **ete**, ire > **ite**
F Verben mit den Endungen -are / -gare schieben vor -i ein **h** ein, damit die harte Aussprache erhalten bleibt:
cercare / suchen
cerco ich suche   cerchiamo
cerchi   cercate
cerca   cercano

F Vergangenheits- Zukunfts- und Konditionalform

Form	Wortstamm	Wortendung -are -ere -ire			Endungen	
Vergangen- heitsform	am- vend- part-	av	ev	iv	amavo vendevo part<u>i</u>v-o -i -a -<u>a</u>mo -<u>a</u>te part<u>i</u>v-**ano**	ich liebte ich verkaufte ich fuhr ab
Zukunfts- form	am- vend- part-	e	e	i	amerò venderò parti-rò -r<u>a</u>i -rà -r<u>e</u>mo -r<u>e</u>te parti-**r<u>a</u>nno**	ich werde lieben ich werde verkaufen ich werde abfahren
Bedingungs- form	am- vend- part-	e	e	i	amerei venderei parti-r<u>e</u>i -r<u>e</u>sti -r<u>e</u>bbe -r<u>e</u>mmo -r<u>e</u>ste parti-**r<u>e</u>bbero**	ich würde lieben ich würde verkaufen ich würde abfahren

*R Man verwendet die Bedingungsform zum **Ausdruck einer Bitte oder eines Wunsches** (KG 289), z. B.*
Mi saprebbe dire che ore sono? Könnten Sie mir sagen, wie viel Uhr es ist? Vivrei volentieri a Firenze. Ich würde gern in Florenz leben.

Von den Präsens Endungen der Verben auf -are kann man die Imperfekt Endungen ableiten, indem man das -i der 1. P. Pl streicht.

F Das Partizip Perfekt

Verben	Partizip Perfekt
Endung -are: Verbstamm + **-ato**	ho am**ato**
	ich habe geliebt
Endung -ere: Verbstamm + **uto**	ho vend**uto**
	ich habe verkauft
Endung -ire: Verbstamm + **ito**	sono part**ito**
	ich bin abgereist

F Das Perfekt

R *Bildung des Perfekts:*
   Präsens der Hilfsverben **haben** */ avere oder* **sein** */ essere*
   *+ **Partizip Perfekt (PP)** des Verbs.* KG 290

F Perfektbildung mit sein / essere

B Der Junge / das Mädchen ist zurückgekehrt.
   Il ragazzo è ritornato La ragazza è ritornata.
Pl I ragazzi sono ritornati. Le ragazze sono ritornate.
R *Bei **Perfektbildung mit sein** / essere wird die **Endung des Partizip Perfekts durch** das zugehörige **Hauptwort bestimmt.** (* A28 *)* KG 290
R Bei allen reflexiven Verben wird das PP mit essere gebildet, z. B. Mi sono informato / ich habe mich informiert.
B <u>Es **hat** mir nicht gefallen, dass das Konzert nur kurze Zeit gedauert und trotzdem die Eintrittskarte viel gekostet **hat**, basta!</u> Non mi è piaciuto che il concerto è durato solo poco tempo e malgrado ciò il biglietto è costato molto, basta!

R Im Gegensatz zum Deutschen bilden einige Verben das **Partizip Perfekt mit essere,** z. B. piacere, durare, costare, bastare / (aus) reichen.

F Perfektbildung mit haben / avere
B Der Junge / das Mädchen hat telefoniert
Il ragazzo / la ragazza ha telefonato.
Pl I ragazzi / le ragazze hanno telefonato.
R *Bei Perfektbildung mit haben ist das Partizip Perfekt unveränderlich.* (**A 27**) KG 290
F
R *Bei vorausgehendem Akkusativobjekt richtet sich die Endung in Geschlecht und Zahl nach diesem Objekt.* (F 102)
B Haben Sie den Jungen gesehen? Ich habe ihn gesehen.
Ha visto il ragazzo? L'ho visto.
Ha visto i ragazzi? Li ho visti.
Ha vista la ragazza? L'ho vista.
Ha vista le ragazze? Le ho viste.
R Die Pronomen lo und la werden vor h und Vokal zu l'.
B Ich **bin** sehr oft in die Schweiz gereist und in Davos **bin** ich Ski gefahren und gewandert.
Ho viaggiato molto spesso in Svizzera e a Davos **ho** sciato e camminato.
R Im Gegensatz zum Deutschen bilden einige Verben das **Partizip Perfekt mit haben** / avere, z. B. viaggiare, sciare und camminare.

Unregelmäßige Bildung des Partizip Perfekts
B Ich bin in der Autorenlesung gewesen und habe folgendes gesehen: Der Autor hat das Buch geöffnet und gesagt: "Ich habe dieses Buch, das ich geschrieben habe und nun lese, zu einem Bestseller gemacht, damit man sich an mich erinnert, nachdem ich gestorben bin."

R sein / essere **stato**, sehen / vedere **visto**, öffnen / aprire **aperto**, sagen / dire **detto**, schreiben / scrivere **scritto**, lesen / leggere **letto**, machen / fare **fatto**, sterben / morire **morto**.

F Gerund und Imperativ

		Wortendung		
Wort	Stamm	-are -ere -ire		

Gerund (A 22)

amare	am-	**ando**	amando	liebend
vendere	vend-	**endo**	vendendo	verkaufend
partire	part-	**endo**	partendo	abreisend

R *Das Gerund ist unveränderlich*. KG 291

Imperativ: Anrede 'Sie'(A29)

scusare	scus-	**i**	scusi / entschuldigen Sie
vendere	vend-	**a**	venda / verkaufen Sie
partire	part-	**a**	parta / reisen Sie ab

Imperativ: Anrede 'Du'

scusare	scus-	**a**	scusa / entschuldige
vendere	vend-	**i**	vendi / verkaufe
partire	part-	**i**	parti / reise ab

Beim Imperativ der 2. Person Sg wird im Fall der Verneinung der Infinitiv verwendet:
vendi / verkaufe; non vendere / verkaufe nicht

F Konjugation von capire

cap**isc**-o / ich verstehe   cap-iamo
cap**isc**-i / du verstehst   cap-ite
cap**isc**-e   usw.   cap**isc**-ono

Im Singular und in der 3. Person Plural wird -**isc** eingefügt.

B Wenn Sie nicht verstehen, wie man putzt, ziehe ich es vor, dass Sie die Sache beenden. Se non capisce, come si pulisce, preferisco che finisca la cosa.

R Die **Einfügung von -isc** erfolgt bei der Konjugation einiger Verben, z. B. capire / verstehen, pulire / putzen, preferire / vorziehen, finire / beenden.

Unregelmäßige Verben

gehen / **andare**
Präsens: vado, vai, va, andiamo, andate, vanno
Pf: andato

machen / **fare**
Präsens: faccio, fai, fa, facciamo, fate, fanno
Pf: fatto

können / **potere**
Präsens: posso, puoi, può, possiamo, potete, possono
Pf: potuto

wollen / **volere**
Präsens: voglio, vuoi, vuole, vogliamo, volete, vogliono
Pf: voluto

kommen / **venire**
Präsens: vengo, vieni, viene, veniamo, venite, vengono
Pf: venuto

Lernen Sie bitte noch die Wörter von Likör bis Party.

Siebter Tag

Il viaggio di nozze / Die Hochzeitsreise

Der Flughafen Ciampino in Rom.
Gina G, Tino T, ein Angestellter A

T A che ora parte il volo charter per Parigi? Um wie viel Uhr startet der Charterflug nach Paris?
A Avete ancora **un po'di tempo**. Sie haben noch ein wenig Zeit. La partenza è *fra* un'ora. Der Start ist *in* einer Stunde.
G A che ora arriva l'aereo a Parigi? Um wie viel Uhr kommt das Flugzeug in Paris an?
A Se l'aereo parte *in orario*, l'arrivo è alle **undici e trenta nove**. Wenn das Flugzeug *pünktlich* startet, ist die Ankunft um elf Uhr neununddreißig. È la prima volta che andate a Parigi? Ist es das erste Mal, dass Sie nach Paris fahren?
G Sì, è il nostro viaggio di nozze. Ja, das ist unsere Hochzeitsreise.
A Oh, felicitazioni **agli** sposi. Oh, Glückwünsche zur Vermählung. *Avete trovato* un buon albergo? *Haben Sie* ein gutes Hotel *gefunden*?
T Sì, vicino alla cattedrale *Notre - Dame* nel *Quartier Latin*. Ja, in der Nähe der Kathedrale *Notre - Dame* im *Quartier latin*.
A *Sono vissuto* in questo quartiere dal 1988 al 1996. *Ich habe* in diesem Viertel von 1988 bis 1996 *gelebt*. Ogni volta che penso a Parigi, sento una grande nostalgia di quella città meravigliosa. Jedes Mal, wenn ich an Paris denke, fühle ich ein großes Heimweh nach dieser wunderbaren Stadt.
G Che cosa Le **è piaciuta** *più di tutto* a Parigi? Was hat

Ihnen in Paris *am meisten gefallen*?
A È una domanda difficile. Das ist eine schwierige Frage. Forse la vista **sulla** *Seine* sotto i ponti di Parigi oppure la vista dal mio appartamento **sul** cielo azzurro sopra i tetti di Parigi. Vielleicht der Blick auf die *Seine* unter den Brücken von Paris oder die Aussicht von meiner Wohnung auf den blauen Himmel über den Dächern von Paris. Forse quella sera sulla piazza *Concorde*, quando il sole rosso tramontava dietro alla torre Eiffel. Vielleicht jener Abend auf dem *Concorde* - Platz, als die rote Sonne hinter dem Eiffelturm unterging. Forse quella notte, quando *ho guardato* il mare di luce della città dal ristorante più alto della torre Eiffel. Vielleicht jene Nacht, als ich das Lichtermeer der Stadt vom höchsten Restaurant des Eiffelturms *betrachtet habe*. Forse la bellezza seducente **delle** ballerine del *Lido* e del *Moulin Rouge*. Vielleicht die verführerische Schönheit der Tänzerinnen des *Lido* und des *Moulin Rouge*. Forse quella mattina, quando *ho visto* davanti alla chiesa *Sacré-Coeur* dopo una notte in bianco il sorgere del sole roseo. Vielleicht jener Morgen, als ich vor der Kirche *Sacré-Coeur* nach einer schlaflosen Nacht den Aufgang der rosigen Sonne *gesehen habe*. Che cosa mi *è piaciuta* più di tutto? Was *hat* mir am meisten *gefallen*? Non *lo* so. Ich weiß *es* nicht. Ma so che sarete molto felici tutti e due durante questo viaggio di nozze perché Parigi è la città perfetta per amarsi e perciò il luogo ideale per un viaggio di nozze. Aber ich weiß, dass Sie beide während dieser Hochzeitsreise sehr glücklich sein werden, weil Paris die perfekte Stadt ist, um sich zu lieben und deshalb der ideale Ort für eine Hochzeitsreise. Quanto tempo restate a Parigi? Wie lange bleiben Sie in Paris?
T Due settimane. Zwei Wochen.
A **Saluti** Parigi da parte mia. Grüßen Sie Paris meinerseits. Buon volo e buona luna di miele! Guten Flug und schöne Flitterwochen!

F24: **agli, alle, delle, sulla, sul** Regel? A24: 226
F F25: **un po' di tempo** Regel? A25: 225 F26: **alle undici e trenta nove** 2 Regeln? A26: 229 F27: **avete trovato** Regel? A27: 250 F28: **è piaciuta** Regel? A28: 249 F29: **saluti** Regel? A29: 251

Das **rückbezügliche Fürwort** (Reflexivpronomen)
mi rip<u>o</u>so / ich ruhe mich aus   ci riposi<u>a</u>mo
ti rip<u>o</u>si / du ruhst dich aus   vi ripos<u>a</u>te
si rip<u>o</u>sa   usw.   si rip<u>o</u>sano

Akkusativ- und Dativfürwörter
R Die *Akkusativfürwörter* (*I S*) *sind im Sg gleich*: **lo, la**.
R <u>Von den rückbezüglichen Fürwörtern kann man die Ak-kusativfürwörter ableiten</u>, indem man si (Sg) durch **lo** (ihn) und **la** (sie) und si (Pl) durch **li** (sie m) und **le** (sie w) ersetzt: mi, ti, **lo, la**, ci, vi , **li, le** KG 292
B Ich liebe *dich* / io *ti* amo
betontes

Subjektfürwort	Akkusativfürwort	Verb
io (ich)	ti (dich)	amo
tu (du)	mi (mich)	ami
lui (er)	la (sie) **La** (Sie m w)	ama
lei (sie) **Lei** (Sie m w)	lo (ihn)	ama
noi (wir)	vi (euch)	ami<u>a</u>mo
voi (ihr)	ci (uns)	am<u>a</u>te
loro (sie m)	le (sie w) **Le** (Sie w)	<u>a</u>mano
loro (sie f) **Loro** (Sie m w)	li (sie m) **Li** (Sie m)	<u>a</u>mano

Sie (Nominativ): Woher sind Sie, mein/e Dame / Herr? **Lei** di dov'è, Signora/e? Pl **Loro** di dove sono, Signore/i?
Sie (Akkusativ): Ich grüße Sie, mein/e Dame / Herr. **La** saluto, Signora/e. Pl **Le** saluto, Signore. **Li** saluto, Signori.
R <u>ringraziare / danken und aiutare / helfen stehen mit Akkusativ</u>, z B. Kann ich Ihnen helfen? <u>**La posso aiutare**</u>? Ich danke Ihnen. **La ringrazio.**

B **Ich** nehme ein Dessert und **du**?
Io prendo un dess**e**rt e **tu**?
R Man verwendet das betonte Subjektfürwort, um die Person hervorzuheben (**io**) oder wenn es allein steht (e **tu**?).

R *Von den rückbezüglichen Fürwörtern kann man die* **Dativfürwörter** *ableiten,* indem man si (Sg) durch **le** (ihr) **gli** (ihm) und si (Pl) durch **gli / loro** (ihnen) ersetzt: mi, ti, **le, gli,** ci, vi, **gli / loro** KG 292
B Ich verkaufe *dir* einen Kaffee / Io *ti* vendo un caffè

Subjektfürwort	Dativfürwort	Verb
io (ich)	ti (dir)	vendo un caffè
tu (du)	mi (mir)	vendi
lui (er)	**le** (ihr) **Le** (Ihnen)	vende
lei (sie)	**gli** (ihm)	vende
noi (wir)	vi (euch)**Vi** (Ihnen)	vendiamo
voi (ihr)	ci (uns)	vend**e**te
loro (sie)	**gli / loro**/(ihnen)	v**e**ndono **loro** un caffè
	Loro (Ihnen)	**gli** vendono un caffè

Ihnen
B Schmeckt Ihnen der Kuchen, mein/e Dame / Herr?
Le piace la torta, Signora/e?
B Ich schreibe Ihnen, meine Damen/Herren.
Vi scrivo, Signore/i.
Ich sage Ihnen, meine Damen/Herren.
Dico **Loro**, Signore/i.
Loro / Ihnen und loro / ihnen: immer hinter dem Verb.
B Ich verkaufe *es* **dir**. Te *lo* vendo. (1)
R Regeln beim Zusammentreffen von zwei Fürwörtern:
Mi, ti, ci, vi, si werden zu me, te, ce, ve, se.
Das **Dativfürwort** steht vor dem Akkusativfürwort. (1)
gli + *lo, li, la, le* werden zu glie*lo*, glie*li*, glie*la*, glie*le*.
B Zeigen Sie den Gästen die Zimmer. Mostri le camere ai clienti. Ich zeige *sie* **ihnen**. Glie*le* mostro.

Betontes Objektfürwort

B Ich reise mit **dir** ab / io parto con **te**.

betontes Subjektfürwort	Verb		betontes Objektfürwort
io (ich)	parto	con	**te** (mit dir)
tu (du)	parti	con	**me** (mit mir)
lui (er)	parte	con	lei (mit ihr)
lei (sie)	parte	con	lui (mit ihm)
noi (wir)	partiamo	con	voi (mit euch)
voi (ihr)	partite	con	noi (mit uns)
loro (sie)	partono	con	loro (mit ihnen)

R *Von den Subjektfürwörtern kann man die **betonten Objektfürwörter** ableiten*, indem man io und tu durch **me** und **te** ersetzt: **me, te**, lui, lei, noi, voi, loro
KG 291

R Das betonte Pronomen steht nach einer Präposition (**A37**) **KG 291** , z. B. für mich / per **me** und **bei Hervorhebung**, z. B. Carlo liebt **dich** / Carlo ama **te**.

F Die Stellung des Personalpronomens

B Eva kennt *mich* / Eva *mi* conosce.
R Im Gegensatz zum Deutschen steht das Fürwort vor dem gebeugten Verb.
R Wenn der Satz ein gebeugtes Verb und einen Infinitiv enthält, gibt es *zwei Möglichkeiten für die Stellung des Fürworts.* KG 292
B Ich möchte mich informieren.
  Mi vorrei informare. Vorrei informar*mi*.
R Wenn das Personalpronomen an den Infinitiv gehängt wird (informar*mi*) entfällt das e des Infinitivs. (**A36**)

Lernen Sie bitte noch die unterstrichenen Wörter von Pfund bis Schweinefleisch.

Achter Tag

Ankunft im Hotel / Arrivo all'albergo

Ein Hotel in San Remo.
Tino T, seine Frau Gina G, ihre Tochter Nora N, Herr Ricci R

T Guten Abend, *mein* Name ist Tino Baci. Buona sera, **il mio** nome è Tino Baci. Sind Sie Herr Ricci, mit dem ich telefoniert habe? Lei è il **signor Ricci a cui** ho telefonato?

R Ja, guten Abend, Frau und Herr Baci. Sì, buona sera, Signora e Signor Baci. Was wünschen Sie? Che cosa desiderano?

T Wir brauchen ein Doppelzimmer für mich und meine Frau und ein Einzelzimmer für unsere Tochter. Abbiamo bisogno di una camera doppia per me e mia moglie (225) e una camera singola per nostra figlia.

R Sie haben Glück. Avete fortuna. Obwohl wir uns in der Hochsaison befinden, gibt es noch einige freie Zimmer. Benché siamo in alta stagione ci sono ancora alcune camere libere. Es gibt zwei Zimmer mit Bad, Balkon und Sicht auf das Meer. Ci sono due camere con bagno, balcone e vista sul mare.

G Wie viel kosten Übernachtung und Frühstück, Halbpension und Vollpension? Quanto costano il pernottamento e la colazione, la mezza pensione e la pensione completa?

R Hier ist die Preisliste. Ecco la lista **dei** prezzi.

G Es ist zu teuer. È troppo caro. Haben Sie etwas Billigeres? Ha qualcosa più economica? (238)

R Wir haben zwei weniger teuere Zimmer mit Dusche und Blick auf die Berge. Abbiamo due camere meno care (238) con doccia e vista **sulle** montagne.

G Können wir *sie* sehen? Possiamo **veder*le*?**
R Gern. Volentieri.
Dopo la visita. Nach der Besichtigung.
G Gut, wir nehmen die Zimmer. Va bene, prendiamo le camere.
R Bitte *füllen Sie* dieses Anmeldeformular *aus*. Per favore *compili* **questo** modulo di iscrizione. Bitte *unterschreiben Sie* hier. Per favore *firmi* qui.
T Gibt es jemand, der unsere Koffer *hinauf* tragen kann? C'è qualcuno **che** può portare *su* le nostre valige?
R Einen Moment, ich rufe einen Kellner. Un momento, chiamo un cameriere. Hier sind alle zwei Schlüssel. Ecco tutte e due le chiavi.
G Um wie viel Uhr kann *man* frühstücken? A che ora *si* può fare colazione?
R Zwischen 7 und 10. Fra le sette e le dieci.
T Können Sie *uns* um 8 Uhr wecken? *Ci* può svegliare alle otto?
R Gern, hier ist der Aufzug. Volentieri, ecco l'ascensore. Schöne Ferien. Buone vacanze.
Dopo una settimana bellissima Nach einer sehr schönen Woche.
T Kann ich die Rechnung zahlen? Posso pagare il conto?
R Die Rechnung ist fertig. Il conto è pronto.
T Auf Wiedersehen, es war ein sehr angenehmer *Aufenthalt*. Arrivederci, era un *soggiorno* molto piacevole.
G *Es ist* eine wunderbare Woche *gewesen*. È stata una settimana meravigliosa.
N Tschüs, es war mega fantastisch. Ciao, era mega fantastico.
R Es war mir ein Vergnügen, *Sie* kennen zu lernen. È stato un piacere conoscer*vi*. Ich hoffe, dass wir uns nächstes Jahr wieder sehen. Spero che ci rivediamo l'anno prossimo. Gute Heimreise. Buon ritorno.
F30: **il mio** Pronomengruppe? **A30**: 260

F31: **questo** Pronomengruppe? Regel? **A31**: 261
F32: **dei, sulle** Regeln? **A32**: 226
F F33: **che** Fürwortgruppe? Regeln? **A33**: 261 **F34: a cui**
Regel? **A34**: 261 **F35: Signor** Ricci Regel? **A35**: 243
F36: veder*le*? Regel? **A36**: 257

Besitzanzeigendes Fürwort (Possessivpronomen)

Fürwort: adjektivisch	substantivisch
B Meine Garage, deine Garage usw.	meine, deine usw.
il mio garage	**il** mio
il tuo garage	**il** tuo
il suo garage	**il** suo
il nostro garage	**il** nostro
il vostro garage	**il** vostro
il loro garage	**il** loro

R *Vor dem* adjektivischen und dem *substantivischen Possessivpronomen steht immer der bestimmte Artikel.*
KG 292 Ausnahme: Familienmitglieder im Sg. (225)
Höfliche Anrede: Formen von **Suo / Vostro**

B **Ein** Ansprechpartner: Wann kommt Ihr/e Freund/in?
Sg: Quando viene **il Suo** amico / **la Sua** amica?
Pl: Quando vengono **i Suoi** amici / **le Sue** amiche?
Mehrere Ansprechpartner:
Sg: Quando viene **il Vostro** amico / **la Vostra** amica?
Pl: Quando vengono **i Vostri** amici / **le Vostre** amiche?

B Ich sehe zuerst **deinen Freund** (*deine Freundin*), danach **seinen Bruder** (*ihre Schwester*) und **seine Schwestern** (*ihre Brüder*).
Vedo prima **il tuo** am<u>i</u>co (*la tua amica*), dopo **suo** frat<u>e</u>llo (*sua sorella*) e **le sue** sorelle (*i suoi fratelli*).
Vedo prima **i tuoi** amici (*le tue amiche*), dopo **i loro** fratelli e **le loro** sorelle.

R Das Possessivpronomen **loro** wird immer mit dem bestimmten Artikel verwendet und ist **unveränderlich**.

B Carlo / *Eva* hat **sein** / *ihr* Auto geparkt.
Carlo / Eva ha parcheggiato <u>la sua macchina (</u>**f**).
R <u>Das Geschlecht des Possessivpronomens richtet sich nach dem **Geschlecht des Besitzobjektes**</u>. **KG 293**

Das hinweisende Fürwort (Demonstrativpronomen)

B Welches Mädchen ist schöner: diese hier oder diese dort? Quale ragazza è più bella: questa o quella?

Objekt	in der Nähe	weiter entfernt
Sg	**questo/a** è ...	**quello/a** è ...
Pl	**questi/e** sono ...	**quelli/e** sono ...

R *Die **Verwendung** des hinweisenden Fürworts wird **von der Entfernung bestimmt**.* (**A31**) **KG 293**
R *Geschlecht und Zahl des hinweisenden Fürworts werden **durch** das zugehörige **Hauptwort bestimmt**.* **KG 294**

F Bezügliches Fürwort (Relativpronomen)

B Hermann Hesse, der ein Nobelpreisträger ist, den viele Leute kennen, liest zwei Gedichte vor, die ich kenne und die meine Lieblingsgedichte sind.
Hermann Hesse **che** (1) è un premio Nobel **che** (2) molte persone conoscono legge due poesie **che** (3) conosco e **che** (4) sono le mie poesie preferite.
R *Das Relativpronomen **che** kann für **Personen** (1, 2) und Sachen (3, 4) im Sg (1, 2) und Pl (3, 4) im Werfall (1, 4) und Wenfall (2, 3) stehen.* (**A33**) **KG 293**

Nach einer Präposition wird che zu **cui**. (**A34**)
Eva e Carlo a **cui** ho telefonato. Eva und Carlo, mit denen ich telefoniert habe.

F Redewendungen und Fragen

Ich möchte / vorrei aussteigen / scendere, mitnehmen / portare via, besichtigen / visitare, zahlen / pagare, einen Termin vereinbaren / fissare un appuntamento, im Safe deponieren / depositare nella cassaforte.
Muß ich / devo muss man / si deve reservieren / prenotare, umsteigen / cambiare?
Kann ich / posso kann man / si può hier parken / parcheggiare qui, das Gepäck hier lassen / lasciare il bagaglio qui, fotografieren / è permesso fare delle foto, zu Fuß gehen / andare a piedi, Sie einladen / La invitare, Sie nach Hause begleiten / La accompagnare a casa?
Können Sie mir / può bringen / portarmi, geben / darmi, empfehlen / raccomandarmi, erklären / spiegarmi, helfen / aiutarmi, ausleihen / noleggiarmi, besorgen / procurarmi, zeigen / mostrarmi, ein Taxi rufen / chiamarmi un taxi?
Wer / chi ist der Reiseleiter (die Reiseleiterin) / è la guida turistica? **Wem, an wen / a chi** kann ich mich wenden / mi posso rivolgere? **Über wen, von wem / di chi** ist diese Jacke / è questa giacca? **Mit wem / con chi** gehst du aus / esci?
Zu wem, bei wem / da chi bist du gewesen / sei stato?
Was / che, che cosa, cosa gibt's / che c'è, ist das / che cos'è, gibt's Neues / cosa c'è di nuovo, machen Sie beruflich / che lavoro fa? **Wovon, worüber / di che cosa** haben Sie gesprochen / ha parlato? **Wozu, woran / a che cosa** denkst du / pensi?
Wann / quando um wieviel Uhr / a che ora ...
beginnt / inizia, ist Einlass / l'entrata è dalle che ore, öffnet (schließt) / apre (chiude), fährt ab (kommt an) / parte (arriva), ist der / die / das nächste ... / è il / la proximo(a)...?
Seit wann / da quando bist du hier / sei qui?
Wo / dove kann ich finden (kaufen) / posso trovare (comprare), kauft man die Fahrscheine / si comprano i biglietti,

findet ... statt / a luogo ...? **Wohin / dove** fährt dieser Zug / va questo treno?
Wo ist / dov'è der/die/das nächste ... / il/la ... più vicino/a, die nächste Tankstelle / il distributore più vicino, Autovermietung / autonoleggio, Gepäckaufbewahrung / deposito bagagli, Fahrkartenschalter / biglietteria, Check-in Schalter banco del check-in, Geldautomat / Bancomat, Fremdenverkehrsamt / l'ufficio per il turismo, Briefkasten / cassetta delle lettere, Polizei / polizia?
Wie / come geht es Ihnen / sta Lei, komme ich nach / posso andare a, weit ist es bis ... / quanto dista ... , lange dauert / quanto tempo dura, ist die Wettervorhersage / come sono le previsioni del tempo?
Wieviel / quanto kostet ... pro Stunde / costa ... all'ora, Uhr ist es / che ore sono?
Welche/r/s qual' è ... Telefonnummer / il numero di telefono, Vorwahlnummer / il prefisso, Adresse / l'indirizzo, Gebühr pro Tag / la tariffa giornaliera, Stromspannung / il voltaggio?

Fragesätze
R *Aussagesätze werden durch **Betonung am Satzende** zu Fragesätzen* (A9) KG 294
B Eva parla **tedesco**? Spricht Eva deutsch?

F Unregelmäßige Verben
steigen, einsteigen / **salire**
Präsens: salgo, sali, sale, saliamo, salite, salgono
Pf: salito
halten / **tenere**
Präsens: tengo, tieni, tiene, teniamo, tenete, tengono.
Pf: tenuto
müssen / **dovere**
Präsens: devo, devi deve, dobbiamo, dovete, devono
Pf: dovuto
Lernen Sie bitte noch die Wörter von See bis Strand.

Neunter Tag

Im Restaurant / Al ristorante

Gina G, Tino T, Nora N, Kellner K

T Wir möchten einen Tisch auf der Terrasse im Nichtraucherbereich. Vorremmo un tavolo sulla terrazza nel settore non fumatori.

K Bitte, dieser Tisch. Prego, quel tavolo. Hier ist die Spei - sekarte. Ecco il menù.

G Haben Sie ein Tages- oder Touristenmenü? Ha un menù del giorno o un menù turistico?

K Ja, meine Dame, alle zwei. Sì, signora, tutti e due.

N Welche Gerichte für Vegetarier haben Sie? Quali piatti per vegetariani ha?

K Hier ist die Karte der vegetarischen Gerichte. Ecco la lista dei piatti vegetariani. Hier ist die Getränkeliste. Ecco la lista delle bevande. Wollen Sie einen **Aperitif**? Vogliono un aperitivo?

G Einen Campari pur. Un campari liscio.

N Einen alkoholfreien Aperitif. Un aperitivo analcolico.

T Einen Campari mit Eis. Un campari con ghiaccio.

K Was wünschen Sie zu trinken? Cosa desiderano da bere?

G Für mich ein Glas Weißwein. **Per me** un bicchiere di vino bianco.

N Für mich einen Fruchtsaft. Per me un succo di frutta.

T Ein Bier vom Fass. Una birra alla spina.

K Welche **Vorspeise** wünschen Sie? Quale antipasto desiderano?

T Eine Gemüsesuppe. Una zuppa di verdura.

G Nudelsalat. Insalata di pasta.

N Schinken und Melone. Prosciutto e melone.

K Welches **Hauptgericht** wünschen Sie? Quale piatto principale desiderano?
N Ich bevorzuge ein vegetarisches Gericht. Preferisco un piatto vegetariano. Welches Gericht können Sie *mir* empfehlen? Quale piatto può raccomandar*mi*?
K Kartoffeln mit Gemüse. Patate con verdura.
T Ich möchte Fisch. Vorrei **del pesce**. Gemischte Frittüre mit Reis. Fritto misto con riso.
G Ich möchte *Fleisch*. Vorrei *della carne*. Steak und gemischten Salat mit italienischer Soße. Bistecca e insalata mista con salsa italiana.
K Das Steak fast roh, halb gar oder durchgebraten? La bistecca al sangue, a puntino o ben cotta?
G Halb gar. A puntino.
K Und welche Beilage? E quale contorno?
G Kroketten. Crocchette.
Dopo il piatto principale. Nach dem Hauptgericht.
K Wünschen Sie ein **Dessert**? Desiderano un dessert?
T Ich bin Diabetiker. Sono diabetico. Speisen mit Zucker darf ich nicht essen. Non posso mangiare cibi con zucchero. Wenn Sie einen Diabetikerkuchen haben, nehme ich ein Stück *davon* und einen Espresso. Se ha una torta per diabetici *ne* prendo una fetta e un espresso.
N Ein gemischtes Eis und einen Milchkaffee. Un gelato misto e un caffelatte.
G Ein Stück 'Kuchen der Großmutter', aber bitte mit Sahne, und einen Cappuccino. Una fetta di 'torta della nonna', ma per favore con panna, e un cappuccino.
Dopo il pranzo molto buono. Nach dem sehr guten Mittagessen:
T Die Rechnung bitte. Il conto per favore. Das Mittagessen war hervorragend. Il pranzo è stato eccellente. Richten Sie dem Chefkoch *unsere* Komplimente aus. Faccia *i nostri* complimenti allo chef.
F37: per me Regel? **A37:** 257

F38: del pesce Regel? **A38**: 226
F **F39**: ne Regel? **A39**: 234

F Räumliche Angaben

im Haus	**in** casa
durch das Haus	**attraverso** la casa
innerhalb des Hauses	**all'interno** della casa
außerhalb des Hauses	**fuori** della casa
vor dem Haus	**davanti** alla casa
hinter dem Haus	**dietro** la casa
neben dem Haus	**accanto** alla casa
auf dem Haus	**sulla** casa
über dem Haus	**sopra** la casa
gegenüber dem Haus	**di fronte** alla casa
in der Nähe des Hauses	**vicino** alla casa

F Die Abreise

Ich werde gleich abreisen   sto per *partire*
Für eine unmittelbar bevorstehende Handlung verwendet man **stare per** + *Infinitiv*. (**A20**)

Ich reise ab ...	**parto ...**
sofort	subito
bald	presto
in einigen Minuten	fra alcuni minuti
in zwei Stunden	fra due ore
heute Vormittag	stamattina
heute Nachmittag	oggi pomeriggio
heute Abend	stasera
heute Nacht	stanotte
morgen	domani
übermorgen	dopodomani
innerhalb von 2 Wochen	entro due settimane

F Die Ankunft

Ich komme gerade an   sto *arrivando*
Will man ausdrücken, dass etwas gerade geschieht, verwendet man stare + *Gerundium*.

Ich bin angekommen ...   **Sono arrivato ...**
vor 7 Tagen   sette giorni fa
vorgestern   l'altro ieri
gestern   ieri
heute   oggi

F Bindewörter (Konjunktionen)

aber   Aber bitte mit Sahne. **Ma** per favore con panna.

auch   Claudia ist nicht nur schön sondern auch intelligent. Claudia non è solo bella ma **anche** intelligente.

bis   Warte bis ich komme. Aspetta **finché** vengo.

da   Ich komme nicht, da es regnet. Non vengo **visto che** piove.

deshalb   Deshalb ist Paris der ideale Ort für eine Hochzeitsreise. **Per questo** Parigi è il luogo ideale per un viaggio di nozze.

ob   Ich muss nachsehen, ob wir das vorrätig haben. Devo andare a vedere **se** abbiamo riserve di questo.

obwohl   Es gibt ein freies Zimmer, obwohl wir in der Hochsaison sind. C'è una camera libera, **benché** siamo in alta stagione.

oder   Wo ist die Botschaft oder das Konsulat? Dov'è l'ambasciata **o** il consolato?

wenn   Ich komme, wenn das Wetter schön ist. Vengo **se** il tempo è bello.
Ich esse, wenn es 7 Uhr ist. Mangio **quando** sono alle 7.

um zu   Es ist zu schön um wahr zu sein. È troppo bello **per** essere vero.

F Im Kaufhaus

Ich sehe mich nur um. Do solo un'occhiata.
Ich muss noch einen Augenblick darüber nachdenken.
Ci devo pensare ancora un attimo.
Das gefällt mir, ich nehme es. Mi piace, lo prendo.
Kann ich mit dieser Kreditkarte zahlen?
Posso pagare con questa carta di credito?
Können Sie es mir einpacken? Me lo può incartare?
Haben Sie eine Tragetüte? Ha un sacchetto?

F Nach einem Unfall

Es ist ein Unfall passiert. C'è stato un incidente. Rufen Sie sofort einen Arzt, einen Krankenwagen und die Polizei. Chiami subito un dottore, un'ambulanza e la polizia. Ich brauche Ihren Namen, Ihre Adresse und den Namen Ihrer Versicherung. Ho bisogno del Suo nome, del Suo indirizzo e del nome della Sua assicurazione.

F Unregelmäßige Verben

sagen / dire
Präsens: dico, dici, dice, diciamo, dite, dicono
Pf: detto

geben / dare
Präsens: do, dai, dà, diamo, date, danno
Pf: dato

wissen / sapere
Präsens: so, sai, sa, sappiamo, sapete, sanno
Pf: saputo

Lernen Sie bitte die Wörter von <u>Straße</u> bis <u>Umleitung</u>.

Zehnter Tag

Verhältniswörter (Präpositionen)

a
Ich gehe zu Fuß nach Hause, da ich um Mitternacht zu Hause sein muss. Vado **a** piedi (1) **a** casa (2), perché devo bessere **a** casa (3) **a** mezza notte (4).
a verwendet man z. B für die Angabe von Art und Weise (1), Richtung, Ziel (2), Ort (3), Uhrzeit (4). **A8**.1

da
Claudia ist aus Rom gekommen. Claudia è venuta **da** Roma (1). Seit gestern wohnt sie bei einem Freund, von dem sie geliebt wird. **Da** ieri (2) abita **da** un amico (3), **da** cui è amata (4). Sie bleibt vom 1. August bis 8. August. Resta **dal** 1. agosto **al** 8 agosto (5).
da verwendet man z. B. für einen Ausgangspunkt der Bewegung (1), 'seit' (2), 'bei' 'zu' (3), 'von' (4), Zeitangaben mit von ... bis (5). **A8**.2

di
Der Vater von Claudia spricht oft über Musik. Il padre **di** Claudia (1) parla spesso **di** musica (2). Er stammt aus Rom (3). È nativo **di** Roma (3).
di verwendet man z. B. für 'von' (1), 'über' (2), 'aus' (3). **A8**.3

in
Meine Schwester wohnt in Frankreich. Mia sorella abita **in** Francia (1). Im Sommer fährt sie mit dem Zug nach Italien. **In** estate (2) va **in** treno (3) **in** Italia (4). Dort sind wir zu dritt. Là siamo **in** tre.
in verwendet man z. B. für 'in' (1), Zeitangaben (2), Verkehrsmittel (3), 'nach' (4), 'zu' (5).

per

Ich fahre aus Liebe nach Rom, um meine Freundin zu besuchen. Parto **per** Roma (1) **per** amore (2) **per** (3) visitare la mia amica. Ich fahre über Florenz durch die Toskana. Passo **per** Firenze (4) **per** la Toscana (5). Meine Freundin isst vegetarische Lebensmittel anstelle von Fleisch wegen ihrer Liebe für die Tiere. La mia amica mangia alimentari vegetariani **per** carne (6) **per** il suo amore (7) **per** gli animali (8).

per verwendet man z. B. für 'nach' (1), 'aus' (2), um zu (3), 'über' (4), 'durch' (5), 'anstelle von' (6), 'wegen' (7), 'für' (8). **A8.4**

Sich verständigen

Sprechen Sie deutsch / parla tedesco? Ich verstehe nicht / non capisco. Können Sie es wiederholen und langsamer sprechen / può ripetere e parlare più lentamente? Können Sie / può … es buchstabieren / sillabarlo, es aufschreiben / scriverlo, mir das übersetzen / tradurmi questo? Wie sagt man das auf Italienisch / come si dice questo in italiano? Wie spricht man dieses Wort aus / come si pronuncia questa parola? Was bedeutet / che significa? Wie schreibt man / come si scrive? Haben Sie verstanden / Lei ha capito?

F Falsche Freunde

carta f / Papier	*Karte* / cartolina f
lo **chef** / der Chefkoch	*Chef* / capo m
firma f / Unterschrift	*Firma* / ditta f
camera f / Zimmer	*Kamera* / macchina fotografica
cantina f / Keller	*Kantine* / mensa f
concorso m / Wettbewerb	*Konkurs* / fallimento m
magazzino m / Lager	*Magazin* / rivista f

Lernen Sie bitte noch die Wörter von <u>umsteigen</u> bis <u>Zug</u>.

Vokabular

Abend sera f
Abendessen cena f
Abführmittel lassativo m
abheben (Geld) prelevare
Abreise partenza f
abreisen partire
Abteil scompartimento m
Achtung! attenzione!
Adapter adattatore m
Adresse indirizzo m
alkoholfrei analcolico(a)
allein solo(a)
Allergie allergia f
alles tutto(a)
als (Vergleich) di, che
Alter età f
Altstadt città vecchia f
anbieten offrire
andere altri(e)
Anfang inizio m
angeln pescare
angenehm piacevole
anhalten fermare
ankommen arrivare
Ankunft arrivo m
Anlegestelle imbarcadero m
Anmeldung iscrizione f
annehmen accettare
annullieren annullare
anprobieren provare
Anschluss coincidenza f
Antiquität antichità f
antworten rispondere

anzeigen denunciare
Anzug completo m
Aperitif aperitivo m
Apfel mela f
Apotheke farmacia f
Aprikose albicocca f
April aprile m
arbeiten lavorare
Architektur architettura f
Arm braccio m
Arzt dottore m
Ärztin dottoressa f
Aschenbecher portacenere
atmen respirare
Attest attestato m
auch anche
Aufenthalt soggiorno m
aufstehen alzarsi
Aufzug ascensore m
Auge occhio m
August agosto m
Ausdruck espressione f
ausfüllen compilare
Ausgang uscita f
ausgeben spendere
ausgehen uscire
Auskunft informazione f
Ausland estero m
Aussicht vista f
aussprechen pronunciare
aussteigen scendere
Ausstellung esposizione f
Ausverkauf vendita totale

ausverkauft esaurito(a)
Auto macchina f
Autobahn autostrada f
Autobus autobus m
Autoverleih autonoleggio m
B
Bäckerei panetteria f
Bad bagno m
Bademantel accappatoio m
Bademeister bagnino m
baden far i bagni
Bahnhof stazione f
bald presto
Balkon balcone m
Bank banca f
Batterie pila f
(Auto) batteria f
Baum albero m
Baumwolle cotone m
Beanstandung reclamo m
bedauern compiangere
bedeuten significare
bedienen servire
Bedienung servizio m
beenden finire
befinden, sich trovarsi
beginnen iniziare
begleiten accompagnare
behandeln curare
Beilage contorno m
Bein gamba f
beissen mordere
Bekleidung abbigliamento m
bekommen ricevere
benachrichtigen informare
benutzen usare
Benzin benzina f
Berg montagna f
Bergführer guida f alpina
Beruf professione f
berühren toccare
beschäftigen occupare
beschreiben descrivere
Besen scopa f
besichtigen visitare
Besichtigung visita f
besorgen procurare
bestätigen confermare
bestellen ordinare
betrachten guardare
Betrag importo m
Bett letto m
Bettdecke coperta f
Bettlaken lenzuolo m
bewachen custodire
bewegen muovere
bezahlen pagare
Bier birra f
Bild quadro m
Bildhauer scultore m
Bildhauerei scultura f
billig a buon mercato
bitte per favore
bitten chiedere, pregare
blau blu, azzurro(a)
bleiben restare
bleifrei senza piombo
Blick sguardo m
Blume fiore m
Bluse camicetta f

Blut sangue m
Bluten sanguinare
Boot barca f
Botschaft ambasciata f
Braten arrosto m
Bratspieß spiedino m
brauchen avere bisogno
(Zeit) impiegare
brechen rompere
Bremse freno m
Brief lettera f
Briefkasten cassetta f
delle lettere
Briefmarke francobollo m
Brieftasche portafoglio m
Briefumschlag busta f
Brille occhiali mPl
bringen portare
Brot pane m
Brötchen panino m
Brücke ponte m
Bruder fratello m
Brunnen fontana f
Buch libro m
Buchhandlung libreria f
buchstabieren sillabare
bügeln stirare
Burg castello m
Büro ufficio m
Bushaltestelle fermata f
dell' autobus
Butter burro m
C
Camping campeggio m
Cousin(e) cugino(a)

D
Dame signora f
Damenbinde assorbente m
igienico
danken ringraziare
Datum data f
dauern durare
dein(e) tuo(a)
denken pensare
deutsch tedesco(a)
Deutschland Germania f
Dezember dicembre m
Diafilm pellicola f per
diapositive
Diät dieta f
Diebstahl furto m
Dienstag martedì m
Diesel gasolio m
dieser questo
direkt diretto(a)
Diskothek discoteca f
Dolmetscher interprete m
Dom duomo m
Donnerstag giovedì m
Doppelzimmer camera f
doppia
Dorf villaggio m
dort là, lì
Dose scatola f
(Getränk) lattina f
dringend urgente
Drittel terzo m
drücken spingere
dumm stupido(a)
Durchfall diarrea f

dürfen potere
Durst sete f
Dusche doccia f
E
echt vero(a)
Ei uovo m
hartes: uovo sodo
weiches: uovo alla coque
Eilbote espresso m
Eile fretta f
Eimer secchio m
Einbahnstraße senso unico
einchecken fare il chek in
Eingang entrata f
einige alcuni(e)
Einkaufszentrum centro m commerciale
einladen invitare
einsteigen salire
Eintrittskarte biglietto m
Eintrittspreis ingresso m
Einwohner abitante m
einzahlen versare
Einzelzimmer camera f singola
Eis ghiaccio m
(Speiseeis) gelato m
Eisdiele gelateria f
Eislaufen pattinaggio m
elektrisch elettrico(a)
Eltern genitori mPl
Empfang ricezione f
empfehlen raccomandare
Ende fine f
Endstation capolinea m

eng stretto(a)
entfernt sein distare
enthalten contenere
Entscheidung decisione f
entschuldigen scusare
entwerten obliterare
Erdbeere fragola f
erklären spiegare
erlauben permettere
Ermäßigung riduzione f
erreichen raggiungere
essen mangiare
Essen cibo m
Essig aceto m
etwas qualcosa
F
Fähre traghetto m
fahren andare
Fahrkarte biglietto m
Fahrkartenschalter biglietteria f
Fahrplan orario m
Fahrrad bicicletta f
Familie famiglia f
Farbe colore m
Farbfilm pellicola f a colori
Februar febbraio m
fehlen mancare
Fehler errore, sbaglio m
Feiertag giorno m festivo
Fenster finestra f
Fensterladen imposta f
Ferien vacanze f Pl
Fernglas binocolo m

Fernsehen televisione f
fertig pronto(a)
Fett grasso m
Feuer fuoco m
Feuerzeug accendino m
Fieberthermometer
termometro m
Film pellicola f
(Kino) film m
finden trovare
Finger dito m
Fisch pesce m
Flasche bottiglia f
Flaschenöffner
apribottiglia m
Fleisch carne f
Flohmarkt mercato m
delle pulci
Flug volo m
Flughafen aeroporto m
Flugzeug aereo m
Fluss fiume m
Flüssigkeit liquido m
Flut alta marea f, flusso m
folgen seguire
Form forma f
Foto foto(grafia) f
Fotoapparat macchina f
fotografica
Fotogeschäft fotografo m
fotografieren fotografare
Frage richiesta/domanda f
fragen chiedere/domandare
Frau donna f
(Ehefrau) moglie f

Freitag venerdì m
Fremdenführer guida turistica
Fremdenverkehrsamt
ufficio per il turismo
Fresko affresco m
Freund(in) amico(a)
fester Freund ragazzo m
freundlich gentile
Friedhof cimitero m
Friseur parucchiere m
Fruchtsaft succo di frutta
Frühling primavera f
Frühstück colazione f
fühlen sentire
Führerschein patente f
Führung visita f guidata
Fundbüro ufficio m oggetti
smarriti
funktionieren funzionare
Fuß piede m
Fußgänger pedone m
Fußweg sentiero m
G
Gabel forchetta f
Galerie galleria f
ganz intero(a)/tutto(a)
Garderobe guardaroba m
Garten giardino m
Gasflasche bombola del gas
Gasthaus trattoria f
Gatte marito m
geben dare
geboren nato(a)
gebraten arrosto(a)
Gebühr commissione f

Geburtsdatum data di nascita
Geburtstag compleanno m
Gedeck coperto m
Geduld pazienza f
Gefahr pericolo m
gefährlich pericoloso(a)
gefallen piacere
Gegend regione f
gegenüber di fronte
gegrillt alla griglia
gehen andare
gekocht cotto(a)
Geld denaro m/soldi mPl
Geldbeutel portamonete m
Geldschein banconota f
Geldwechsel cambio m
gemischt misto(a)
Gemüse verdura f
genug abbastanza
Gepäck bagaglio m
Gepäckaufbewahrung deposito m dei bagagli
geradeaus tutto diritto
Gericht (Essen) piatto m
gern volentieri/con piacere
Geschäft negozio m
Geschenk regalo m
Geschichte storia f
Geschwindigkeit velocità
Gesicht viso m
Gesundheit salute f
gestern ieri
Getränk bevanda f
getrennt separato(a)

gewinnen guadagnare
Gewürz spezia f
Glas vetro m
(Trinkglas) bicchiere m
gleich stesso(a)
gleichfalls altrettanto
Gleis binario m
Gleitschirmfliegen parapendio m
Glockenturm campanile m
Glück fortuna f
glücklich felice
Glückwunsch augurio m
Glühbirne lampadina f
Gold oro m
Golfplatz campo da golf
Gottesdienst funzione f religiosa
Gramm grammo m
Grenze frontiera f
Grill griglia f
Größe (Kleid) taglia f
Großvater/mutter nonno(a)
grün verde
grüßen salutare
Gruppe gruppo m
Gruß saluto m
gültig valido(a)
Gummi gomma f
Gürtel cintura f

H

Haar capello m
haben avere
Hafen porto m
Hähnchen pollo m

halb mezzo(a)
Halbpension mezza pensione f
Hälfte metà f
halten tenere
Haltestelle fermata f
Hand mano m
Handschuh guanto m
Handtasche borsetta f
Handtuch asciugamano m
Handy telefonino m
Haus casa f
Haut pelle f
heißen chiamarsi
Heizung riscaldamento m
helfen aiutare
Hemd camicia f
Herbst autunno m
Herr signore m
herrlich magnifico(a)
Herz cuore m
heute oggi
Hilfe aiuto/soccorso m
Himmel cielo m
hin und zurück andata e ritorno
hinlegen, sich sdraiarsi
hinsetzen, sich sedersi
hinter dietro
Hitze caldo m
Hochsaison alta stagione f
holen chiamare
Honig miele m
hören sentire, ascoltare

Hose pantaloni mPl
Hotel albergo m
Hubschrauber elicottero m
Hund cane m
Hunger fame m
Hut cappello m

I
immer sempre
inbegriffen compreso(a)
Infektion infezione f
informieren, sich informarsi
innerhalb entro
Insekt insetto m
Insektenstich puntura f d'insetto
Insel isola f
interessieren, sich interessarsi
Italien Italia f
italienisch italiano(a)

J
Jacke giacca f
Jahreszeit stagione f
Jahrhundert secolo m
Januar gennaio m
jeder, jede, jedes ogni
jemand qualcuno
jener quello
jetzt adesso, ora
Jugendherberge ostello m della gioventù
Juli luglio m
Junge ragazzo m
Juni giugno m

Juwelier gioielliere m
K
Kalbfleisch vitello m
Kamm pettine m
kaputt rotto(a)
Karte carta f
Kartenverkauf vendita f
dei biglietti
Kartoffel patata f
Käse formaggio m
Kasse cassa f
Kauf acquisto m
Kaufhaus grandi
magazzini mPl
kaufen comprare
Keks biscotto m
Kellner cameriere m
kennen conoscere
Kerze candela f
Kilometer chilometro m
Kind bambino(a)
Kinderarzt pediatra m
Kino cinema m
Kleid abito, vestito m
Klimaanlage aria f
condizionata
Klingel campanello m
klingeln suonare
klopfen bussare
Kloster monastero m
Knie ginocchio m
Knochen osso m
Knopf bottone m
kochen cucinare
Koffer valigia f

Kofferkuli carrello m
kohlensäurehaltig gassato(a)
Kollege(in) collega m f
kommen venire
Konditorei pasticceria f
können potere
Konto conto m
kontrollieren controllare
Konzert concerto m
Kopf testa f
Kopfkissen cuscino m
Korkenzieher cavatappi m
Körper corpo m
kosten costare
krank malato(a)
Krankenhaus ospedale m
Krankenkasse mutua f
Krankenschwester infermiera
Krankenwagen ambulanza f
Krankheit malattia f
Kreditkarte carta di credito
Kreuzfahrt crociera f
Kreuzung incrocio m
Küche cucina f
Kuchen torta f
Küchenchef chef m
Kunst arte f
Künstler(in) artista m f
künstlich artificiale
Kurs corso m
Kurtaxe tassa di soggiorno
L
lachen ridere
Lachs salmone m
Lamm agnello m

Lampe lampada f
Land paese m
Langlauf sci m di fondo
lassen lasciare
laut rumoroso(a)
Lautsprecher altoparlante m
leben vivere
Ledergeschäft pelleteria f
ledig nubile f celibe m
leider purtroppo
leihen noleggiare
lesen leggere
Leute gente f Sg
Licht luce f
Lichtschutzfaktor fattore m
di protezione
lieben amare
Lied canzone f
Liegestuhl sdraia f
Liegewagen carozza f
cuccette
Likör liquore m
Limonade limonata f
Lippe labbro m
Liste lista f
Lippenstift rossetto m
Liter litro m
Löffel cucchiaio m
Loipe pista f di fondo
Luftmatratze materassino m
Luftpost per via aerea
Lust voglia f
M
machen fare
Magen stomaco m

Mai maggio m
Mal volta f
malen dipingere
Maler pittore
Malerei pittura f
man si
Mann uomo m
Mannschaft squadra f
Mantel mantello, cappotto m
Markt mercato m
Marmelade marmellata f
März marzo m
Material materiale m
Matratze materasso m
Mauer muro m
Maut pedaggio m
Mechaniker meccanico m
Medikament medicina f
Meer mare m
Meeresfrüchte frutti di mare
mehr più
Menge quantità f
Messe fiera f
messen misurare
Messer coltello m
Meter metro m
Metzgerei macelleria f
Miete affitto m
mieten noleggiare
(Wohnung) affitare
Milch latte m
mindestens almeno
Mineralwasser acq. minerale
Minigolfplatz pista f di
minigolf

Minute minuto m
mitnehmen portare via
Mittag mezzogiorno m
Mittagessen pranzo m
Mitte metà f
mittel medio(a)
Mitternacht mezzanotte f
Mittwoch mercoledì m
Mode moda f
möglich possibile
Moment momento m
Monat mese f
Mond luna f
Montag lunedì m
morgen domani
Morgen mattina f
Motor motore m
Motorboot motoscafo m
Motorrad motocicletta f
Mücke zanzara f
müde stanco(a)
Mülleimer secchio m
della spazzatura
Mund bocca f
Münze moneta f
Museum museo m
Musik musica f
Muskel muscolo m
müssen dovere
Mutter madre f
N
Nachmittag pomeriggio m
Nachricht messaggio m
nachsehen andare a
vedere

nächster prossimo(a)
Nacht notte f
Nachtisch dessert m
Nacken nuca f
Nagel(Finger) unghia f
Nagelschere forbicina f
per unghie
Name nome m
Nase naso m
Nationalität nazionalità f
Nebel nebbia f
nehmen prendere
Neujahr capodanno m
nicht non
nichts niente
nie mai
noch ancora
Norden nord m
Notausgang uscita f
di sicurezza
Notfall emergenza f
nötig necessario(a)
November novembre m
Nummer numero m
nur solo, soltanto
Nuss noce f
O
Obst frutta f
Obstsalat macedonia f
oft spesso
öffnen aprire
Öffnungszeiten orario
d'apertura
Ohr orecchio m
Oktober ottobre m

Öl olio m
Omelett frittata f
Onkel zio m
Oper opera f
Operation operazione f
Optiker ottico m
Orange arancia f
Ort luogo m
Osten est m
Ostern Pasqua f
P
Paar paio m
Palast palazzo m
Papier carta f
Parfüm profumo m
Park parco m
parken parcheggiare
Parkplatz parcheggio m
Parkhaus garage m
Parkuhr parchimetro m
Party festa f
Pass passaporto m
Patient paziente m f
Pension pensione f
Person persona f
Personalausweis carta f d'identità
Pfeffer pepe m
Pferd cavallo m
Pfirsich pesca f
Pflanze pianta f
Pflaster cerotto m
Pfund mezzo chilo m
Pille pillola f
Pilz fungo m

Plan pianta f
Platten gomma a terra
Platz piazza f
(Sitzplatz) posto m
Politik politica f
Polizei polizia f
Portier portiere m
Portion porzione f
Postamt posta f
Postkarte cartolina f
postale
prächtig splendido(a)
Preis prezzo m
privat privato(a)
Programm programma m
Prospekt opuscolo m
Prost salute
Prozent per cento
pünktlich puntualmente
Q
Quittung ricevuta f
R
Rabatt sconto m
Radtour giro in bicicletta
Rasierapparat rasoio m elettrico
Rathaus municipio m
rauchen fumare
Raucher fumatore m
Rechnung conto m
Regen pioggia f
R-mantel impermeabile m
Regenschirm ombrello m
regnen piovere
Reifen gomma f

rein puro(a)
reinigen pulire
Reis riso m
Reise viaggio m
R-führer guida turistica
reisen viaggiare
Reklamation reclamo m
Religion religione f
Reparatur riparazione f
reparieren riparare
reservieren prenotare
Reservierung prenotazione f
Restaurant ristorante m
Rettungsboot canotto m
di salvataggio
Rettungsring salvagente f
Rezept ricetta f
Richtung direzione f
Rindfleisch manzo m
Rock gonna f
Rodelbahn pista f
per slitte
roh crudo(a)
Rolltreppe scala mobile
Roman romanzo m
röntgen fare una
radiografia f
rot rosso(a)
Rücken schiena f
Rückkehr ritorno m
Rucksack zaino m
Ruderboot barca f a remi
rufen chiamare
ruhig tranquillo(a)
rund rotondo(a)

Rundfahrt giro m
S
Safe cassaforte f
Saft succo m
sagen dire
Sahne panna f
Saison stagione f
Salat insalata f
Salz sale m
Samstag sabato m
Sand sabbia f
sauber pulito(a)
Schachtel scatola f
Schaden guasto m
Schal sciarpa f
scharf piccante
Schatten ombra f
Schaufenster vetrina f
Scheibe(z.B.Wurst) fetta f
Schere forbici fPl
schicken inviare
Schiff nave f
Schinken prosciutto m
schlafen dormire
Schlafwagen vagone letto
schließen chiudere
Schloss castello m
Schlüssel chiave f
Schlussverkauf saldi mPl
schmecken piacere
Schmerz dolore m
schmutzig sporco(a)
Schnee neve f
schneiden tagliare
Schnellzug treno rapido

Schnitzel scaloppina f
Schokolade cioccolato m
schon già
schreiben scrivere
Schuh scarpa f
schulden dovere
Schweinefleisch maiale m
Schwester sorella f
Schwierigkeit difficoltà f
Schwimmbad piscina f
schwimmen nuotare
See lago m
Segelboot barca a vela
segeln veleggiare
sehen vedere
Seife sapone m
Seilbahn funivia f
sein essere
Semmel panino m
Sessellift seggiovia f
September settembre m
servieren servire
Serviette tovagliolo m
setzen, sich sedersi
sicher sicuro(a)
Skikurs corso di sci
Ski fahren sciare
Skilift sciovia f
Skulptur scultura f
Socke calzino m
sofort subito
Sohn figlio m
Sommer estate f
Sonne sole m
Sonnencreme crema solare

Sonnenschirm ombrellone m
Sonntag domenica f
Soße salsa f
Speisekarte menù m
(S-wagen vagone-ristorante)
Spiegel specchio m
Spiel gioco m
Spielcasino casinò m
spielen giocare
sprechen parlare
Stadt città f
Stadtplan pianta della città
statt invece di
Steak bistecca f
Steckdose presa di corrente
stehen stare
stehlen rubare
stellen mettere
Stil stile m
Stockwerk piano m
Stoff tessuto m
stören disturbare
Strand spiaggia f
Straße strada f
Straßenbahn tram m
Streichholz fiammifero m
Stromspannung voltaggio m
Strömung corrente f
Strumpf calza f
Stück pezzo m
Stuhl sedia f
Stunde ora f
suchen cercare
Süden sud m
Supermarkt supermercato m

Suppe zuppa f
T
Tabakladen tabaccheria f
Tag giorno m
Tankwart benzinaio m
tanzen ballare
Tarif tariffa f
Tasche (Hose) tasca f
Taschentuch fazzoletto m
Tasse tazza f
tauchen fare il sub
Tee tè m
Teelöffel cucchiaino m
Teigwaren pasta f
Teil parte f
Telefon telefono m
(T-buch elenco telefonico)
(T-karte scheda telefonica)
(T-Zelle cabina telefonica)
telefonieren telefonare
Teller piatto m
Termin appuntamento m
Terrasse terrazza f
Theater teatro m
tief profondo(a)
Tier animale m
Tisch tavolo m
Tischtennis ping-pong m
Tochter figlia f
Toilette toilette f
(T-papier carta igienica)
Tomate pomodoro m
tragen portare
Tragetüte sacchetto m
Transport trasporto m

treffen incontrare
Treppe scala f
Tretboot pedalò m
trinken bere
Trinkwasser acqua potabile
Tropfen goccia f
Tür porta f
Turm torre f
U
U-bahn metro m
überqueren attraversare
Überraschung sorpresa f
Übersetzung traduzione f
Uhr orologio m
Uhrzeit ora f
Umleitung deviazione f
umsteigen cambiare
umtauschen cambiare
Unfall incidente m
ungefähr circa
unterschreiben firmare
Unterschrift firma f
Urlaub vacanza f
V
Vanille vaniglia f
Vater padre m
Ventilator ventilatore m
veranlassen fare
verbieten vietare
vergessen dimenticare
verheitatet sposato(a)
Verkauf vendita f
verkaufen vendere
Verleih noleggio m
verlieren perdere

vermieten (Whg) affittare
verschieden diverso(a)
Versicherung assicurazione f
Verspätung ritardo m
verstehen capire
Vertrag contratto m
Verzeichnis elenco m
vielleicht forse
Viertel quarto m
voll pieno(a)
Vorspeise antipasto m
vorstellen presentare
Vorwahl (Tel) prefisso m
vorziehen preferire

W

warten aspettare
Waschbecken lavandino m
waschen lavare
Wasser acqua f
Wasserhahn rubinetto m
wechseln (Geld) cambiare
wecken svegliare
Wein vino m
(Rotwein vino rosso)
(Weißwein vino bianco)
weniger meno
Werkstatt officina f
Werktag giorno feriale
Wetter tempo m
wichtig importante
wiederholen ripetere
wiedersehen rivedere
Wind vento m
Winter inverno m
wissen sapere

Woche settimana f
wohnen abitare
Wohnung appartamento m
Wohnwagen roulotte f
Wolke nuvola f
wollen volere
Wort parola f
wünschen desiderare
Wurst salsiccia f

Z

Zahl numero m
zahlen pagare
Zahn dente f
Zahnarzt dentista m
Zahnpasta dentifricio m
zeigen mostrare
Zeit tempo m
Zeitschrift rivista f
Zeitung giornale m
(Z-kiosk edicola f)
Zelt tenda f
zelten campeggiare
Zentrum centro m
zerbrechen rompere
ziehen tirare
Zigarette sigaretta f
Zigarre sigaro m
Zimmer camera f
(Z-mädchen cameriera f)
Zitrone limone m
Zucker zucchero m
Zug treno m
zurückkehren tornare
zu viel troppo
zwischen fra, tra

Kurzgrammatik

E Englisch F Französisch S Spanisch I Italienisch
R S Romanische Sprachen (F S I)
Kursivschrift: Regeln, die in mehreren Sprachen gleich sind.

Aussprache
R S *Das h wird nicht ausgesprochen.* (F 75 S 145 I 220)

Datum
R S *Die **Datumsangabe** erfolgt durch die **Grundzahlen**.*
Ausnahme: Am 1.Tag des Monats wird die Ordnungszahl verwendet. (F 85 S 153 I 233)

Uhrzeit
RS *Bis 30 Min (F S) 39 Min (I) wird dazu gezählt, danach von der nächsten Stunde mit 'weniger' (F moins S menos I meno) abgezogen.* (F 85 S 153 I 229)
Für die Zeitangabe mit ‚um' verwendet man a (S I) und à (F). **A16.**1

Der bestimmte Artikel
R S *Geschlecht und Zahl des Artikels werden **durch** das zugehörige **Hauptwort** bestimmt.* (S 150 F 81 I 224)
F I *Die **Artikelform** wird **durch** den **Anfangslaut** des zugehörigen **Hauptworts** bestimmt.* (F 81 I 224)
F   Sg (m): **le** (w): **la**; *le und la werden vor Vokal und stummem h zu **l'**.*
    Pl (m w): **les**
I   Sg (m): **il** (w): **la**; *il und la werden vor Vokal zu **l'**;*
    il wird vor s + Konsonant und z zu **lo**.
    Pl (m): **i** (w): **le**
    Im Plural werden l' (w) zu **le**, l' (m) zu **gli**, lo zu **gli**.

Präposition + Artikel

F de + le > **du**, de + les > **des**, à + le > **au**, à + les > **aux**
 (82)
S I Die *Zusammenziehungen* **del** *und* **al** *haben dieselbe Bedeutung.* S: de + el > **del**, a + el > **al**. (150)
 I: di + il > **del**, a + il > **al**. (224)

Der unbestimmte Artikel

E I Die *Artikelform* wird durch den *Anfangslaut des zugehörigen Hauptworts bestimmt.* (E 13 I 226)
E a (vor Konsonant, eu, u), an (vor Vokal, stummem h).
I Sg (m): **un** (w): **una**
 una vor Vokal > **un'**
 un vor s + Konsonant und z > **uno**
 Pl (m): **dei** (w): **delle**
 dei vor s + Konsonant und z > **degli**
F I Die **Pluralform** *des unbestimmten Artikels* **wird nicht übersetzt.** (F 82 I 226)
S I *Der Sg des unbestimmten Artikels ist gleich:* **un, una**
 (S 151 I 226)

Hauptwörter

R S *Es gibt* **nur männliche** *und* **weibliche** *Hauptwörter.*
 (F 87 S 155 I 231)
S I *Endung* **-o**: *meistens* m, **-a**: *meistens* w, **-e**: *m oder w.* (S 155 I 231)

Die Mehrzahlbildung

E F *Einzahl* + **s** > **Mehrzahl.** (E 18 F 88)
S Wörter auf Vokal: Einzahl + **s**
 Wörter auf Konsonant: Einzahl + **es**, z > **ces** (156)
I Im Plural werden o > i, a > e, e > i. (231)

Das Eigenschaftswort (Adjektiv)
R S *3 Regeln:*
*Die Adjektive bilden den **Plural** wie die **Hauptwörter**.*
*Hauptwörter mit **verschiedenem** Geschlecht:*
männliches Adjektiv.
***Geschlecht** und **Zahl** des Adjektivs werden **durch** das zugehörige **Hauptwort bestimmt**.* (*I* 236 *S* 159 *F* 91)
S I *Männliche Adjektive auf **-o** bilden die weibliche Form auf **-a**.* (*S* 159 *I* 236)

Die Stellung des Adjektivs
R S *Im Regelfall **hinter dem Hauptwort**.*
(*F* 92 *S* 160 *I* 236)

Das Umstandswort (Adverb)
S I *Weibliche Form des Adjektivs + **mente** > Adverb.*
(*S* 165 *I* 242)
R S *Das Adverb ist **unveränderlich**.* (*F* 95 *I* 242 *S* 165)

Die Steigerung des Adjektivs / Adverbs
R S Komparativ
F ***plus / moins*** + *Adjektiv* (92) *Adverb* (96)
S ***más / menos*** + *Adjektiv* (161) *Adverb* (165)
I ***più / meno*** + *Adjektiv* (238) *Adverb* (242)
R S Superlativ (Adjektiv): ***bestimmter Artikel** + Komparativ* (*F* 92 *S* 161 *I* 238)
(Adverb): ***bestimmter Artikel*** (F **le** S **lo**) + *Komparativ* (*F* 96 *S* 165)

Regelmäßige Verben (Gegenwart)
(E 28 F 99 S 169 I 247)
E   Grundform des Verbs (3. Pers. Sg: + **s**)
F   Endung **-er**: Verbstamm + **-e -es -e** *-ons- ez -ent*
     Endung **-ir**: V-Stamm + **-s -s -t -iss**-*ons* **-iss**-*ez* **-iss**-*ent*
     Endung **-re**: V-Stamm + **-s -s -d** *-ons -ez -ent*

S   Endung -ar: V-Stamm + -o -as -a -amos -áis -an
      Endung -er: V-Stamm + -o -es -e -emos-éis -en
      Endung -ir: V-Stamm + -o -es -e -imos -ís -en
I   Endung -are: V-Stamm + -o -i -a -i*a*mo -ate -ano
      Endung -ere: V-Stamm + -o -i- -e -i*a*mo -ete -ono
      Endung -ire: V-Stamm + -o -i - e -i*a*mo -ite - ono

Vergangenheit

(E 33 F 100 S 169 I 248)

E   Grundform des Verbs + -(e)d.
F   **Verbstamm der 1. Pers. Pl Präsens + Imperfekt Endungen von avoir.**
S   Endung -ar: V-Stamm + **ab** + Imperfekt Endungen.
     Endung -er und -ir: V-Stamm + **í** + Imperfekt Endungen.
I   Endung -are: + **av** +
     Endung -ere: V-Stamm + **ev** + Imperfekt Endungen
     Endung - ire: + **iv** +

Bedingungsform (Konditionalform)

(F 100 S 170 I 248)

F   **Infinitiv + Imperfekt Endungen von avoir.**
S   Infinitiv + **í** + Imperfekt Endungen.
I   -are   + **e**
    Endung -ere V-Stamm + **e** + Konditional Endungen
          -ire   + **i**

S I *Man verwendet die Bedingungsform zum **Ausdruck einer Bitte oder eines Wunsches**.* (*S* 170 *I* 248)

Zukunft (Futur)

F S *aller* (*F*) *ir* + a (*S*) + *Infinitiv.* (*F* 101 *S* 170)
E   **will** (shall) + Grundform des Verbs. (35)
F   **Infinitiv + Präsens Endungen von avoir.** (101)
S   Infinitiv + Futur Endungen. (171)

I   (248)   -are   + e
Endung -ere V-Stamm + **e** + Futur Endungen
          -ire   + **i**

Das Perfekt

E S *Bildung des Perfekts: Präsens von* **haben** + ***Partizip Perfekt***. (*E* 34 *S* 171)

E   Partizip Perfekt: Grundform des Verbs + -(e)d.

S   Partizip Perfekt: Verbstamm + **-ado** (bei Endung **-ar**) + **-ido** (bei Endung **-er** und **-ir**).

I F *Bildung des Perfekts: Präsens von* **haben** *oder* **sein** + ***Partizip Perfekt***. (*I* 249 *F* 101)

I   Partizip Perfekt:
Endung **-are**: Verbstamm + **-ato**,
Endung **-ere**: VSt: + **-uto**, Endung **-ire**: VSt + **-ito**.

F   Partizip Perfekt:
Endung **-er**: Verbstamm + **-é**
Endung **-ir**: Verbstamm + **-i**
Endung **-re**: Verbstamm + **-u**

F I *Perfektbildung mit* **sein**: *Endung des Partizip Perfekt durch das zugehörige* **Hauptwort** *bestimmt.*
(*F* 102 *I* 249)

ERS *Perfektbildung mit* **haben**: *Partizip Perfekt unveränderlich.* (*E* 34 *F* 102 *S* 172 *I* 250)

Befehlsform (Imperativ)

E S *Die* **Grundform des Verbs** *wird als* **Imperativ** *benutzt.*
(*E* 36 *S* 174)

F   Die 3 Befehlsformen werden vom Indikativ Präsens abgeleitet: Tu parles (es > e) **parle**! Nous parlons > **parlons**! Vous parlez > **parlez**! (103)

S   Die **Du-Form** ist identisch mit der **3. Pers. Sg Präsens**: habla / sprich! Die **Ihr-Form** wird vom Infinitiv abgeleitet, indem man r durch d ersetzt: hablar > hablad / sprecht! (174)

I	(251)	Anrede:	‚Sie'	‚Du'
	Endung -are:		+ **i**	+ **a**
	Endung -ere:	Verbstamm	+ **a**	+ **i**
	Endung -ire:		+ **a**	+ **i**

Das Gerund

F en + **Partizip Präsens** (= Verbstamm der 1. Pers. Pl Präs. + -ant).

I Endung -are: V-Stamm + *-ando*
   Endung -ere -ire   V-Stamm + -endo

S Endung -ar: V-Stamm + *-ando*
   Endung -er -ir   V-Stamm + -iendo

*ERS Das Gerund ist **unveränderlich**.*

(E 36 *F 103 I 251 S 173*)

Subjektfürwörter

E I, you, he, she, it, we, you, they (40)
F je, tu, il, / elle, nous, vous, ils / elles (107)
S yo, tú, él / ella, usted, nosotros(as), vosotros(as), ellos(as), ustedes (179)
I io, tu, lui (m), lei (w), noi, voi, loro (255)

Betonte Fürwörter

F **moi, toi,** elle, **lui,** nous, vous, elles, **eux** (108)

S I Von den Subjektfürwörtern kann man die betonten Fürwörter ableiten, indem man im Spanischen yo und tú durch **mí** und **ti** und im Italienischen io und tu durch **me** und **te** ersetzt. (*I 257 S 179*)

*RS **Das betonte Fürwort** steht in Verbindung **mit Präpositionen**,* z. Bp. *I*: per **me** / für mich *S*: para **mí** / für mich *F*: pour **toi** / für dich (*I 257 S 182 F 108*)

Das rückbezügliche Fürwort (Reflexivpronomen)
F me, te, se, nous, vous, se (106)
S me, te, se, nos, os, se (180)
I mi, ti, si, ci, vi, si (255)

Akkusativ und Dativfürwörter

R S *Von den rückbezüglichen Fürwörtern kann man die Akkusativ- und Dativfürwörter ableiten.*
(F 107 S 180, 181 I 255, 256)
F   Akkusativ-   Dativfürwörter
   Sg **le** (ihn) **la** (sie)   **lui** (ihm, ihr)
   Pl **les** (sie)   **leur** (ihnen)
S I *Akkusativfürwörter im Sg gleich: lo, la.* (S 180 I 255)
S   Akkusativ-   Dativfürwörter
   Sg *lo* (ihn) *la* (sie)   **le** (ihm, ihr)
   Pl **los** (m) **las** (w) sie   **les** (ihnen)
I   Sg *lo* (ihn) *la* (sie)   **le** (ihr) **gli** (ihm)
   Pl **li** (m) **le** (w) sie   **gli** / **loro** (ihnen)
S I *Sätze mit gebeugtem Verb und Infinitiv:*
   I **Mi** vorrei informare / vorrei informar**mi**. (257)
   S **Me** quiero informar / quiero informar**me**. (181)

Besitzanzeigende Fürwörter

F	S	I
adjektivische:		
mein/e mon / ma	mi	il mio / la mia
meine (Pl) mes	mis	i miei / le mie
unser/e notre	nuestro / nuestra	il nostro / la nostra
unsere (Pl) nos	nuestros / nuestras	i nostri / le nostre

substantivische:

meine/r le mien la mienne   el mío la mía   il mio la mia

meine les miens les miennes   los míos las mías i miei le mie

unsere/r le nôtre la nôtre el nuestro la nuestra   il/la nostro/a

unsere les nôtres (m w) los/ las nuestros/as   i nostri le nostre

R S Vor dem substantivischen Fürwort steht *immer der bestimmte Artikel*. (F 114 S 187 I 260)
F I Das Geschlecht des Possessivpronomens richtet sich nach dem *Geschlecht des Besitzobjektes*. (F 114 I 261)

I   Die adjektivisch und substantivisch verwendeten Possessivpronomen sind identisch.

Die bezüglichen Fürwörter

R S Die bezüglichen Fürwörter *qui, que* (F), *que* (S) und *che* (I) können für m + w Personen, Sachen, im Sg, und Pl, Werfall (F *qui*) und Wenfall (F *que*) stehen. (I 261 S 188 F 115)

Das hinweisende Fürwort

E I S Die *Verwendung* des hinweisenden Fürworts wird *von der Entfernung bestimmt*. (E 46 I 261 S 188)

E I *Näherliegendes*: Sg this Pl these / Sg questo Pl questi
     Fernerliegendes: Sg that Pl those / Sg quello Pl quelli

S	Objekt beim Sprecher	Angesprochenen	entfernt
SG	este,-a,-o	ese,-a,-o	**aquel**,-la,-lo
Pl	estos, -as	esos, -as	**aquellos**,-as

F Hinweisende **Eigenschaftswörter** und *Fürwörter*.
Sg (m) **ce** (*celui*), (w) **cette** (*celle*) Pl m w **ces**
(m *ceux)* (w *celles*). (116)

R S *Geschlecht und Zahl des hinweisenden Fürworts werden durch das zugehörige Hauptwort bestimmt.*
(*I* 261 *S* 188 *F* 116)

Fragesätze

R S *Aussagesätze werden durch Betonung am Satzende zu Fragesätzen.* (*I* 263 *S* 189 *F* 115)

Die Verneinung

RS *Die Verneinung erfolgt entweder durch ein Wort oder durch zwei Verneinungsteile.* (*F* 110 *S* 195 *I* 244)

	F	**S**	**I**
nein	non	no	no
nicht	non	no	no / non
kein/e	ne ... pas de	no	non

nicht:	ne ... pas		
nicht mehr:	ne ... plus		non ... più
nie:	ne ... jamais	no ... nunca	non ... mai
niemand:	ne ... personne	no ... nadie	non ... nessuno
nichts:	ne ... rien	no ... nada	non ... niente
weder ... noch	ne .. *ni* .. *ni*	no .. *ni* .. *ni*	non .. né .. né

Die Grundzahlen

	I	S	F
0	zero	cero thero	zéro sero
1	uno	uno	un *e*
2	due	dos	deux dö
3	tre	tres	trois troa
4	quattro	cuatro kuatro	quatre katr
5	cinque	cinco thinko	cinq sek
6	sei	seis seis	six sis
7	sette	siete siete	sept sät
8	otto	ocho otscho	huit üit
9	nove	nueve nuewe	neuf nÖf
10	dieci	diez dieth	dix dis
11	undici	once onthe	onze *o*s
12	dodici	doce dothe	douze dus
13	tredici	trece trethe	treize träs
14	quattordici	catorce katorthe	quatorze katOrs
15	quindici	quince kinthe	quinze kes
16	sedici	dieciséis diethiseis	seize säs
17	diciasette	diecisiete ~siete	dix-sept disät
18	diciotto	dieciocho ~otscho	dix-huit disüit
19	dicianove	diecinueve ~nuewe	dix-neuf ~nÖf
20	*venti*	veinte beinte	vingt w*e*
30	trenta	treinta	trente
40	quaranta	cuarenta	quarante
50	cinquanta	cincuenta	cinquante
60	sessanta	sesenta	soixante
70	settanta	setenta	soixante-dix
80	ottanta	ochenta	quatre-vingt
90	novanta	noventa	quatre-vingt-dix
100	cento	ciento	cent

Vom gleichen Autor:

Constance, Wolfgang		Englisch in 10 Tagen
				2012
				BoD Verlag
				Norderstedt

				Französisch in 10 Tagen
				2014
				BoD Verlag
				Norderstedt

				Spanisch in 10 Tagen
				2014
				BoD Verlag
				Norderstedt

Costanza, Wolfgang		Italienisch in 10 Tagen
				2010
				BoD Verlag
				Norderstedt